사회인문학의 길

사회인문학의 길

제도로서의 학문, 운동으로서의 학문

초판 1쇄 발행 / 2014년 7월 7일

지은이 / 백영서
펴낸이 / 강일우
책임편집 / 정편집실
펴낸곳 / (주)창비
등록 / 1986년 8월 5일 제85호
주소 / 413-120 경기도 파주시 회동길 184
전화 / 031-955-3333
팩시밀리 / 영업 031-955-3399 편집 031-955-3400
홈페이지 / www.changbi.com
전자우편 / human@changbi.com

ⓒ 백영서 2014
ISBN 978-89-364-8271-8 93910

제도로서의 학문, 운동으로서의 학문

사회인문학의 길

백영서 지음

창비
Changbi Publishers

제도와 운동을 넘나들며 학문하기

 2004년 이래 써온 학문론에 관한 글 여덟편과 대담 한편을 엮어 '사회인문학의 길: 제도로서의 학문, 운동으로서의 학문'이란 다소 낯설지 모를 제목을 단 책을 펴낸다. 처음 만난 사람과 통성명하듯이, 먼저 독자를 위해 이 제목이 무엇을 뜻하는지를 설명하는 것이 도리일 듯하다.

 필자가 제도 그리고 운동으로서의 학문을 본격적으로 생각하게 된 것은 2001년부터이다. 그해 재직하는 대학에서 연구년을 맞아 그 전반기(3~8월)를 대만에서 보내게 되었다. 번다한 일정에 시달리던 일상에서 벗어나 단조롭게 생활하면서 자신을 깊이 돌아보는 여유를 누렸다. 마침 1993년 박사논문을 제출한 이후 한동안 집중했던 작업인 동아시아 담론에 관한 글들을 엮어『동아시아의 귀환: 중국의 근대성을 묻는다』(창작과비평사 2000)를 출간한 직후로, 새로운 연구주제를 찾는 시점이었다. 그때 학생운동권 출신으로 제도권 교수가 됐고, 연구자이면서 계간『창작과비평』의 편집기획에 오래 참여해온 나 자신의 정체성을 돌아보면서 앞으로 무엇을 연구할까를 고민하던 중 생각해낸 것이 바로 제도 그리고 운동으로서의 학문이라는 관점에서 20세기 동아시아 사학사를 정리하는 과제였다. 나는 1970, 80년대의 격동기에 청년학도로서 한국을 비추는 거울로서 중국의 역사와 현실에 관심을 갖게 되었는데, 중국에 대해 배운 것은 대학 안팎의 지식장에서였다(그에 대한 상세한 분석이 본서 8장에 실려 있다). 그러한 지식의 생산과 전파 과정에서 지배권력과 대항하던 자신의 존재기반에 대해 고민해온 경험을 동아시아 현대사의 맥락으로 넓혀 연구할 때가 되었다고 판단했다. 그 구상의 일부가 「'동양사학'의 탄생과 쇠퇴」(『창작과비평』 126, 2004년 겨울호)란 글에서 처음 모습을 드러냈으니, 그로부터 벌써 10년이 지났다. 처음 그 주제에 착안했을 때에는 매우 흥분하여 관련된 연구 소재를 많이 확보했고 일부는 논문 형식으로 공간되기도 했다(한글 원고는 본서 5, 6장에 수록되었다). 그러나 그 주제를 한권의 책으로 간행하겠다는 당초의 꿈은 아직 실현하지 못한 상태이다.

그렇게 된 데는 필자의 집중력이 약한 탓도 있지만 제도/운동으로서의 학문이란 발상이 '사회인문학'이란 과제를 만나 한층 구체화된 사정이 더 크게 작용했다. 2008년부터 연세대 국학연구원의 인문한국(HK) 사업으로 추진된 '21세기 실학으로서의 사회인문학'이란 과제는 평소 필자가 구상하고 실천해온 뜻과 일치하는 것이었기에 그 책임자로서 동료들과 협력하여 기껍게 일해왔다. 그 사업을 통해 나 자신의 학문론을 좀더 정교하게 다듬고 더 널리 소통하는 동시에 실천의 길을 가는 여건을 확보할 수 있었다. 이 책은 제도/운동으로서의 학문이 사회인문학으로 구현되면서 그 이념적·실천적 가능성을 확인한 보람찬 과정의 중간보고서인 셈이다.

그렇다면 제도/운동으로서의 학문이란 도대체 무얼 말하는가.

'제도로서의 학문'이라는 말에는 두가지 의미가 섞여 있다. 하나는 학문에 대한 제도적 접근(연구방법으로서의 접근), 다른 하나는 제도권 학문을 가리킨다. 필자가 '제도로서의 학문'이라고 할 때는 학문에 대한 제도적 접근보다는 제도권 학문을 주로 염두에 두었다. 즉 제도로서의 학문이란 대학 또는 학회나 학술지라는 제도 안에서 이루어지는 지식의 생산과 전파를 주로 가리킨다.

이에 비해 '운동으로서의 학문'이란 제도로서의 학문의 이념, 관행, 제도 그리고 이것들을 지탱해주는 지배적 사회현실의 폐쇄성을 비판하면서, 생활세계를 기반으로 다수 민중을 향해 열린 학문을 수행하려는 지향을 의미한다. 그런데 좀더 찬찬히 들여다보면 운동으로서의 학문에는 적어도 두가지 의미가 중첩되어 있다. 넓은 의미라면 제도권 안에서든 밖에서든 제도권의 주류적 학술 담론과 제도를 변화시키려고 하는 탈제도적인 흐름을 모두 운동으로서의 학문으로 포괄할 수 있다. 더 좁은 의미로는 사회운동의 한 영역으로서의 학술운동이 있다. 예를 든다면 가까이는 1980년대에 활발했던 민족민중운동의 일부로서의 학술운동, 좀더 거슬러올라가면 해방 직후의 진보적 '과학운동', 그리고 일제강점기 경성제국대학이란 제도 밖에서 수행된 ('과학적 조선학'을 포함한 넓은 의미의) 조선학운동이 그런 사례에 해당한다.

이렇게 두가지 의미가 중첩된 것이 운동으로서의 학문이다. 그렇다고 비제도권에서 이뤄지는 모든 지식활동이 곧 운동으로서의 학문이 아닌 것은 물론이다. 제도 밖에서 이뤄지는 지식활동이라 하더라도 기존의 주류 학술 이념과 관행, 제도 그리고 그 기반인 사회현실에 대한 비판적 기능을 감당하지 않는 한 운동으로서의 학문이 될 수 없다. 예컨대 상업주의에 휘둘린 지식의 생산과 전파는 제도 밖의 학술활동일지라도 운동으로서의 학문에 해당하지 않는다. 요컨대 필자는 제도로서의 학문과 운동으로서의 학문을 대립적으로 보지 않고 통합적으로 보려고 한다. 운동 속에서 제도를 보고 제도 속에서 운동을 보는 형태로 제도와 운동의 관계를 보다 역동적으로 파악하자는 것이다. 말하자면 제도의 안팎은 이중전략의 공간인 셈이다. 이와 같이 제도로서의 학문과 운동으로서의 학문이 서로 충돌하면서 협력하는 역동적 영역은 '학문의 운동화, 운동의 학문화'라고 요약될 수 있다.

그런데 이런 문제의식은 필자가 처음 제기한 것은 아니다. '제도로서의 학문' '운동으로서의 학문'이라는 용어가 그대로 쓰이진 않았지만 그런 문제의식을 공유하고 실천한 역사적 사례로는 앞서 말한 식민지시기 조선학운동, 해방 직후의 과학운동 및 1980년대의 학술운동이 있었다.

독자의 이해를 돕기 위해 여기서 1980년대의 학술운동에 대해서만 간단히 소개해보겠다. 1980년을 전후한 시점부터 제도권 학술에 만족하지 못한 소장연구자들이 대학원에서 시도한 공동학습과 토론문화(주로 진보적 과학이론의 학습)를 기반으로 새로운 학회·연구회·연구소 등을 결성하여 과학적 이론과 진보적 인식의 운동화를 도모하는 '학술운동'을 전개했다. 그때 논의된 학술운동이란 것은 전체 운동, 곧 민족민중운동의 일반적 과제 실현에 동참한다는 점에서 사회운동으로서의 보편적 성격을 갖는 한편, 다른 영역의 문화운동가나 사회운동가와 달리 학술연구라는 고유한 활동을 매개로, 달리 말해 과학이론이라는 무기로 참여한다는 점에서 그 나름의 특수성을 갖고 있었다. 그들의 활동은 국가와 자본에 맞선 대항담론을 만들고 사회운동과 연대하는 데 일정한 성과를 올렸다고 평가된다. 그런데 문제는 그것이 계속 운동으로서의 학문이 지닌 강점인 비판성을 유지하고 있는가 하는 것이다. 사실 창립 당시 연구자들의 문제의식과 진보성은 1993년 문민정부 출범 이후 점차 희석되어갔다. 각 학회와 학술저널마다 조금씩 사정이 다르겠지만, 요즘은 대체로 비판적 기능이 약화 내지 쇠퇴했다는 게 일반적인 평가이지 싶다. 이런 평가에 대해서 지금 본격적으로 논의할 입장은 아니지만, 제도권 밖에 있다가 그 안으로 들어갈 때에는 얻는 것도 있지만 잃는 것이 더 많을 수 있다는 점만은 지적해두고 싶다. 그중 하나가 바로 비판의 능력, 운동성 같은 것들이다. 이 운동성·비판력의 상실이 제도의 메커니즘에 익숙해져서 알아서 조율하고 스스로 온건해진 탓임은 두말할 나위 없을 터이다. 바로 이 지점에서 새로운 학문은 '논(論)' 또는 '연구'(studies)의 형태를 유지하는 '비평적 운동'이어야 한다는 주장을 상기하고 싶다(본서 4장 105면 참조).

그런데 전지구적 규모로 압도적인 영향을 미치는 신자유주의에 휘둘리고 있는 오늘의 대학 현실을 둘러보면 '학문의 운동화, 운동의 학문화'라는 역동적 영역이 존립할 수 있는 여지는 매우 적어 보인다. 일종의 이데올로기가 되다시피 한 지식경제화 담론이 대학이 수행하는 연구와 교육의 성과에 대한 설명책임(accountability)을 압박하고 있다. 대학이 국가나 사회에 대해 설명책임을 지라는 요구 자체가 문제될 것은 아니다. 그 설명책임이 마치 회계(accounts)처럼 간주되기에 논란이 일고 있는 것이다. 연구와 교육의 성과를 단기적인 시간대에 드러내기를 요구할 뿐만 아니라 성과에 대한 평가가 계량화된다. 그 기반은 다름 아닌 '수월성'(excellence), 특히 국제경쟁력이나 국가와 자본의 필요에 의해 그 의미가 왜곡된 수월성이다.

이런 양상은 이제 전지구적 규모로 모든 대학에서 나타난다. 신자유주의적 전지구화 시대에 대학은 자본주의 시장논리에 따라 경영되는 지구적 규모의 관료제적 경영체로 변해가고 있다. (한국의 많은 대학이 '글로벌'이란 구호를 내걸고 있는 현실을 떠올려보라.) 대학의 이상적 가치와 사명조차 부정되는 전환기에 처해 우리는 새삼 지금 여기서 대학은 무엇인가라는 근원적 질문을 던지지 않을 수 없다.

그런데 대학의 역사를 돌아보면 알 수 있듯이, 대학의 본질은 '탈제도적 제도'이다. 이 관점은 요즘 유행하는 데리다(J. Derrida)의 생각과도 통한다. 그는 제도라는 개념을 끊임없이 문제 삼아야 하는 제도적 실천으로서의 해체, 곧 탈제도적 제도가 바로 대학의 본질이라고 역설하며 '대안적 대학'(Collège internationale de philosophie)을 설립했다. 그것은 제도라는 존재 자체를 그저 거부하는 것이 아니라, 기존 여러 제도의 결함을 보충하고 창의적인 방식으로 다른 대안적 제도를 창출하는 아이디어이다. 우리도 이 발상처럼 현존하는 대학을 비판하고 그 대안을 구상하는 상상력을 북돋울 필요가 있다.

필자를 비롯한 동료들이 사회인문학을 들고 나온 것은 바로 이런 이유에서이다. 우리 사회가 목도하는바 대학 안에서 수행되는 인문학의 위기와 대학 밖에서 나타난 대중적인 인문학 붐이라는 모순된 현상에 대한 대안이 다름 아닌 사회인문학이라고 우리는 믿는다. 사회인문학을 수행하는 과정에서 탈제도적 제도인 대학의 본질을 구현하는 데 다소나마 기여하리라고 기대하고 있다.

그렇다면 사회인문학이란 무엇인가. 그것은 '인문학의 사회성과 사회의 인문성'을 동시에 구현하려는 비판적 학문활동이다. 이제 막 태동한 사회인문학을 체계적으로 설명하기는 만만치 않은데, 여기서는 이해를 돕기 위해 사회인문학이 기존의 학문 개념과 무엇이 다른지 밝혀보는 방식을 취하고자 한다.

우선 그것이 사회과학과 인문학의 단순한 결합이 아니란 점을 분명히 해둬야겠다. 영어로는 'social humanities'라고 쓰는데, 'social'을 '사회과학'으로, 'humanities'를 인문학이라고 생각해서 이것을 사회과학과 인문학의 결합이라고 생각하기 쉽다. 그러나 그것은 단순히 사회과학과 인문학의 결합이 아니라 통합적 학문을 수행해 인문학과 사회를 소통시키면서 학술체계의 쇄신을 꾀하는 가치지향적 과제이다. 그러니 자연스럽게 자연과학과의 연계 또한 염두에 두게 된다.

이 책에서 충분히 반영하지는 못했으나, 사회인문학이 자연과학과 어떻게 만날 것인가는 앞으로 숙고해야 할 일감이다. 여기서 인문학과 과학의 새로운 연결방식을 제안하는 다양한 의견으로부터 얼마간 의미 있는 시사를 받을 수 있다. 예를 들면 인문학을 복수(humanities)가 아니라 단수(humanity), 즉 '인간성' '인간다움' '인간애'라는 말로 써야 하고, 인문학이 하나의 학문을 추구하기보다는 모든 학문을 포괄하는 것이어야 한다는 주장도 있다. 그에 따르면 자연과학만이 유용한 것이 아니라 과거의 통합적 인문학 역시 대단히 유용한 것이었는데, 바로 이러한 인문학적 정신과 방법의 추구가 인문학의 유용성을 회복하는 길이다. 또한, 과학과 기술이 날로 발달하는 오늘의 현실에서 '과학기술학(science and technology science, STS)적' 탐구를 사회인문학에서 포용해야 할 것이라는 의견도 귀담아들을 만하다(본서 1장 28~29면 주5 참조).

필자는 이런 주장들에 대해 앞으로 더 고민해보고자 한다. 단, 통합학문의 발상을 받아들여 연구를 진행하더라도 현실에서는 과제 설정이 요구하고 허용하는 범위에서 동원된 분과학문들 간의 결합을 추구하는 것이 필요함을 강조하고 싶다. 그렇기 때문에 무엇을 과제로 삼을 것인지가 그 무엇보다 중요하다. 연구자 각자가 처한 현장성에 기반하여 사회의제를 학술의제로 전환해 연구를 수행하는 실천적 자세를 사회인문학에서 특히 중시하는 것은 그런 까닭이다.

또한 사회인문학은 요즈음 유행하는 '실천인문학'과 똑같은 것도 아니다. 대학 안팎에서, 특히 대학의 바깥 여기저기에서 시민교육 내지 사회교육을 표방하면서 노숙자·복역자·성매매노동자 등을 대상으로 활발하게 수행되는 실천인문학은 인문학 위기의 출로로서 주목받고 있다. 그러나 사회인문학의 관점에서 보면 그것은 매우 유연하게 사회와 소통하는 강점이 있어 제도 안의 학문이 사회와의 소통에 취약한 실정과 대조를 이루지만, 제도의 안정성과 전문성이라는 면에서는 한계가 있다. 더욱이 프로젝트를 중심으로 진행되어 지식의 생산보다 사회교육 활동에 치중하는 나머지, 시민과의 만남이 지식생산의 과정에 어떻게 작용해서 어떤 구체적 학술성과를 낼 수 있는지, 더 나아가 인문학의 학술체계를 어떻게 혁신할 것인지를 제대로 보여주지는 못하고 있다. 달리 말하면 학문의 운동화에 치중한 나머지 운동의 학문화에 소홀하다는 우려가 든다(본서 1장 31면 참조). 이러한 점은 실천인문학 내부에서도 잘 짚어내고 있다. 성매매노동자를 위한 인문학 교육에 간여해온 연구자 이수영은 실천인문학이 단순한 교양주의적 인문학의 전달에 그치기 쉬운데, 소수자인 그들의 삶에 대한 전체적인 성찰, 또는 다른 삶의 가능성에 대한 인식의 각성을 이끌어내야 한다고 주장한다(「연민의 복지를 넘어 인간 존엄의 복지로」,『안과밖』 35, 2013). 인문학에 대한 근원적인 질문을 던지는 그러한 성찰적 발언은 사회인문학의 취지와 통한다. 원래 인문학은 사람을 사람답게 만드는 길을 탐구하는 종합적·체계적·실천적인 학문이었고, 사회인문학은 그것을 오늘의 현실에 맞게 창의적으로 되살리려는 것 아닌가.

그렇기 때문에 운동의 학문화는 실천경험을 언어화하는 것이고 일상생활에 기초한 경험이론을 만들어내는 것이라는 인식은 충분히 강조될 필요가 있다. 바로 이 특징 때문에 사회인문학은 사회의제를 학술의제로 가져오되, 현실문제에 밀착한다 해서 그 단기적 해법에 치중하는 것이 아니라 중·장기적 과제와 결합시키고 그것을 일관된 실천으로 이어가는 것이다. 다시 말하면 구체적 정세 판단을 거시적 시야, 곧 역사적·사상적 과제와 결합시켜 우리 삶의 다양한 가능성에 대한 어떤 통찰을 이끌어내고 그에 비춰 실천하려는 것이 사회인문학이다(이 방향에서 동아시아 담론을 펼친 내용이 필자의 『핵심현장에서 동아시아를 다시 묻다』, 창비 2013에 실려 있다).

이 같은 가치와 이념을 추구하는 사회인문학을 현실에서 원활하게 탐구할 수 있었던 데는 정부의 장기적 재정지원(교과부 학술연구조성사업비)에 더해 연세대 국학연구원이 제공한 물적 자원이 동력이 되었다. 그 덕에 한국의 대학 안팎에서 이뤄진 지식 생산과 전파의 역사와 현실을 공공성의 시각에서 점검하고, 공공성의 위기에 처한 한국 사회를 진단함과 더불어 그 대안을 구상하는 사상적 틀을 모색하는 데 얼마간의 성취를 쌓았다고 감히 말하고 싶다.

그런데 올해로 6년째에 들어선 이 사업이 종료되는 4년 뒤에는 어디서 그 동력을 얻을 것인가. 또다시 포스트HK사업 같은 것의 지원을 얻을 수 있다면 모를까, 그렇지 못할 경우 국학연구원의 자체 역량에 의존해야 하는데, 대학 본부로부터 한정된 지원을 받는 연구소로서는 충족된 기반을 갖추기 어렵다. 이는 단지 현실적 문제일 뿐 아니라 대학의 본질, 달리 말해 연구기능의 근본적 개혁과 직결된 문제이기도 하다. 대개의 HK사업단은 그 과제에 맞는 (학부나 대학원의) 전공학과를 설립하여 안정적 재생산체계를 확보하는 식으로 이 문제를 해결하려 든다. 그런데 비판적 학술활동이 제도 안에 진입할 경우 발생하기 십상인 문제점은 이미 지적한 대로이다. 더구나 '운동으로서의 학문'을 지향하는 사회인문학은 하나의 전공학과를 설립해 제도적 기반을 갖는 것만이 능사일 수 없다. 그렇다면 어디서 동력을 확보할 것인가. 국가나 대학 등으로부터 지원을 얻어내는 기회포착력도 중요하다. 항심(恒心)을 지키는 데 적정한 양의 항산(恒産)에 대한 고민은 예부터 늘 있어왔기 때문이다. 그러나 그와 더불어 필자는 사회인문학 사업에 참여하는 인적 자원인 연구자의 연구태도의 변화, 곧 사회인문학적 전환과 그에 동조하는 개인이나 집단과의 가능한 한 폭넓은 연대에서 동력을 얻는 것이 무엇보다 긴요하다고 본다. 이 같은 연구주체의 확립과 확대를 통해 혹 있을지 모를 재정지원의 감소도 어느정도 극복할 수 있지 않을까 싶다. 그 연대의 범위가 제도의 안팎이라는 이중전략의 공간일 것은 두말할 필요도 없다.

물론 사회인문학의 길에서 연대가 중요하다고 해도 그 연대는 연구와 교육을 진행하는 각 개인의 경험과 역량에 따라 자신에게 절실한 문제를 중심으로 사회인문학을 수행하는 일과 어우러져야 한다. 그래야 지속적 수행의 안정된 동력을 얻는다. 본서에 실린 여덟편의 글은 모두 필자 개인에게 절실한 문제를 중심으로 사회인문학의 구체적 과제와 씨름한 과정의 소산이자 연대의 도모이기도 하다.

제1부에 거둔 네편의 글은 사회인문학의 시각에서 역사학과 한국학의 재구성을 시도해본 것이다. 사회인문학적 전환을 꾀하는 노력이 역

14

사학이나 한국학에 그치지 않고 여러 분과영역에서 나타나 상승작용하며 기존의 학술체계를 재편해나갈 때 사회인문학의 구현은 그만큼 더 앞당겨지리라 기대한다.

1장에서는 사회인문학이 무엇인지를 설명하고 인문학 분과학문의 하나이자 필자의 전공영역인 역사학이 사회인문학적 전환을 이룬 모습인 **공공성의 역사학**의 다섯가지 조건을 제시한다. 그것은 전문성을 기반으로 대중과 만나는 일에 중점을 둔 공중역사학(public history)에 그치지 않고 공공성(publicness) 혹은 공공적인 것(the public)이라는 기준에 부합하는 역사지식의 생산과정도 중시한다.

이 공공성의 역사학이라는 구상을 다른 각도에서 좀더 구체화해 본 것이 2장에서 제시한 **공감과 비평의 역사학**이다. 그것은 과거에 산 사람들에 대한 공감과 그로부터 향상된 비판능력 ─ 역사비평의 강화는 공공성의 역사학의 다섯가지 조건의 하나이다 ─ 을 갖춘 일반인과 역사연구자가 공동주체가 되어 함께 수행하는 새로운 역사학 프로젝트이다. 역사 내지 역사교육의 '공감적 재구성'은 타인의 경험을 함께 느끼며 소통하는〔感通〕 것이자, 증거와 역사가 사이에서 이뤄지는 상상적이면서도 분석적인 상호작용이다. 따라서 '공감의 역사학'은 '비평으로서의 역사학'과 결합되어야 하고, 그를 통해 동아시아인의 역사화해에 기여하는 새로운 역사학이 출현할 수 있다.

3장과 4장으로 실린 두편의 글은 필자가 2007년부터 연세대 국학연구원을 책임지면서 통합학문으로서 한국학의 이념과 제도, 그리고 그 재구성에 대해 생각한 결과물이다. 3장에는 한국학을 지구지역학으로 재구성하자는 구상이 담겨 있다. 글로벌리즘과 로컬리즘의 합성어인 글로컬리즘(glocalism)을 변형한 필자의 신조어가 글로컬로지(glocalogy), **지구지역학**이다. '지역'이란 단어가 한국어 용례상 지방(local)과 지역(region)이라는 이중의 의미를 담고 있기에, 지구지역학은 지방적인 것과 지역적인 것과 지구적인 것을 하나의 차원에서 파악하는 시각이자 방법인 동시에 연구영역을 규정하는 것이 된다. 이 지구지역학을 통해 한편으로 서구 중심의 보편주의를 비판하고, 다른 한편으로 한국이란 공간성을 중시하면서도 특수성에 매몰되지 않고 보편성을 추구하는 학문의 길을 한국학이 추구하길 바란다. 이 구상은 단지 한국학의 재구성에만 적용되는 데 그치지 않고 동아시아의 다른 지역을 대상으로 한 학문에도 적용될 수 있을 것이다.

요 근래 우리 학계에서 동아시아적 시각에서 재구성되는 새로운 한국학을 제안하는 주장들이 간혹 나오고는 한다. 그 하나가 인하대 BK사업단(과 그와 연계된 HK사업단)의 연구과제인 '동아시아한국학'이다. 동아시아 담론을 주창해온 필자로서는 동반자적 입장에서 그 이념적 지향과 제도화 가능성을 4장에서 비판적으로 검토하였다.

한국 안팎에서 수행되고 있는 한국학의 새로운 모색은, 그 이름이야 '동아시아한국학'이든 '비판적 한국학'이나 **지구지역학으로서의 한국학**이든 상관없이, 한반도의 구체성에서 보편적 과제에 도달할 수 있는 가능성을 확인하는 일을 중요한 일감으로 감당해야 한다. 그 작업은 한국학의 사회인문학적 전환을 염두에 두면 훨씬 더 순조로울 것이다.

제2부에 수록된 네편의 글은 역사학 3분과의 하나인 동양사학 그리고 (중국사를 포함한) 중국학의 역사적 계보를 추적한 것들이다. 제도/운동으로서의 학문이란 관점에서 한국의 제도 안팎에서 수행된 학문적 성취를 두루 살피려고 애썼다. 모두 기존 학술 이념과 제도를 비판적으로 검토하면서 미래의 바람직한 학문을 구상하는 바탕이 되길 바라는

16

마음에서 쓴 것이다.

5장에서는 청일전쟁 이후 일본이 서구의 역사학을 수용하면서 독자적 학문으로 창안한 동양사학이 일본제국권과 중국의 학술제도 안팎에서 어떻게 수용되고 변용되었는지를 추적한다. 일본발 '오리엔탈리즘'에 기반한 동양사학은 일본이 태평양전쟁에서 패배하고 나서 세계사 속에 흡수되었지만, 아직도 우리(와 일본) 학계에는 그 이념과 제도가 살아남아 비판의 대상이 되고 있다. 필자는 동양사학의 역사적 궤적을 검토하면서 동양사학의 문제점을 확인한 뒤 그 대안으로 **비판적·역사적 동아시아학**을 제기한다. 그것은 국가를 분석단위로 하는 냉전시대의 유물인 종래의 지역학을 지양하면서 역사학 및 문화연구의 강점을 결합한 새로운 학문이다. 그것이 학술운동 차원에서는 물론이고 제도 안에서도 수행된다면 '국사의 해체'가 아니라 국사와 화해하고 세계사와 소통하는 동아시아사의 가능성도 열릴 것으로 기대한다.

5장에서 거시적으로 조감한 동양사학의 궤적을 사례연구에 초점을 두고 미시적으로 분석한 것이 6장이다. 해방 후 한국 동양사학계의 원로 고병익(高柄翊) 선생의 동아시아사 인식은 제도 안에서 형성된 것이다. 그러나 그가 동양사학의 나아갈 방향으로 제시한 공간적 개방성과 학제 간 연구에 대한 개방성, 그리고 한국사와 소통하는 (동)아시아사란 발상 등은 지금 내파 중인 동양사학의 대안을 찾는 데 소중한 자산이 된다. 7장은 한국사와 소통하는 (동)아시아사란 과제에 좀더 집중해본 글이다. 동양사가 자국사인 한국사와 분리된 것은 일본제국 역사학 3분과의 폐해인데, 필자는 한국 동양사학계의 또다른 원로 민두기(閔斗基) 선생이 제창한 '자아확충의 동아시아사'와 '자아충실의 동아시아사'란 발상을 비판적으로 수용해 (한국사의 동아시아사로의 해소가 아닌) 한국사와 동아시아사의 화해를 꾀하였다. 그 화해의 길잡이는 '소통적 보편성'이다. 소통을 가능케 하는 보편적 요소가 개체 안에 있으니 개체들 간의 소통과정에서 생기는 공감과 상상력의 탄력에 힘입어 보편성을 확보할 수 있음을 여러 사례를 들어 논증해본다.

5장이 동양사학의 역사적 궤적을 주로 20세기 전반기 일본·한국·중국·대만 학계에 중점을 두어 추적한 것이라면, 8장은 한국의 중국학의 계보를 조선 후기부터 오늘에 이르는 긴 시간대에 걸쳐 재구성해본 글이다. 물론 제도/운동으로서의 관점이 그 바탕에 깔려 있다. 이 작업은 한국 중국학의 궤적 속에 면면히 이어져온 **비판적 중국연구**의 흐름을 확인하고 앞으로의 발전방향을 확립하기 위한 것이다. 그것은 한국인은 물론이고 더 나아가 중국인을 포함한 모두의 삶을 더욱 인간답게 만드는 인문학 본연의 이념으로 향하는 길이다. 그것이 바로 사회인문학의 길임은 길게 설명할 필요도 없겠다.

이 길을 필자가 더듬어오는 여정에서 국내에서뿐만 아니라 해외에서도 뜻을 같이하는 분들을 더러 만나는 기쁨을 맛보았다. 제3부에 실린 대담은 그들 가운데 대표적 인물인 쑨 거(孫歌) 교수와 진지하게 서로 몸담고 있는 학술계를 비교하면서 신자유주의 풍조 속에서 비판적 학문의 가능성을 짚어본 글이다. 비록 처음부터 그 이름을 걸고 활동해오지는 않았지만 '사회인문학'이란 교차로는 각자의 학문적 역정을 돌아보는 값진 기회를 제공했다.

쑨 거 교수뿐만 아니라 본서에 실린 몇편의 글이 일본어나 중국어로 구두발표되거나 공간된 데 대해 해외 청중과 독자들이 보여준 호의적인 반응을 대할 때마다 대안적 인문학을 향한 필자의 발걸음이 가벼워짐을 느끼는 한편 겸허해지고는 한다. 사회인문학이 더이상 연세대 국

18

학연구원이라는 특정 사업단의 고유명사가 아니라 보통명사로 되고 있음을 확연히 감지할 수 있었다. 본서의 출간은 보통명사화된 사회인문학의 길을 걷는 더 많은 분들을 제도 안팎에서 만날 수 있으리라는 필자의 믿음에 대한 고백이자 선언이다.

지난 10년간 써온 글들을 단행본으로 엮어내기 위해 다듬으면서 제도와 운동의 영역을 넘나들며 활동해온 자신의 역정을 새삼 돌아보게 되었다. 그러한 활동을 달리 보는 분도 있을지 모르나 필자로서는 그 같은 여건을 누릴 수 있었다는 것을 남다른 혜택으로 여긴다. 늘 감사하는 마음을 갖고 그 경험을 공공의 것으로 돌리는, 삶과 앎을 진지하게 일치시키려는 끈질김만이 그에 보답하는 길이라 다짐한다.

이 책의 제작과정에 도움을 준 김정혜 씨에게 각별한 감사를 드린다. 그를 포함한 창비의 전·현직 동료 모두 새로운 인문학의 길을 가는 경험을 나눈 분들임을 기억하고 싶다. 창비는 비록 사회인문학이란 이름을 내걸진 않았지만 일찍부터 창비 담론과 창비식 글쓰기로 그 실질을 구현해온 (제도 밖의) 지식장인 것이다.

또한, 사회인문학의 구상을 처음 발의하고 실천해온 연세대 국학연구원의 HK사업에 참여한 모든 이들과 함께 하며 나눈 즐거움을 여기에 따로 적어둔다. 책제목에 '사회인문학'이란 사업명을 내세운 것은 그간 공유해온 문제의식을 간직하겠다는 다짐이다.

이 책의 교정을 보던 중 어머니를 여의었다. 유품을 정리하다가 어머니께서 정성스레 모아두신 필자의 성장과정에 관한 자료뭉치를 발견했다. 두손 모아 향을 올리듯 이 책을 고인의 영전에 삼가 바친다.

차
례

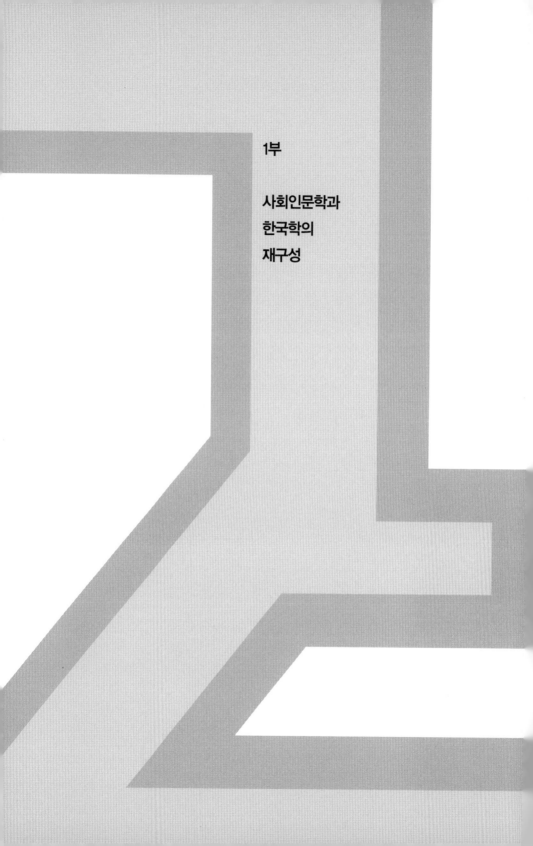

1부

사회인문학과
한국학의
재구성

1장

사회인문학의 지평을 열며
그 출발점인 '공공성의 역사학'

1. 문제제기: 왜 사회인문학인가?

연세대 국학연구원이 '인문한국'(Humanities Korea, HK)사업의 과제로 '21세기 실학으로서의 사회인문학'(social humanities)에 착수한게 2008년이다. 10년 프로젝트이니 2014년 현재 이미 중반에 들어섰다. 사회인문학이라는 용어가 새로운 것인 만큼 그동안 그것이 뭐냐는 물음을 그 사업의 책임자인 필자는 자주 들었다. 그럴 때마다 '인문학' 앞에 '사회'(social)란 어휘를 붙여 새로운 용어를 만든 이유를 강조한다. '사회'와 '인문학'을 결합시킨 것은 단순히 사회과학과 인문학의 만남을 의미하지 않고, '인문학의 사회성 회복'을 통해 인문학 본래의 모습인 '하나의 인문학', 곧 통합학문으로서의 성격을 새롭게 되살림으로써 사회의 인문성을 회복하는 데 기여한다는 발상을 부각하기 위해서다.[1]

이 점을 좀더 설명하려면 간단하게나마 인문학의 역사적 궤적을 되돌아보지 않을 수 없겠다. 지금 우리 사회에서 통용되는 인문학 개념은 동아시아의 전통적 의미[2]가 아니라 서양의 용법[3]에서 유래한 것이다. 특히 지금 전세계에 영향을 미치고 있는 것은 18세기 말 또는 19세기 초 이미 시작된 인문학과 과학——부르기에 따라서는 철학과 과학——의 분열이 이뤄진 이후의, 분과학문으로서의 인문학이다.

인문학과 과학의 분리가 초래한 문제점에 대해서는 많은 사람들이 논의해왔다. 그중에서도 이른바 '스노우 리비스 논란'(the Snow-Leavis controversy)에 특히 주목할 필요가 있다. 이 논란은 작가이자 과학저술가인 스노우(C. P. Snow)가 1959년 한 강연에서 '두개의 문화'(the two cultures)론을 제기한 데 대해, 문화비평가 리비스(F. R. Leavis)가 격렬

---

1 사회인문학은 인문학이 비장소화·비역사화된 것에서 벗어나 한국어로 이뤄지는 인문학에 대한 성찰을 통해 한국학을 인문학적 담론공간 안에서 다시 위치짓고, 한국학의 주변성을 극복해 한국학 의제의 보편화를 추구한다는 것이 구체적 목표다. 한국학의 재구성과 사회인문학의 연동과정에 대한 필자 구상의 일단은 백영서 「지구지역학으로서의 한국학의 (불)가능성: 보편담론을 향하여」, 『동방학지』 147, 2009 참조. 본서 3장으로 실려 있다.

2 동아시아에서 인문(人文)이라는 어휘는 유교 경전인 『역경(易經)』에 나오는 구절, 즉 "인문을 살펴 천하를 변화시킨다(觀乎人文以化成天下)"는 데서 그 연원을 찾을 수 있다. 우주의 이치(天之理)를 뜻하는 천문(天文)과 짝을 이룬 인문은 인간이 걸어가야 할 길(人之道)이고 그것을 살펴 천하를 교화한다는 뜻으로 해석되었다. 유교에서 학문의 이념과 목표가 '도 또는 성인을 배우는 것'이므로 인문은 넓은 의미의 학문을 가리킨다고 하겠다. 바로 이런 특성 때문에 humanities의 번역어로 '인문'학이라는 어휘가 채택되었을 것으로 짐작된다. 그런데 동아시아의 전통 학문은 처음부터 수신(修身)과 교학(敎學) 및 정치가 삼위일체된 것(修己治人)이자 도덕적 자각으로 무장된 지식인에 의한 정치를 실현하기 위한 것(內聖外王)이란 점에서 서양근대의 인문학 개념과 차이가 있다.

3 인문학은 영어로 humanities라고 하며, 라틴어 'studia humanitatis'에서 유래했다. 영어나 프랑스어에서 단수(humanity, l'humanité)로 표기하면 '인간성' 또는 '인간다움'을, 복수(humanities, l'humanités)로 표기하면 인문학을 뜻하므로 인문학은 인간성 또는 인간다움이 무엇인가를 탐구하는 학문이 된다.

하게 비판한 것이 전부이다. 그런데 그후 인문학과 과학의 분열 즉 '두 개의 문화' 문제는 근대 인문학의 성격을 이해하는 핵심 쟁점으로 부각되어, 이 논란을 언급하는 것으로부터 지식구조를 탐구하려는 연구가 이어졌다.

월러스틴(Immanuel Wallerstein)은 이 '두개의 문화'라는 문제를 자본주의라는 역사적 사회체제의 생성과 유지 및 임박한 붕괴과정의 핵심적 일부로 파악함으로써 논의를 한층 더 진전시켰다. 그의 이런 논의는 두개의 문화의 분열을 넘어 갱신된 하나의 '과학'(scientia, 학문, 앎)으로서 '역사적 사회과학'(historical social science)을 수립하기 위한 것이다.[4] 백낙청은 그의 주장을 기본적으로 지지하면서도, 그로부터 더 나아가 인간의 학문활동이 원칙적으로 '단일한 과학'이자 '하나의 인문학'이어야 한다는 관점에서 제대로 된 '삶에 대한 비평'(criticism of life)의 역할을 특히 강조한다. 그가 말하는 '삶에 대한 비평'이란 영국의 문학가 매슈 아놀드(Matthew Arnold)로부터 빌려온 것으로, 여기서 '삶'이라는 말은 개인적 차원에 머물지 않고 사회적 차원까지 포함하며, 문학에만 해당하는 것이 아니라 정치적 함의도 가지고 있다. 그의 이 논지는, 월러스틴과 달리 "현재에 대한 비평적·인문적 개입이 인문정신의 본질"이라고 보듯이 '하나의 인문학'의 실천적 특성을 강조하는 데서 나온 것이다. 즉 월러스틴이 모든 학문은 과거에 관한 것이고 '역사적 사회과학'은 과거시제로 쓰여야 한다고 주장한 데 대한 비판과 연결된다. 백낙청은 '비평'의 경우는 현재 시점에서 판단을 내리는 것

---

4 그의 논지를 이해하기 위해서는 이매뉴얼 월러스틴 지음, 유희석 옮김 『지식의 불확실성』, 창비 2007 참조.

이므로 원칙적으로 현재형의 진술이라고 보면서도, "그러한 실천이 한결같이 너무나도 아슬아슬한 모험이기에 지난날의 최선의 사례들을 최대한으로 익히는 데서 도움을 얻"지 않을 수 없다고 본다. 그래서 인문학은 과거시제로 쓰이는 학문의 성격과 인간다움을 구현하는 현재시제의 실천을 겸하게 된다. '삶에 대한 비평'으로서 인문학을 혁신하자는 그의 주장의 골자는 "각자의 '비평적'이고 '정치적'인 훈련과 더불어 이를 밑받침할 좀더 전면적인 마음공부 내지 수행(修行)을 요구"하는 데까지 나아간다.

월러스틴과 백낙청이 강조하는 바 '하나의 학문'이라는 문제의식은 우리가 사회인문학의 방향을 잡아나가는 데 크게 도움이 되는 지적 자산이다. 21세기에 우리가 추구해야 할 인문학은 '두개의 문화' 사이의 분열을 감수한 인문학(또는 인문과학)이 아니라는 점을 확실히 해야 한다. 그렇다고 분리되기 이전의 옛 인문학으로 그냥 복귀할 수 없고, 철저히 혁신되어야 하는 통합학문, 총체적 인문학인 것이다. 다시 말해 "원래의 인문학으로부터 분리되어 발달한 근대 자연과학의 지식과 성과를 수용할 뿐더러, 근대 과학의 후발산물이자 문제아에 해당하는 사회과학"도 포괄하는 새로운 인문학이 되어야 하는 것이다.[5]

---

5 이상의 논의는 백낙청 「근대세계체제, 인문정신, 그리고 한국의 대학」, 『대동문화연구』 63, 2008, 특히 12, 23, 24면 참조. 이 글을 처음 쓸 때 필자는 사회인문학이 자연과학을 포괄하는 데까지는 관심이 미치지 못했다. 그런데 과학사학자인 김영식 교수의 비판을 듣고 그 주장을 앞으로 더 깊이 고려해야겠다고 생각하게 되었다. 그는 인문학도 복수 'humanities'가 아니라 'humanity', 즉 '인간성' '인간다움' '인간애'라는 말로 써야하고, 그것을 명사보다는 형용사로 쓰자고 하면서, 인문학이 하나의 학문을 추구하기보다는 모든 학문을 포괄하는 것이어야 한다고 주장한다. 또한 그는 과거의 통합적 인문학이 대단히 유용한 것이었는데, 바로 이러한 인문학적 정신과 방법의 추구가 과거 인문학의 유용성을 회복하는 길이라고 한다. 인문학은 유용하지 않은 데 반해 과학은

2. '위기의 인문학'의 대안들

총체적 학문으로서의 인문학의 눈으로 주위를 돌아보면, 시장만능적 지구화가 진행되고 있는 세계 곳곳에서 인문학의 본래 이념인 인간다운 삶의 고양을 충실히 하기 위한 진지한 시도가 다양하게 이뤄지고 있음이 분명히 보인다. 그런데 인문학의 이념, 바꿔 말해 인문정신에 깊은 관심을 갖고 그에 높은 의미를 부여하다보면 19세기 이래 (자연과학은 물론이고 사회과학과도 분리되어) 분과학문으로 제도화된 인문학을 오히려 비판하는 경향이 생긴다. 대학이라는 제도 속의 인문학자들의 일차적 관심사가 앎 그 자체를 추구하는 데 있다보니 대중으로부터 인문학 세계란 것이 삶의 문제를 해결하는 데 아무런 도움이 되지 않는다고 비판받는 것이다. 요컨대 삶과 앎의 분리가 지적되는 것인데, 이를 해결하기 위한 새로운 대안들 또한 다각도로 모색되고 있어 눈길을 끈다.

그 일부만 거론해보면, 장회익은 자신이 '삶 중심(life-centered) 학문'이라고 이름 붙인 길로 나아가자고 제안한다. '앎 중심' 학문에 바탕을 두면서도 이를 삶의 의미와 연관시키는 메타적 성격을 함축한 이 발상은 삶과의 소통 회복이라는 근원적 가치를 진지하게 성찰하고 있다.[6]

유용하다고 생각하는 경향이 있는데, 인문학도 원래 유용한 것이었으니 인문학과 과학의 새로운 연결방식이 요구된다고 주장하는 것이다(김영식 「과학기술과 인문학: 분리와 연결」, 『창작과비평』 152, 2011). 사회인문학이 '과학기술학적' 탐구를 포용해야 할 필요성을 적극 강조한 내용은 백낙청 「인문학의 새로움은 어디서 오나」, 『창작과비평』 164, 2014, 344~46면 참조.

6 장회익 「인간적 학문: '삶 중심' 학문의 복원을 위하여」, 『지식의 지평』 2, 2007.

미국에서 유가사상의 현대적 효용을 전파하는 데 열심인 두 웨이밍(杜維明)은 인문학의 주변화 현상이 계량화된 학술평가제도가 인문학의 발전공간을 좁혀놓은 결과라고 본다. 그런데 21세기 세계 곳곳에서 문화에 대한 관심이 높아지고 있으므로 인문학의 발전 가능성은 있으니, 전공지식을 바탕으로 사회 공공영역에 적극 참여할 것을 호소한다. 말하자면 공공영역에 참여하는 '공공(公共) 지식인'의 역할을 통해 인문학과 사회의 소통의 길을 모색하자는 것이다.[7]

이와 달리 얼 쇼리스(Earl Shorris)는 사회적 약자에게 다가가는 인문학의 길을 제안한다. 소외계층을 위한 정규대학 수준의 인문학 교육과정인 클레멘트 코스(Clement course)의 창립자인 그는 인문학의 효용은 인간이 어느 정도까지 자신의 인간성을 누릴 능력이 있는가라는 질문을 끊임없이 던지는 데 있다고 본다. 바로 이 점 때문에 소외계층은 인문학을 통해 자신들을 억압하는 자들보다 더 인간다울 수 있다는 것이다.[8] 이렇듯 소외계층을 비롯한 대중을 찾아나선 대학 강단 밖의 인문학 실험은 이미 한국 사회에서도 여러 단체들(예컨대 수유+너머, 다중지성의 정원, 철학아카데미 등)에서 시도되고, 심지어 대학에서도(예컨대 경희대 실천인문학센터) 교문 밖으로 나가 소외계층과 만나 새로운 인문학을 찾기 위해 노력하면서 뜨거운 체험을 축적하고 있다.[9]

이처럼 제도 밖의 공간에서 지식과 삶, 또는 일터와 삶터를 결합하려

---

7 杜維明「人文學的危機」,『當代』228, 2006.

8 얼 쇼리스 지음, 고병헌·이병곤·임정아 옮김『희망의 인문학』, 이매진 2006, 특히 12장 「급진적 인문학」참조.

9 실천인문학의 다양한 시도에 대해서는『창작과비평』144, 2009에 실린 오창은, 고봉준, 임옥희, 이현우의 글 참조.

는 '실천인문학' 모델은 지금 '위기의 인문학'의 출구로 비상한 주목을 받고 있다. 그런데 그런 식의 대안적 인문학의 실천은 지식의 재생산이라는 면에서 불안정한 것도 사실이다. 그 불안정성을 유연성의 기반으로 활용하면 좋지만 조직화하되 제도화되지 않는(organizing without institution) 지적 실험이 제도를 모방하는 길을 택한다면 그 자체의 신선한 매력이나 동력이 떨어지기 쉽지 않을까 염려된다.[10] 그것이 안고 있는 더욱 심각한 문제는 프로젝트를 중심으로 진행되어 지식의 생산보다는 전파, 즉 사회교육에 치중하는 나머지, 시민과의 만남이 거꾸로 지식생산의 과정에 어떻게 작용해서 어떤 구체적 성과를 낼 수 있는지를 제대로 보여주지 못하고 있다는 점이다. 이 점에서 볼 때 이러한 시도는 대학을 대체하는 '대안'이라기보다 '임시 대체물'이라는 평가도 가능할 것이다. 그러나 그 출판물 등이 기존 학회와 학술단체의 관행을 흔드는 간접적인 효과를 발휘하고 있는 점은 분명하다.[11] 필자는 그러한 성취가 교육뿐만 아니라 연구영역에서도 조금씩 축적되어가는 동시에 그런 동력이 국지적 활동에 그치지 않고 대학 안의 인문학 혁신에까지 영향을 미칠 수 있기를 바란다. 대학이란 제도는, 그것이 가진 자원의 크기로 보아 여전히 중요하기 때문이다.

---

10 실천인문학에 대한 평가는 『창작과비평』 144, 2009에 실린 최원식·백영서 대담 「인문학에/의 길을 묻다」 참조.

11 김원 「민족-민중적 학문공동체의 변화와 대안적 지식공동체」, 김원·김재현·권보드래 외 『지식의 현장, 담론의 풍경: 잡지로 보는 인문학』, 한길사 2012, 130면. 그밖에 실천인문학 내부의 자기성찰의 목소리는 이수영 「연민의 복지를 넘어 인간 존엄의 복지로」, 『안과밖』 35, 2013 참조.

3. 인문정신과 사회인문학 구상

사회인문학 프로젝트는 대학이라는 제도 안의 연구소 중심으로 추진되고 기존 학문체계의 혁신을 우선적으로 중시하기 때문에, 우리는 현재 대학 강단의 인문학에 대한 대학 안팎의 요구에 마땅히 귀 기울여야 한다. 그중 가장 강력한 요구는 우리에게 친숙한 인문학의 분과학문이 변화되어야 한다는 것이다. 근대학문 정립시기에 요구되던 '세분화될수록 학문은 더욱 정교해진다'는 관념은 수정되어야 하며, 앞으로 각 학과의 경계를 횡단하면서 창의적 지식생산의 불꽃을 내뿜게 해야 한다는 지적이다. 말하자면 통합적 성격(通學間性)이 대안으로 제기되고 있는 것이다.

그 같은 방향에 따라 새롭게 편제되는 학문체계 속에서 통합인문학은 어떻게 자리 잡을 수 있을 것인가. 우리 사회에서 그 가능성을 보여주는 것으로 지역학(또는 지역연구area studies)과 문화연구(또는 문화학cultural studies)가 제시되어 일부 대학에서는 이미 인문학의 개별 학과를 개편한 형태로 시행되고 있다. 또한 통합학문으로서 조선왕조 후기에 나타난 새로운 사조인 실학(實學)의 성격에 주목하면서 그 공부법과 위학(爲學)태도를 현대 한국학의 기저원리로 접맥시키거나 승화시키자는 제안도 나온 바 있다.[12] 그런데 이러한 시도들은 제각각 현 단계에서 일정한 가능성과 동시에 한계를 드러내 보인다. 지역학과 문화

---

12 지역학과 문화연구에 대해서는 따로 전거를 밝힐 필요도 없을 정도로 잘 알려져 있어 한국학에 대해서만 근거를 제시하자면, 박희병 「통합인문학으로서의 한국학」, 한림대 한국학연구소 엮음 『21세기 한국학, 어떻게 할 것인가』, 푸른역사 2005를 들 수 있다.

연구에 대해서는 이미 적지 않은 논의가 이뤄졌으니 접어두고,[13] 통합학문으로서의 한국학에 대해서만 간단히 언급하고 넘어가겠다. 한국의 학문전통과의 연속성 속에서 새로운 학문의 길을 모색하려는 시도는 십분 지지하는 바이지만, 한국학이 종종 한국을 소재로 한 연구에 한정된 것으로 이해(사실은 오해)되는 함정에 빠지지 않아야 한다는 점을 지적하고 싶다. 그러기 위해서는 "한국에서 생산된 지식이 보편성을 확보"하는 길을 찾아야 한다.[14]

이와 더불어 통합학문 각각의 시도가 공통적으로 갖는 문제점으로, 그것이 대학이라는 제도 안에서 또 하나의 분과학문으로 정착하는 데 안주하기 쉽다는 점을 강조하고 싶다. 그렇게 되고 만다면 그것이 제아무리 분과학문을 통합하는 인문학 제도화의 다양한 길을 찾는 데서 출발했다 하더라도 인문학을 '위기'로부터 벗어나게 할 진정한 대안이 될

13 미국의 지역학과 문화연구에 대한 많은 논의들 가운데 비교적 필자의 주장과 통하는 입장으로는 해리 하르투니언 지음, 윤영실·서정은 옮김 「지역연구의 기원과 새로운 가능성」, 「비판적 문화이론과 일상성」, 『역사의 요동』, 휴머니스트 2007; 황동연 「21세기 전야 미국 지역연구의 운명」, 『동아시아역사연구』 6, 1999를 들 수 있다.

14 필자는 본서 3장에서 "서구 중심의 보편주의를 비판하는 동시에, 한국이라는 장소를 중시하면서도 특수성에 매몰되지 않고 보편성을 추구하는 이중의 과제를 감당하는 학문의 길이 곧 새로운 한국학이 가야 할 길이다. 그리고 이를 위해서는 한국이 처한 공간적 위치에 대한 각성을 통해 기존 서구 중심의 지식구조를 재구성하는 일이 무엇보다 절실하다"고 주장한 바 있다(69면). 이와 같은 필자의 주장과 비슷한 것으로는 임형택의 글이 있다. 그는 한국학의 방향으로 다음과 같은 세가지 점을 강조한다. 첫째, 일국사적 시각을 넘어서 동아시아를 하나의 전체로서 사고하고 고구해야 하며, 둘째, 우리의 학문적 사고가 인류 보편을 항시 고려하여 '세계적 지평'에 올라서야 하는데 그렇게 세계적 지평을 획득하는 과정에서 동아시아적 시야가 필요하며, 셋째, 민족주의는 근대주의와 표리의 관계에 있으니 근대주의의 극복을 통해서 민족주의의 극복이 이루어져야 할 것이다(임형택 「20세기 동아시아의 '국학': 동아시아적 시야를 열기 위한 반성」, 『창작과비평』 124, 2004).

수 없기 때문이다. 바로 이 지점에서 인문학의 가치에 대한 깊은 성찰이
반드시 수반되어야 한다.

인문학의 가치에 대한 성찰과 관련해, 인문학을 정당화하기 위해 그
가치랄까 매력으로서 흔히 중시되는 비판적 사고와 상상력의 확장이
딱히 인문학에서만 습득할 수 있는 것인지 한번 따져보고 싶다. 온갖 문
헌을 사려 깊게 읽는 훈련을 통해 비판적 안목을 키우는 것이 통상적 인
문학의 주된 강점임은 두말할 필요가 없겠지만, 그것은 사회과학 등 다
른 분야에서도 이뤄질 수 있는 것일 뿐만 아니라, 문학·철학·역사 텍스
트에 정통하는 훈련에 자족해서는 인문학의 본래 이념인 인간다운 삶
을 고양하는 학문의 길로 나아갈 수 없다. 또한 인류 공통규범의 전형으
로서 시대와 세대를 가로질러 소통하는 기반인 고전을 연구하고 배우
는 것도 인문학의 매력으로 소중히 여겨진다. 그런데 그 태도에도 문제
는 없는지 검토해볼 일이다. 특히 인문학에서 고전의 가치를 때로 지나
치게 강조한 나머지, 고전에 담긴 인문정신을 되살리면 모든 현재의 문
제가 해결될 듯 주장하는 '인문 권위주의'로 미끄러지는 경향이 있지는
않은지 자문해야 한다. 이와 더불어 인문학적 텍스트에 대한 지식을 축
적하는 과정에서 얻게 되는 인식적 깨달음에 따르는 특정한 기쁨을 유
난히 강조하다보면 '인문 엘리뜨주의'에 빠질 위험도 있다.

물론 필자는 도저히 계량적 지표로 평가할 수 없는 인문학 자체의 비
밀의 하나가 인문학에서 얻을 수 있는 '감흥(感興)'임을 인정한다.[15] 인

---

15 이 발상과 표현은 니시야마 유우지(西山雄二) 「대학에서의 평가와 비판」, 연세대 국학
연구원 인문한국사업단·토오꾜오대 UTCP 제3차 공동워크숍 '비평과 정치'(2010.3.3.
서울) 발표문에서 도움받았다. 그가 일본어로 표현한 것은 '정동(情動, affection)', 즉
내면으로부터의 자발적인 감정의 솟아오름인데 여기서는 한국어 번역문에서 사용한

문학을 학습하면서 사람답게 사는 일의 방향성을 깨닫게 될 때의 감흥은 소중한 것이다. 동아시아 전통 속의 유교적 학문관을 떠올려보자. 학습과 연구 과정의 정서적 측면을 강조하면서 사람은 배움을 통해 느끼고 변화되어야 한다는 주장은 음미해볼 가치가 있다.[16] 물론 그 같은 인문주의적 전통이 여가를 지닌 사람들, 곧 어떤 점에서 특권을 향유한 계급(사대부)의 교양이었음은 분명한데, 사실 이것은 서양에서도 마찬가지였다. 그러나 그러한 특권을 보다 넓은 범위의 사회계층으로까지 확대하려 애쓰는 가운데 인문학의 이념과 제도가 오늘날까지 발전해왔음을 확인한다면, 인문학이 나아갈 미래의 방향은 이미 제시된 셈이다.

그것은 인문학 분과학문의 지식을 습득하는 데 그치는 것이 아니라 학문을 학습하면서 사람답게 사는 길을 깨닫는 보람을 대학이라는 제도의 틀 안팎에서 공유하도록 힘쓰는 것이다. 우리 사회인문학이 추구하는 길이 바로 그것이다.

다시 한번 강조하거니와, 사회인문학은 단순히 인문학과 사회과학의 결합을 꾀하는 것이 아니다. 우리가 추구하는 인문학은, 학문의 분화가 심각한 현실에 맞서 파편적 지식을 종합하고 삶(또는 인간의 다양한 가능성)에 대한 총체적 이해와 감각을 길러주며 현재의 '삶에 대한 비평'의 역할을 제대로 하는 총체성 인문학, 곧 학문 그 자체이다.

사회인문학은 이제 막 출생신고를 마친 셈인데, 자기의 존재이유를

'감흥'이 한국어 어법에 어울리는 것 같아 그대로 쓴다.
16 송대의 주희(朱熹)는 그의 『논어집주(論語集注)』 서설에서 정자(程子)의 말을 인용하면서, 학문에는 단계가 있는데 그 최고 경지는 배움의 즐거움에 겨워 자기도 모르는 사이에 춤을 추는 것이라고 했다("讀論語, 有讀了全然無事者, 有讀了後其中得一兩句喜者, 有讀了後知好之者, 有讀了後直有不知手之舞之足之蹈之者").

확립하기 위해서는 첫째 성찰, 즉 인문학이 사회적 산물임을 확인하는 자기 역사에 대한 성찰과 사회에 대한 성찰이라는 이중적 성찰, 둘째 소통, 즉 학문 간 소통과 국내외 수용자와의 소통, 셋째 실천, 즉 제도 안팎에서 소통의 거점 확보를 중시하되 문화상품화가 아닌 사회적 실천성을 갖출 것을 주된 과제로 삼는다.

새로운 학문영역이기에, 아직 완결된 것이 아니라 실천과정에서 채워지는 내용에 의해 그 틀도 수정 보완할 수 있는 하나의 방법론이자 시각이고자 한다. 이런 의미에서 '운동으로서의 학문'이라고도 할 수 있다. 이 표현은 그것이 근대적 제도학문에 의해 배제되고 억압당한 지식을 생산하고 전파한다는 점을 내포한다. 운동으로서의 학문은 지배적인 학문제도와 관행 및 이것을 지탱해주는 지배적 사회현실의 폐쇄성을 비판하면서, 생활세계에 기초해 다수 민중을 향해 열린 학문을 수행하려는 지향을 중요한 특징으로 한다. 거기에는 두개의 층위가 중첩되어 있다. 가장 넓은 의미의 '운동'이라면 탈제도, 즉 제도권 안에서든 밖에서든 제도권 학문을 변화시키려고 하는 흐름을 모두 운동으로서의 학문으로 포괄할 수 있다. 새로운 또는 비판적 학술활동은 운동으로서의 학문이라고 이야기할 수 있다. 더 좁은 의미로는 사회운동의 한 영역으로서의 학술활동이 있다.[17] 그런데 우리가 추구하는 운동으로서의 학

---

17 바로 이렇게 두 층위가 서로 얽혀 있으므로 비제도권에서 이뤄지는 모든 지식활동이 곧 운동으로서의 학문은 아닌 것이다. 제도 밖에서 이뤄지는 지식활동이라 하더라도 주류적 학술 담론과 관행에 대한 비판적 기능을 감당하지 않는 한 운동으로서의 학문이 될 수 없다(예컨대 상업화된 지식). 마찬가지로 제도 안에서도 비판적 학문이 가능하다면 운동으로서의 학문이 성립한다. 그래서 필자는 제도로서의 학문과 운동으로서의 학문을 대립적으로 보지 않고 통합적으로 보려고 한다. 운동 속에서 제도를 보고 제도 속에서 운동을 보는 형태로 제도와 운동의 관계를 한층 역동적으로 파악하자는 것

문이 제도 안에서 수행되는 한은 독자적 방법론이 요구되기 마련이므로, 이에 대한 명확한 입장이 있어야 할 것이다. 사회인문학은 사회과학과의 결합(토착화)을 꾀하면서 학술의제에 따라 적절한 방법론을 선별적으로 수용하여 변용하고자 한다. 그리고 각 과제들의 연구과정에서 체득된 방법론들의 전략적 융합을 시도하고, 중범위 수준의 이론화를 추구하는 것을 핵심으로 삼는다.

새로운 학문영역에서 방법론과 더불어 또 하나 명확하지 않으면 안 되는 것이 연구대상이다. 바로 앞에서 사회인문학의 주된 과제로 사회와의 소통 및 사회적 실천성을 강조한 바 있는데, 그 때문에 사회적 의제를 학술적 의제로 삼는 것과 연구성과를 끊임없이 공공의 비판과 토의에 붙여 연구에 반영하는 것이 중요해진다.[18] 여기서 '공공성'이 핵심적인 사회인문학의 연구대상으로 떠오른다. 공공성은 사회인문학의 연구범위를 규정할 뿐만 아니라 그에 관한 연구와 교육이 이뤄지는 공론장, 즉 제도 안팎의 소통영역이기도 하다.

이러한 특성 때문에 사회인문학은 기존 인문학의 장을 그대로 둔 채 또 하나의 새로운 학과나 협동과정을 만드는 것이 되어서는 안 된다. 인문학의 개별 분과학문이 존재하는 장의 구조를 재편하기 위한 실험실

이 필자의 기본 취지다.

18 사회인문학의 발상과 유사한 논의를 하는 그룹으로 일본에서 야마와끼 나오시(山脇直司)·김태창(金泰昌) 등이 주도하는 공공철학연구팀이 있다. 야마와끼 나오시가 말하는 '공공철학'이란 새로운 통합학문이다. '사회분석'과 동시에 사회를 구성하는 사람들의 '가치의식의 고찰'이 사회 연구에 불가결하다는 입장에서 사실분석에만 눈을 향하고 가치의 문제를 진지하게 논하려 하지 않는 사회과학을 비판하면서 인문과학과 사회과학의 분리를 넘어서려는 그의 주장은 기본적으로 사회인문학의 취지와 통한다 (山脇直司 『公共哲學とは何か』, 東京: 筑摩書房 2004, 26~27면).

을 기꺼이 자임해야 한다. 이 시도가 현실에 뿌리내리기 위해서는 분과학문 바깥에서 새로운 인문학을 추구하는 작업과 분과학문 안에서의 혁신작업이 연동되어야 한다.[19]

다음에서 말하고자 하는 '공공성의 역사학'은 인문학 개별 분과 안에서 이뤄지는 혁신작업에 해당하는 하나의 사례가 되겠다. 이를 사회인문학으로 가는 하나의 출발점으로 제시해보려고 한다.

4. 사회인문학과 '공공성의 역사학'

대학 밖에서 역사에 관한 교양서나 드라마 들이 인기 높은 것과 달리 대학 안에서 생산하고 전파하는 역사지식은 별로 관심을 못 끄는 게 우리 현실이다. 이것은 역사에 대한 일반인의 관심과 제도로서의 역사학 사이에 거리가 있음을 보여준다. 왜 이런 현상이 생길까.

이 의문에 답하기 위해서는 일반인이 흥미를 느끼는 역사와 제도로서의 역사학에 대해 살펴봐야 한다. 전자는 '삶으로서의 역사'이고, 후자는 '과학으로서의 역사'이다. 전자는 역사를 이야기하는 것이고, 후자는 역사를 분석하는 것이다.[20]

여기서 역사학자인 필자는 '과학으로서의 역사'가 어떤 문제점이 있

---

19 쑨 거(孫歌)는 세분화된 학과 사이의 눈에 보이는 울타리만 없애는 식의 '학과 뛰어넘기'는 거짓지식을 생산할 위험이 있다고 경고한다. 형식적으로만 분과의 한계를 깨뜨리고 진부한 사고형태를 바꾸지 않는다면, 그런 '학과 뛰어넘기'는 학술 생산에 아무런 도움이 되지 못하기 때문이다(백영서 「사회인문학의 대화(3): 신자유주의시대 학문의 소명과 사회인문학 — 쑨꺼와의 대담」, 『동방학지』 159, 2012. 본서 3부로 수록).
20 김기봉 『역사들이 속삭인다』, 프로네시스 2009, 특히 151면.

는지를 돌아보는 것으로부터 논의를 풀어가려고 한다.

19세기 말 20세기 초 서구에서 도입되어 동아시아에 정착하기 시작한 과학적 역사학, 곧 근대 역사학은 국민/국가를 역사의 주체로 파악하고 그 역사를 진보, 발전한다는 관점에서 서술하는 자국사 위주의 학문이다. 그것은 대학 사학과, 연구소 및 관련 학회가 설치됨에 따라 과학화, 표준화되면서 제도적으로 정착했다. 그 과정에서 근대 역사학은 국민이 동일한 집단기억을 갖도록 역사지식을 생산하고 전파해 국민통합에 일정한 역할을 해왔다. 그 때문에 국민국가는 역사학의 제도화를 적극 지원했다.[21]

그런데 근대 역사학이 과학적인 것이 되면 될수록 인간의 삶과 멀어지는 문제점이 생겼다. 또한 그것이 채택한 서술형식도 이야기와는 동떨어진 것이었다. 근대 역사학은 국민/국가의 발달사를 시대구분론·국가론·사회구성체론 등의 시각에서 구조적으로 설명하면서 특히 근대국가의 주요 영역, 즉 정치·경제·사회·문화의 역사적 연원을 거슬러올라가 연대기적으로 서술한다. 이런 형식상의 특징은 근대 역사학적 글쓰기의 전형이라 할 수 있는 각주 달린 특정 주제에 대한 논문이나 통사(通史)에서 잘 드러난다. 그러나 이로 말미암아 역사 속 인물 개개인의 이야기는 사실상 실종되었다.

이 같은 근대 역사학이 혁신되어야 한다는 소리가 21세기 첫 10년을

---

21 좀더 상세한 설명은 백영서 「'동양사학'의 탄생과 쇠퇴: 동아시아에서의 학술제도의 전파와 변형」,『창작과비평』126, 2004(본서 5장으로 수록) 참조. 따지고 보면 역사학만이 아니라 근대 인문학 전체가 국민을 통합하는 국민문화를 발전시키고 그 정당성을 가르치는 사업에 기여했다. 이에 대해서는 Bill Readings, *The University in Ruins*, Cambridge: Harvard University Press 1997 참조.

지난 지금 점차 높아지고 있다. 역사학 내외부에서 공히 커다란 변화가 일어나면서 그런 변화가 역사학 자체에 거듭나기를 요구하고 있는 것이다.

우선 역사학 내부에서는 탈근대 역사학으로의 전환을 요구하는 사람들이 늘어나고 있다. 그들은 근대 역사학이 의존해온 진화론적 관점과 법칙적 사관을 거부하고, 역사의 주체가 국민국가를 넘어서 다양한 주체들—개인·민족·하위자집단(subaltern)·이산자집단(diaspora) 등—로 확장되어야 한다고 주장한다. 심지어 근대 역사학의 존립기반인 사실의 객관성·실재성에 대해서도 회의하며 허구(fiction)와 사실(fact)의 결합체인 팩션(faction)에 기반을 둘 것을 내세우기도 한다. 또한 역사학 외부에서는 신자유주의적 전지구화의 충격 속에 국민국가의 역할이 약화되면서 지난 20세기처럼 국가가 역사학을 중시하여 지원하지 않게 된 대신, 시장논리가 역사학(더 나아가 인문학 전체)에 심각한 영향을 미치고 있다.

이러한 역사학 안팎의 변화 속에서 역사학의 정체성을 다시 묻지 않을 수 없게 된다. 역사학은 도대체 무엇을 위한 것인가.

필자는 이 질문에 대응하기 하기 위해 '공공성의 역사학'이라는 발상을 제안해보고 싶다. 먼저 '공공성'을 필자가 어떻게 이해하고 있는지부터 간단히 정리해두자. 그것은 요즈음 한국 사회에서 중시되는 화두의 하나이다. 1980년대 후반 이후 정치민주화가 진척되면서 국가만이 공공성의 수행자인가에 대한 질문이 제기되었고, 그와 더불어 시민사회의 역할에 대한 기대가 높아졌다. 하지만 아울러 시장만능주의가 팽배해 사회 전반이 시장의 논리로 재편성되는 현상을 목도했다. 그 과정에서 우리는 국가·시민경제·시민사회를 구별할 수 있게 된 동시에, 이 세 주체 간의 관계를 새롭게 조정하는 시각이 민주주의의 심화에 긴요함을 절실히 깨닫게 되었고, 그리하여 공공성 개념이 자못 중시되기에 이르렀다. 그것은 흔히 1) 국가에 관계하는 공적(公的, official)인 것, 2) 모든 사람과 관계에 있는 공통(共通, common)의 것, 3) 누구에게나 열려 있는(公開, open) 것 등의 의미를 갖는다고 알려져 있다. 그런데 영어의 'public' 개념과 달리 한자어권에서 '공공'은 공(公)과 공(共)의 합성어로서 공(公)이 공(共)을 압도하는 사례가 많은 듯하다. 그리고 민족주의나 국민국가에 의해 재정의되면 공공성이 곧 공익(公益)이나 국익(國益)과 같은 것으로 간주되는 경우도 왕왕 있다. 특히 공(公)은 곧 관(官)으로 간주되는 사고와 관행의 전통이 강한 동아시아에서 그렇다. 그러나 여기서는 공(公)과 공(共)을 분해해 재결합시키기 위해서 국가와 구별되는 시민사회의 독자적 의의에 주목하면서 공공성을 시민사회에서의 열린 (그리하여 국경도 넘는) 소통공간이라는 의미로 강조하고자 한다. 소통공간으로서의 공공성은 일차적으로 사람들 사이의 공통의 문제에 대한 열린 관심에 기반을 두고 언어활동을 매개로 타자와 소통하는 공공권, 즉 담론의 공간을 의미한다.[22]

그런데 필자는 여기서 한걸음 더 나아가 일상생활을 꾸려가는 개인을 중심으로 공공성 개념을 재구성함으로써 소통공간의 폭과 깊이를 더해보려고 한다. 즉 그것은 삶과 생명에 대한 배려를 통해 형성되는 인격적(inter-personal) 관계가 일상생활 속에서 경험되고 실천되는 친밀한 공간, 담론의 공간이자 감성의 공간인 친밀권(親密圈)을 의미하는데,

---

22 山脇直司, 앞의 책; 山口定 外 編『新しい公共性: そのフロンティア』, 東京: 有斐閣 2003; 齋藤純一『公共性』, 東京: 岩波書店 2000 참조.

바로 거기서 개개인의 자기정체성이 형성된다.[23] 이렇게 공공성의 의미를 확대해본다면, '공공성의 역사학'은 일차적으로 과거 사실과의 친밀한 만남을 통해 타자와의 소통의 계기를 제공하는 것이다.

지금 필자가 시론적으로 생각하는 공공성의 역사학은 소통의 공공권은 물론이고 거기에서 토의되는 내용의 정당성을 판정하는 기준으로서의 공공성도 중시한다. 그래서 순수 학술적 목적을 넘어 사회에서 역사지식의 유용성을 증진하는 실천작업인 '공중역사학'(public history)이나 공공권(public sphere)을 주된 관심대상으로 삼는 '공공권의 역사학'이라 하지 않는 것이다.[24] 이 개념은 앞으로 좀더 정교하게 다듬어져야 할 터인데, 우선 이 글에서는 '공공성의 역사학'의 다섯가지 특징을 제시해보고자 한다.

첫째, 이제까지의 '과학으로서의 역사학'이 과거의 원인과 결과에 대한 지식을 추구하는 '설명(또는 분석)으로서의 역사'라고 할 수 있다면, 공공성의 역사학은 그것보다는 '동일시(identification)로서의 역사'의 성격이 더 강하다. 둘 다 우리가 과거와 만나는 방식이다. 그런데 '동일시로서의 역사'는 상상력이나 공감에 의한 과거와의 친밀한 만남을 뜻한다. 특히 과거에 산 사람들과의 공감적 관계를 맺는 일체화를 통해

---

23 齋藤純一, 앞의 책.

24 '공공성의 역사학'이라는 용어는 佐藤卓己 『歷史學』, 東京: 岩波書店 2009에서도 쓰고 있다. 그 내용에 대해서는 특히 제2,3장에 상세하다. 그런데 사또오 타꾸미는 역사학의 사회적 사명의 하나가 "사실관계의 정합성을 검증함으로써 타자와의 커뮤니케이션이 성립하는 환경을 만드는 것"이고, "이러한 합리적 토의의 공간을 만들어내는 공공성의 역사학"을 바로 '미디어사'라고 부른다(같은 책 100면). 결국 그의 '공공성의 역사학'은 곧 미디어사를 의미한다는 점에서 필자와는 다소 거리가 있다. 공공성을 구별하는 논의에 대해서는 山口定 外 編, 앞의 책 19면에서 발상을 얻었다. 공중역사학에 대해서는 본서 2장 참조.

현재를 사는 우리의 정체성을 돌아볼 수 있고, 현재의 삶을 비추는 거울로서 과거와 대화할 수 있는 것이다.[25] 여기서 주의를 환기하고 싶은 점은, '분석으로서의 역사'와 '동일시로서의 역사'가 양자택일적인 것은 물론 아니란 사실이다. 앞에서 인문학이 원칙적으로 현재형의 진술이면서도 과거시제로 쓰이는 학문의 성격과 인간다움을 구현하는 현재시제의 실천을 겸하는 것이라고 지적한 대목을 떠올려보길 바란다.

첫번째 특징은 서술형식으로서 이야기를 중시하는 두번째 특징과 연결된다. 동아시아와 서구 모두에서 역사학의 기원이 '이야기'임은 잘 알려져 있다. 그런데 랑케(Leopold von Ranke)에 의해 정식화된 근대 역사학은 새로운 일차사료(주로 공문서)에 근거한 인과관계의 분석을 통해 일반화된 법칙을 추구하는 역사학, 곧 과학적 역사학이 되었다. 그것이 맑스주의 경제모델, 프랑스의 아날학파 및 미국 계량사학의 도움을 받아 구조적·분석적·계량적 역사연구로 발전하여 역사학을 주도했다. 그러나 1970년대를 거치면서 과학적 역사학에 대한 불신이 확산됨과 더불어 역사의 (사회·경제적) 구조보다는 그 안의 인간 개개인에 대한 관심이 높아지고, 역사학의 연구성과를 비전문직 대중과 소통하는 방식 및 그들 삶의 경험과 연관된 역사가 중시되었다. 그것이 이른바 '이야기의 귀환'이다.[26] 굳이 이런 역사학의 추세를 되돌아보지 않더라도 인간은 이야기를 함으로써 타자와 소통하려는 욕구를 지녔기 때문

25 Tessa Morris-Suzuki 著, 田代泰子 譯『過去は死なない: メディア·記憶·歷史』, 東京: 岩波書店 2004, 특히 제1장. 이에 대한 좀더 상세한 논의는 본서 2장 참조.

26 Lawrence Stone, "The Revival of Narrative: Reflections on a New Old History," *Past and Present* 85, 1979. 역사서술 방식의 근본적인 변화, 즉 이야기의 귀환이 일어난 구미 역사학계의 배경, 그 특징 및 문제점이 잘 정리되어 있다.

에 소통의 공간을 만들어내려는 공공성의 역사학에서 이야기의 역할을 중시하는 것은 자연스럽다. 역사가는 과거의 객관적 서술에 머물지 말고 이야기를 통한 과거의 재형상화를 목표로 삼아 그것을 통해 더 근본적으로 의사소통의 영역을 넓혀 대중에 가까이 다가가야 한다. 여기서 우리는 동아시아의 전통적 역사서술이 인물 중심의 이야기로 엮였다는 것을 상기해볼 필요가 있다. 그 대표적인 예가 인물이 중심이 되고 개인의 역사상의 역할을 서술하는 데 중점을 둔 기전체(紀傳體) 서술양식이라 하겠다. 물론 본기(本紀)·표(表)·지(志)·열전(列傳)의 네 부분으로 구성된 옛 기전체는 영웅이 역사를 창조한다는 영웅사관을 표현한 것으로, 지금 보면 그 한계가 분명하다.[27] 그러나 (구조가 아닌 개개인의 삶에 대한) 이야기의 중요성을 우리에게 일깨워주는 값진 지적 자산임은 분명하다.

세번째 특징으로서 역사비평을 중시한다는 점을 들 수 있다. 역사비평의 중요성을 주장하는 것이 필자가 처음은 아니다. 역사에 대한 메타비평인 역사비평이 필요한 이유를 '역사의 대중화와 대중의 역사화'라고 주장하면서 그 과제를 구체적으로 제시한 김기봉의 시도가 있다.[28] 그는 사실을 과학적으로 규명하는 데 치중한 근대 역사학이 대중의 삶으로부터 멀어져 위기에 처했다고 비판하면서 역사의 대중화가 요구되는 상황에서 역사의 문학성을 강조하는 탈근대(post modern) 역사이론에 근거해 역사의 생산자인 역사가와 그 소비자인 대중 사이의 경계를 허무는 역사비평의 역할을 강조한다. 그러나 필자는 그것이 딱히 탈근

27 기전체를 오늘날의 역사서술에서 되살려보려는 노력은 나이강(羅爾綱) 「기전체의 현대적 응용」, 민두기 엮음 『중국의 역사인식』 하, 창작과비평사 1985 참조.
28 김기봉 「메타역사로서 역사비평: 필요성과 과제」, 『역사와 현실』 40, 2001.

대적 역사이론의 영향이라고만은 보지 않는다. 그가 말하는 역사비평에 해당하는 것이 이미 동아시아의 전통적 역사학에서 사평(史評)이라는 분야로서 존재했다고 보고, 이를 오늘날 새롭게 되살리자고 주장하고 싶다.[29] 사평은 일찍부터 역사 자체에 대한 비평임과 동시에 그 서술에 대한 비평이라는 이중적인 의미를 가졌다. 물론 그때의 사평은 유교적 가치에 기반을 둔 도덕적·윤리적 판단에 따라 역사에서 칭찬할 것과 비난할 것(이른바 포폄褒貶)을 명백히 밝히는 데 치중했기에 그것이 역사의 진상을 흐리게 하는 것이 아닌가 하는 논란이 예전부터 있어왔고, 특히 근대 역사학이 도입되면서는 그것에 대해 부정적 평가가 주류를 이룬 형편이다. 그러나 중국 최초로 사평 위주의 본격 저서를 낸 유지기(劉知幾)처럼 도덕상의 가치판단과 지식상의 사실판단의 합일을 주장한 흐름도 있었을 뿐만 아니라 근대 역사학의 한계를 넘어서려는 입장에서 전통시대 사평의 의미를 다시 보는 작업도 이제 나타나기 시작했다.[30]

필자는 공공성의 역사학은 그 같은 동아시아의 역사비평 전통을 계

---

29 사평은 최초의 사론서(史論書)라 할 당대(唐代) 유지기(劉知幾)가 지은 『사통(史通)』에서부터 시작되었다고 할 수 있다. 그리고 송대 이래 사평이라는 용어가 실제로 사용되고 더 나아가 하나의 독립항목(예컨대 『송사(宋史)』 「예문지(藝文志)」)으로 격상되었다. 그러나 당시만 해도 사평은 그리 널리 유행하지는 않았다. 사평이 중국의 학문분류에서 확고하게 독립적 위치를 갖게 된 것은 청대의 『사고전서총목제요(四庫全書總目提要)』에 '사평'이라는 항목이 설정되어 그후 거의 모든 서목이 이 모범을 따르면서부터이다(고병익 「유지기의 사통과 사평이론」, 민두기 엮음, 앞의 책 543면).

30 李紀祥 「中國史學中的兩種 '實錄' 傳統」, 『漢學硏究』 21-2, 2003. 유지기가 사실에 입각한 역사서술의 정확성〔實錄直筆〕을 강조한 것은 그것이 오히려 윤리적 효과를 강화하기 때문이라는 주장, 즉 그에게 있어 진과 선은 분리된 것이 아니란 견해도 제기된 바 있다(志野好伸 「他者の言語をどう扱うか: 『史通』の歷史敍述批判」, 『中國哲學硏究』 11, 1998).

승하는 것임을 강조하고 싶다. 역사학계의 학술성과(논문이든 저술이든)에 대한 비평은 물론이고, 특히 역사학 밖에서 유행하는 이야기로서의 역사——역사드라마, 역사소설, 역사 소재 영화, 각종 역사 관련 인문교양서 등——에 대해 이중적 의미의 비평을 가함으로써 공론의 장에 개입하는 것을 과제로 삼아야 한다. 나아가 더 근본적으로는 사회인문학이 추구하는 '삶에 대한 비평'의 자세를 견지해야 한다.[31]

네번째 특징은 역사학의 수양론 내지 교양으로서의 역할이다. 교양은 요즈음 종종 인문학의 핵심으로 중시된다. 기계화, 산업화되는 사회에서 요구되는 실용주의적 학문이 득세함과 동시에 갈수록 학문의 분화가 심화되는 현실에 맞서 파편적 지식을 종합하고 삶에 대한 총체적이해와 감각을 길러주는 인문교양의 이념은 소중해진다. 노예적·기계적인 지식의 습득이 아니라 자유인을 키우는 것,[32] 그것이 공공성의 역사학이 지향하는 교양이다.

끝으로, 공공성의 역사학은 전문적인 훈련을 받은 역사연구자집단만이 수행하는 것이 아니라 누구나가 참여할 수 있도록 열려 있음을 그전제로 한다. 과거에 대해 말하는 것보다 누구나 과거를 바탕으로 미래를 위해 생각하는 것이 중요하다. 이것을 필자는 '역사하다'라는 새로운 어휘로 표현한다.[33] 사실 한국어 표현에 '철학하다'는 있으나 '역사

---

31 비평으로서의 역사학에 대한 좀더 상세한 설명은 본서 2장 참조.

32 加藤周一·徐京植·ノーマ フィールド『教養の再生ために: 危機の時代の想像力』, 東京: 影書房 2005(한국어판: 가토 슈이치·노마 필드·서경식 지음, 이목 옮김『교양, 모든 것의 시작: 우리 시대에 인문교양은 왜 필요한가?』, 노마드북스 2007) 참조.

33 이 용어는 민두기의 수필「역사한다는 것」,『한 송이 들꽃과 만날 때』, 지식산업사 1997에서 가져왔다. 필자는 이것을 좀더 정교하게 다듬는 중이다. 영어로 'doing history', 일본어로는 '歴史する'에 해당한다. 중국어에는 그런 용어가 없는데 중국인들의

하다'는 없다. 앞으로 많은 사람이 '역사하는', 즉 사물을 변화하는 시간의 흐름 속에서 파악하고 기록을 중시하는 자세를 몸에 익히면 익힐수록 공공성의 역사학은 그만큼 더 내용이 풍부해지고 더 널리 공유될 것이다.

물론 이 다섯가지 요소들 간의 (충돌과 보완 가능성을 포함한) 연관관계는 물론이고 또다른 새로운 요소에 대해서도 앞으로 더 논의되어야 할 것이다. 그러나 현재 개별 분과 안에서의 혁신작업이라 할 '공공성의 역사학'은 비록 그 이름을 달고 있지 않더라도 이미 실천되면서 서서히 모습을 드러내고 있다. 그 과정에서 역사적 과거와 만나고, 어디까지가 사실에 부합하는 진실(truth)인가를 논의하기보다 과거에 대한 사려 깊은 태도, 즉 진지함(truthfulness)을 견지하면서[34] 사람답게 사는 것의 방향성을 깨달을 때의 감흥을 몸으로 느끼고 서로 통하는 사람들이 늘어나게 된다는 점은 소중한 것이다.

이처럼 '공공성'을 매개로 자기갱신하는 학술활동이 역사학에 그치지 않고 여러 분과영역에서 나타나 서로 어우러지며 분과학문(의 진부한 사고형태)이 존재하는 장을 재편해나갈 때 사회인문학의 구현은 그만큼 더 앞당겨질 것이다.

사회인문학은 우리가 대학 안팎에서 지식을 생산하고 전파하는 활동에 방향성을 제시하는 하나의 중심적 표지다. 우리는 '사회인문학의 지

반응을 들으니 '做歷史'가 적절한 듯하다.

34 '역사에의 진지함'에 대해서는 Tessa Morris-Suzuki, 앞의 책 33~36면 참조. 그는 과거의 사건과 사람 사이에 열린, 발전적 관계가 필요하다고 주장한다. 역사적 사건과 그 사건의 기록이나 표현에 종사하는 사람들과 그 표현을 보고 듣고 읽는 사람들 사이의 관계의 연속으로서 역사지식의 전달과정을 보려는 뜻에서 그가 제기한 것이 '역사에의 진지함'이다.

평'을 열어가려고 한다. '사회인문학'은 아직 미처 도달하지 못한 새로운 경험세계이다. 그러나 그 기대지평은 우리가 볼 수 있는 세계, 우리가 경험한 세계에 기반해 살아갈 공간이기에, 그 안에서 전환의 가능성과 한계를 받아들이면서 서로 소통하여 앎과 삶의 공동체를 이룰 수 있는 표지가 된다.

2장

공감과 비평의 역사학
동아시아의 역사화해를 위한 제언

1. '좋은 역사학'과 공공성의 역사학

필자는 역사연구자로서 어떤 역사학이 좋은 역사학인가를 의식적으로 생각해본 적이 없었다. 그런데 2013년 9월 추석 직후 중국 항저우(杭州)에서 열린 '하바드-옌칭포럼'에 참석해 그에 대해 발표하고 토론하는 특이한 경험을 했다. 하바드-옌칭연구소의 공식 초청을 받아 방문학자로 체류한 경험이 있는 중국어권 학자들의 모임인 '하바드-옌칭포럼'의 그해 주제가 바로 '가장 좋은 역사학이란 무엇인가'였다. 거기에 한국에서는 필자가 초청받은 것이다.

그 모임은 비공개 형식이라서 아주 자유로운 토론이 이뤄졌는데, 포럼 주제에 대한 확정적인 답을 찾으려는 분위기는 아니었다. 따지고 보면 '가장 좋은 역사학'에 대해 합의를 보는 것 자체가 가능한 일도 아니지 않은가. 그 주제에 대해 문제제기를 하는 것, 달리 말하면 '말하는 것' 자체가 중요하다는 데 참석자들은 공감했다. 그런 가운데도 분명하게 공유한 인식은 있었다. 그 점을 잘 표현한 것이 홍콩에서 온 참석자의 발표 제목에 나오는 '입세사학(入世史學)'이다. 그의 설명에 따르면 입세(入世)는 불교의 '출세(出世)'에 대비되는 것이니 '입세사학'은 현실로 들어가는 역사학──그가 영어로 'history of relevance'라고 표현한 것으로 미루어 현실과 상관관계를 갖는 역사학──이며, 이것이 좋은 역사학의 기준이 된다.[1]

그는 그 구체적인 사례를 '공중역사학'에서 찾았다. 필자는 기본적으로 그의 문제의식에 공감하면서도, 바로 이 점에서는 이견을 갖고 있다고 그 자리에서 논평했다. 왜냐하면 그가 강조하는 공중역사학은 영미권의 그것을 염두에 둔 것으로, 역사학이 전문성을 기반으로 한 대중과의 만남, 달리 말하면 역사지식의 생산보다는 유통이랄까 보급에 더 치중하는 것이기 때문이다. 주로 학술논문보다는 박물관의 역사교육이나 대중매체의 역사 프로, 구술사(oral history) 등을 통해서 역사지식의 사회적 유용성을 증진하는 실천작업을 의미한다.[2] 이에 대해 필자는 1장에서 살펴보았듯 공중역사학이 아닌 '공공성의 역사학'을 제기한 바 있다. 여기에서는 역사학의 사회적 유용성을 중시하되 '공공성' 혹은 '공공적인 것'이 과연 어떤 것인지 그 논의기준에 대해 따져보는 일을 한층 더 강조한다. 대중과의 소통이나 사회적 실천에 그치지 않고 공공성이 이해되는 방식, 구성원에 영향을 미치는 공동 관심사가 도대체 무엇인지 논의할 때 그 '정당성의 기준으로서의 공공성'을 문제삼는 일까지

---

1 哈佛燕京學社·浙江大學歷史系 主辦 '什麼是最好的歷史學 西湖論壇'(2013.9.22~23 杭州)에서의 발표문 蘇基朗「入世史學: 香港公衆史學的理論與實踐」 참조.

2 공중역사학에 대한 좀더 상세한 정보는 http://www.publichistory.org 참조.

포괄한다. 아울러 그 기준에 부합하는 역사지식의 생산과정도 중시한다.[3]

이런 관점에서 다시 본다면, '좋은 역사학'은 역사학자 각자가 처한 사회현실에 들어가(入世) 그것과 상관관계가 있는 역사지식을 생산하고 보급하는 작업에 힘쓰되 그가 제시하는 유용성이 과연 공공의 관심사에 부합하는지를 부단히 되묻는 것이다. 그것은 구체적으로 사회의 제를 근대 역사학의 학술 기율(discipline)에 따라 학술의제로 전환하는 과정에서 실현된다.

이 같은 필자의 주장이 혹 추상적으로 들릴지 모르니 이하에서 사례를 들어 좀더 구체적으로 설명해보겠다. 동아시아 국가들 간에 반복되는 역사갈등이라는 사회의제에 역사학자가 어떻게 대응해야 좋을지를 탐구해보고자 한다.

2. 공감을 통한 역사화해

한일병합 100주년을 맞은 2010년 한일 양국에서는 화해의 의미를 다시 묻는 각종 행사들이 열리고 다양한 의견들이 쏟아졌다. 이러한 동향에 직면해 역사연구자인 필자는 어떻게 개입해야 옳은가 고민했다.

2009년 필자는 한편의 글을 발표해 '공공성'을 매개로 재정립되는 역사학을 '공공성의 역사학'이라고 규정한 바 있다.[4] 그것은 과거 사실과

---

3 보통 공공성을 형성하는 공공영역이나 공공권이라는 공간 개념과 그로부터 논의되는 내용의 정당성을 판정하는 기준인 공공성이 혼동되기도 하는데, 양자를 구별하는 것이 논의를 한층 더 명료하게 한다. 이에 대한 좀더 상세한 설명은 본서 1장 참조.

의 만남을 통해 타자와의 소통이 성립하는 공간을 만드는 것이다. 구체적으로 그것은 다섯가지 특징을 갖는데, 그중 하나가 비평적 기능이다. 즉 역사학계의 학술성과(논문이든 저술이든)에 대한 비평은 물론이고 특히 역사학 밖에서 유행하는 이야기로서의 역사—역사드라마, 역사소설, 역사 소재 영화, 각종 역사 관련 인문교양서 등—에 대해 비평을 가함으로써 공론의 장에 개입하는 것을 과제로 삼아야 한다고 강조했다. 그러니 필자는 그해 가장 뜨거운 역사(학)적 현안에 어떤 식으로든 개입하지 않을 수 없는 형편이었다. 고심하던 끝에 '공감과 비평의 역사학'을 키워드로 삼아 역사화해의 의미에 대해 깊이 생각해보기로 했다.

1990년대부터 탈냉전 시대에 들어간 동아시아에서는 그때까지 주민들의 삶을 지배하던 자유진영과 공산진영이라는 이분법적 지역질서가 동요했다. 각 국가가 국경을 넘어 다양한 영역에서 교류하면서 상호의존이 깊어졌다. 그러나 교류와 접촉이 잦아지면서 갈등도 생겼고, 그와 더불어 한동안 냉전질서 아래 억압되었던 국가 간 갈등의 집단기억이 전면에 드러나게 되었다. 그래서 갈등의 역사를 극복하는 일이 긴요해졌다. 특히 1997년 아시아 경제위기 이후 아세안과 동북아 3국(이른바 ASEAN+3) 정부가 동아시아공동체 건설을 주요한 미래 과제로 논의하고 그 실천방안을 모색하면서 그 일환으로 동아시아인으로서 공통의 정체성을 갖는 일이 무엇보다 중요해졌다. 역사화해는 그 과정에서 정체성 형성의 핵심적인 요소로 떠올랐고, 역사화해를 위한 노력이 꾸준히 이어지게 되었다.

---

4 필자가 시론적으로 구상하고 있는 공공성의 역사학의 다섯가지 특징과 그에 대한 상세한 설명은 본서 1장 참조.

관련 국가 정부들의 지원 아래 또는 시민사회의 자발적 의지로 역사의 공동연구와 상호대화가 다양한 채널을 통해 진행되었다. 초점은 자국중심주의 역사관을 극복하고 역사인식의 다양성을 존중함으로써 역사인식을 어느 정도 공유할 수 있는지를 점검하는 데 있었다. 그 과정에서 편향된 역사지식을 바로잡는다든가 상호 교류와 협력의 역사를 발굴하는 많은 연구들이 이뤄졌다. 급기야 그런 연구의 결과를 일반 독자에게 전달하기 위해 여러 종류의 '공동 역사교과서'가 제작되기도 했다. 그 대표적인 사례가 한·중·일 3국의 연구자와 교사 들의 협력으로 집필된『미래를 여는 역사』이다.[5]

그런데 '역사인식의 공유'란 것이 동아시아 지역의 주민들이 단일한 공동의 역사인식을 갖는다는 뜻은 아니다. 다양한 차이의 공존을 추구하는 것이다. 이 점을 존중하면서 이제까지 축적된 노력의 성과를 한층 더 효과적으로 살리기 위해서는 이제 '공감의 역사학'으로 눈을 돌릴 때가 되었다고 필자는 생각한다.

여기까지 생각이 미칠 때 머릿속에 떠오르는 구절이 있다. 중국과 일본의 역사학자들이 역사화해를 위한 공동연구성과를 묶어낸 책의 편자 서문의 말미이다.

---

5 한중일삼국공동역사편찬위원회『미래를 여는 역사』, 한겨레출판사 2005. 일본어판은 『未來を開く歷史』, 東京: 高文硏 2005, 중문판은『東亞三國的近現代史』, 北京: 社會科學文獻 出版社 2005. 그밖에 한일 양국의 공용 역사교재로 이원순·정재정·서의식『한국과 일본에서 함께 읽는 열린 한국사』, 솔출판사 2004; 한일공통역사교재 제작팀『조선통신사: 도요토미 히데요시의 조선 침략과 우호의 조선통신사』, 한길사 2005; 한일여성공동 역사교재 편찬위원회『여성의 눈으로 본 한일 근현대사』, 한울 2005; 전국역사교사모임·일본 역사교육자협의회『마주 보는 한일사』, 사계절 2006; 한일역사교과서연구회 『한일교류의 역사』, 혜안 2007도 간행되었다.

역사를 되돌아보는 것은 '마음의 문제'이기도 하다. 상대방의 '마음'을 배려하고 상대방의 주장에 귀를 기울이며 존중하는 것은 일본과 중국이 진정한 화해를 실현하는 제일보가 아닐까.[6] (강조는 인용자)

이 구절이야말로 문제의 핵심을 찌르는 지적이 아닌가. 사실 학술논문은 더 말할 필요도 없지만 역사교과서조차 그것이 설명적 텍스트 형식을 갖는 한은, 독자들에게 많은 지식정보를 제공해줄지 몰라도 그들의 적극적인 이해의 공유를 이끌어내기란 결코 쉽지 않다. 이제 역사책을 읽는 독자를 역사지식의 수동적 소비자가 아니라 참여자로서 변화시키기 위해 그들이 역사와 자기를 동일시하도록, 달리 말해 역사를 공감할 수 있도록 해야 한다.

앞서 1장에서 설명한 대로 지금까지 우리가 교육받는 과정에서 익숙해진 역사학은 '과학으로서의 역사학'이다. 그것은 과거 사실의 원인과 결과에 대한 지식을 추구하는 역사라고 할 수 있다. 필자는 이와 더불어 '동일시로서의 역사'에 대해서도 관심을 갖자고 강조하고 싶다. 동일시로서의 역사는 상상력이나 공감에 의한 과거와의 만남을 뜻한다.[7]

여기서 말하는 공감(empathy)이란 무엇인가. 최근 일부 포유동물에서도 공감적 반응을 찾아내는 연구가 나오고 있는 데서 보듯이 공감에 대한 논의의 폭은 넓은데,[8] 특히 인간 진화의 본성을 새롭게 이해하려는

---

6 劉傑·三谷博·楊大慶 編『國境を越える歷史認識: 日中對話の試み』, 東京: 東京大學出版會 2006, 서문.

7 Tessa Morris-Suzuki, 앞의 책, 특히 제1장.

8 フランス·ドゥ·ワァール『共感の時代』, 東京: 紀伊國屋書店 2010. 원서는 Frans de Waal,

작업이 주목된다. 철두철미 이기적이고 실리적이며 쾌락만을 추구하는 것이 아니라 공감을 넓히려는 성향이 인간의 본성이라고 주장하며 호모 엠파티쿠스(Homo empathicus)라는 신조어까지 제시하는 견해도 있다.[9] 필자가 그에 대해 본격적으로 논의할 능력은 없으니 이 글의 주제인 역사화해를 다루는 데 필요한 만큼만 언급하자면 공감이란 '인간이 남의 감정과 입장을 이해하고 그것에 적절히 반응하는 능력'으로 규정하고 논의를 진행하고자 한다.[10]

인간은 감정과 감정 표현이 보편적이어서 다른 사람을 자기와 똑같은 인간으로 보고 동일시할 수 있다. 그래서 공감을 통해 인간됨이란 무엇인가를 성찰하고 타인의 기쁨이나 슬픔, 고통을 진심으로 이해하는 태도가 얼마나 중요한지 깨달을 수 있는 것이다. 그런데 여기서 검토하고 넘어가야 할 것은 공감과 동정의 구별이다. 공감은 동정(sympathy)과 정서적 공통점을 갖고 있지만, 수동적인 입장의 동정과 달리 공감은 적극적인 참여 즉 관찰자가 기꺼이 다른 사람의 경험의 일부가 되어 그들의 경험에 대한 느낌을 공유한다는 것을 의미한다.[11]

The Age of Empathy: Nature's Lessons for a Kinder Society, New York: Harmony 2009.

9 제러미 리프킨 지음, 이경남 옮김 『공감의 시대』, 민음사 2010, 55면. 원서는 Jeremy Rifkin, *The Empathic Civilization: The Race to Global Consciousness in a World in Crisis*, New York: Tarcher 2009.

10 20세기 초부터 널리 쓰이게 된 '공감'이라는 용어의 유래를 보면, 1872년에 로베르트 피셔(Robert Vischer)가 미학에서 사용한 독일어 Einfühlung(감정이입)을 1909년에 미국에서 empathy(공감)으로 번역한 것이다(제러미 리프킨, 앞의 책 19면). 이 글의 기본 틀을 구성할 초기에 공감에 대해서는 메리 고든 지음, 문희경 옮김 『공감의 뿌리』, 샨티 2010로부터 크게 도움받았다. 원서는 Mary Gordon, *Roots of Empathy: Changing the World Child by Child*, New York: The Experiment 2005.

11 제러미 리프킨, 앞의 책 20면. 리프킨과 달리 발(F. de Waal)은 동정이 행동으로 연결

이렇듯 공감능력이 모든 인간에게서 볼 수 있는 보편적인 것이라면, 역사학은 어떻게 글을 읽고 쓰는 능력보다 더 중요한 감성능력(emotional literacy)을 키워 다른 사람의 관점에서 상황과 세계를 바라보는 방법을 배우고 그로부터 갈등을 해결하는 힘을 끌어낼 수 있을까.

필자는 '공감의 역사학'이 그런 역할을 할 수 있을 것으로 기대한다. 그것은 과거에 산 사람들과 공감적 관계를 맺는 '동일시로서의 역사'를 중시하고, 특히 역사상 인물들을 겉으로 드러난 행동만 보고 도덕적 기준에서 재단하는 것이 아니라 그들의 행동 뒤에 숨은 감정과 동기까지 이해하려고 노력하는 것이다. 이러한 공감의 역사학이 우리를 역사화해로 이끄는 지름길이라고 생각한다.[12]

된다는 점에서 공감과는 다르다고 주장한다. 그에 따르면, 공감이란 타자에 대한 정보를 수집하는 프로세스이고, 이와 대조적으로 동정이란 타자에 대한 염려와 타자의 어려운 처지를 완화하고 싶다는 충동이나 바람을 뜻한다(Frans de Waal, 앞의 책 128면).

12 역사이해에서 공감적 이해(empathetic understanding)의 중요성을 강조하는 것이 필자가 처음은 물론 아니다. 서양사 연구자 조지형은 역사가가 자기 마음속에서 과거 사실을 재연(reactment)하는 추체험의 노력을 일종의 공감적 이해라고 본다. 이는 역사가가 자신이 과거 사건의 주인공(당사자)인 것처럼 그들의 경험을 공감하고 생각해보는 것을 의미한다(조지형 『역사의 진실을 찾아서: 랑케와 카』, 김영사 2006, 118~19면). 또한 역사를 바라보는 '다자적 관점', 즉 프랑스와 독일의 역사갈등을 해결하기 위해 도입된 '두가지 시각'(deux points de vue)도 필자가 말하는 '공감의 역사학'과 같은 것으로 간주될지도 모른다(김승렬 「역사의 국경을 넘다: 독일-프랑스 공동 역사교과서」, 『역사비평』 82, 2008). 이 두가지 유익한 사항을 지적해준 김승렬 교수에게 감사드린다. 물론 넓게 보면 공감의 역사학은 일상생활 속에서 흔히 얘기되는 역지사지의 태도와도 통하는 것이다. 그런데 '공감의 역사학'은 특히 역사가뿐만 아니라 역사저술을 읽는 일반 독자의 감성능력의 배양과 정체성 문제까지 강조한다는 점에서 차이가 있지 않을까 싶다.

한편, '공감'이라는 어휘보다는 '감통'이 더 적합하다는 생각이 강하게 들기도 한다. 장 즈창(張志强)에 따르면 이 용어는 『주역(周易)』「계사상전(繫辭上傳)」에 나오는 것인데, '느낌으로서 통하는(感而遂通)' 감통력으로 소통의 길을 열고 동아시아 연대를 이

3. 공감의 역사 사례 검토: 카또오 요오꼬의 저서를 중심으로

그렇다면 '공감의 역사학'은 구체적으로 어떤 모습을 갖는 것일까. 이를 짚어보기 위한 하나의 사례로서 필자는 일본의 카또오 요오꼬(加藤陽子)가 쓴 『그래도 일본인은 전쟁을 선택했다』[13]와 그것을 읽은 한국 대학원생들의 독후감을 제시해보려고 한다.

현재 한국인에게 역사분쟁이라고 하면 일차적으로는 1980년대부터 한국과 일본 사이에서 심각하게 갈등을 빚어온 식민지 시기(1910~45년)의 평가 문제가 떠오른다. 그다음으로는 2002년부터 중국과 한국 사이에 벌어진 고구려사 귀속논쟁이 있다. 여기서는 전자에 한정해 살펴볼 것이다.

필자는 한국이 일본의 식민지가 된 해로부터 100년이 되는 2010년 봄 학기에 대학원생들과 함께 한일 양국의 역사학계에서 이 문제를 어떻게 다루는지를 비교해보는 기회를 가졌다. 그 주제와 관련된 도서목록에 바로 카또오 요오꼬의 책이 들어 있었다.[14]

이 책을 특별히 중시한 것은 일본 서점에서 역사책으로서는 이례적

록할 수 있다고 한다(장즈창 「'거대분단'의 극복과 이상적 동아시아의 가능성: '한중인문유대 강화'가 지역의 미래에 주는 의미」, 『통일과 평화』 5-2, 2013, 62면). 그러나 이 글에서는 우리 언어습관에 더 익숙한 '공감'을 그대로 사용하기로 한다.

13 加藤陽子 『それでも, 日本人は「戰爭」を選んだ』, 東京: 朝日出版社 2009.

14 한 주에 세 시간씩 14주에 걸친 한 학기 강의에 참여한 학생은 박사과정생 1명과 석사과정생 5명이었다. 한 학기 강의계획 가운데 한 주가 카또오 요오꼬의 저서를 읽고 제출한 각자의 보고서를 토대로 토론하는 시간이었다. 이 수업에 참여한 학생들의 창의적 의견이 이 발표문을 작성하는 데 큰 도움이 되었다.

으로 잘 팔린다는(2013년 7월 현재 15쇄 18만 부) 이유 때문이었다. '공감'을 기준으로 평가하는 데 적합하다고 판단했던 것이다.[15] 좀더 정확히 말하면, 이 책이 일본 독자들로부터 상당한 공감을 얻고 있는 것이 분명한데 그 근거가 무엇인가를 따져보는 것은 '공감의 역사학'이 무엇인지를 구체화하는 데 시사하는 바가 있을 것이라 생각했다. 더 나아가 일본인 독자들이 공감하는 것을 한국인 독자는 어느 정도 공감하는지 살펴봄으로써 역사화해에 '공감'이 얼마나 기여할 수 있는지를 가늠할 수 있으리라 보았다.

일본이 청일전쟁·러일전쟁·중일전쟁·태평양전쟁을 거의 10년마다 치르게 된 과정을 설명하는 이 책은 일본 국제정치사를 전공하는 저자가 중·고등학교 학생 20명을 대상으로 5일간 진행한 강연 노트가 토대로 되었다. 대화체의 역사서술을 채택하여 학생과 문답을 주고받으면서 일본이 왜 전쟁을 선택하게 되었는지를 당사자의 입장에 서서 생각해보도록, 또한 당시의 상황과 조건을 세심히 고려해 자기라면 어떤 정책적 판단을 내렸을지 답하도록 요구하고 있다. 그리고 그러한 선택의 결과로 발생한 전쟁이 일본 사회를 어떻게 변화시켰는지에 대해서도 주의를 기울이게 한다.

또다른 특징은, 전쟁의 책임을 묻고 싶은 오늘의 독자의 관점과 전쟁을 선택하게 된 당대인의 관점에서 동시에 그 문제를 보도록 저자가 이끌고 있다는 점이다. 특히 일련의 전쟁을 선택하는 데 적극적이든 소극적이든 간여한 다양한 인물들——주로 천황을 비롯한 정치가·관료·군

---

15 이 책은 2010년 제9회 코바야시 히데오 상(小林秀雄賞)을 수상했다. 『아사히신문』 2010.8.27.

부 엘리뜨 들이 서술되지만 간간이 덜 알려진 인물이나 대학생들, 그리고 현의 관리나 촌장, 또는 그 주변 시골 사람들의 반응——의 육성을 통해 전쟁에 휘말린 그들의 고뇌·타협·갈등을 생동감 있게 재현한다. 일차자료를 두루 다뤄본 역사학자답게 일기·서한·보고서 등 생생한 사료를 솜씨있게 제시할 뿐만 아니라 저자 개인의 에피소드를 적절히 끼워 넣어 시대 분위기의 세부를 실감나게 전달한다.

이 같은 역사 서술방식은 독자의 공감을 충분히 불러일으킬 만하다. 그래서 이 책의 본문 중에 나오는 한 학생은 "이제까지 당시 사람들의 감각을 전혀 몰랐지만 이번에 (…) 여러 사람의 사고나 문장에 촉발되어 조금이나마 이전 사람의 감각을 알게 되었다고 느낀다"고 밝힌다.[16]

그렇다면 이렇게 수많은 독자의 공감을 얻고 있는 이 책은 전쟁을 통해 무엇을 말하려 하는 것일까. 저자는 종래의 '침략과 피침략'이라는 이분법에 의하지 않고 아시아 패권을 둘러싼 경쟁의 이야기로 중국과 일본의 과거를 보자고 제안한다. 아래 인용문은 저자의 이 같은 역사관을 간명하게 드러내준다.

일본이 중국을 침략한, 중국이 일본에 침략당한 이야기가 아니라, 일본과 중국이 서로 경쟁하는 이야기로서 과거를 본다. 일본의 전쟁책임을 부정하려는 것은 전혀 아니고 침략과 피침략이라는 문맥에서 오히려 보기 어려웠던, 19세기에서 20세기 전반(前半)의 중국의 문화적·사회적·경제적 전략을 일본 측의 그것과 비교해 보는 식으로 일중관계를 이야기하

---

16 加藤陽子, 앞의 책 401면. 이 책에 대한 좌익과 우익 독자들의 반응은 다양하다. 그에 대해서는 http://www1.odn.ne.jp/kamiya-ta/soredemo-nihonjinha.html에서 검색이 가능하다.

고 싶은 것이다.[17]

현재 일본에서는 '가해자와 피해자'의 이분법적 역사이해를 넘어서서, 서구 열강보다 뒤늦게 제국주의 경쟁에 참여한 일본이 처음부터 줄곧 침략의 의도를 갖고 전쟁을 일으킨 것이 아니라 조숙한 제국주의국가로 전환해가면서 불가피하게 전쟁을 선택하는 복잡한 굴절과정을 겪었다고 설명하는 경향이 점점 더 강해지고 있다.[18] 크게 보아 카또오 요오꼬도 그런 흐름에 속한다.

이런 입장은 생동감 있는 대화체 서술방식으로 전달됨으로써 일본근대사를 '침략의 역사'로 보는 데 익숙한 한국의 젊은 독자에게조차 공감을 불러일으키고 있다. 필자의 학생 가운데 한 사람은 보고서 말미에 "읽는 내내 그녀의 글에서 잘못된 내용, 즉 역사를 왜곡했다거나 한 것은 없는지 찾으려고 애를 썼던 나 역시 자세의 변화가 필요함을 일면 느꼈던 시간이었다"고 밝힌 바 있다(강조는 인용자). 이것은 중요한 변화임에 틀림없다. 앞에서 말한 공감, 즉 타인의 감정과 입장을 이해하고 그것에 적절히 반응하는 능력을 키우는 데 도움이 된 하나의 산 증거가 될 수 있을 것이다.

그런데 그 저술에 대한 공감이 이뤄졌다고 해서 한일 간의 역사화해가 쉽게 이뤄지는 것은 아니다. 한국의 젊은 대학원생 독자들로 하여금 감정이입을 할 수 있게 만들 정도의 흡인력을 그 책은 분명 갖고 있다.

---

17 加藤陽子, 앞의 책 84면.
18 이 점은 일본의 영향력 있는 리버럴 지식인 테라시마 지쯔로오(寺島實郎)와 필자의 대담에서도 잘 드러난다(「세계를 아는 힘, 동아시아공동체의 길」, 『창작과비평』 148, 2010).

그렇지만 바로 그렇기 때문에, 다른 한 학생은 이 책을 다 읽고 났을 때 여러가지 불리한 상황에도 불구하고 '일본은 전쟁을 택할 수밖에 없었다, 그것은 불가피한 일이었다'는 생각을 갖게 만드는 문제점이 있다고 지적한다. 일본 독자들이 일본의 전쟁 유발에 책임의식을 느끼기보다 불가피한 것이었다고 느끼게 되지 않을까 염려하는 것이다.[19]

여기서 공감이 단순한 감정이입에 그친다면 진정한 역사화해는 이룰 수 없다는 사실을 확인하게 된다. 타인의 마음을 깊이 헤아리는 진정성을 갖되 동시에 그러한 이해에는 한도가 있다는 사실도 알아야 한다. 따라서 타인의 처지에 공감하면서 동시에 서로의 차이를 빚은 역사적 맥락을 분별하는 능력이 필요하다. 이와 관련해 일찍이 역사교육에 공감 개념을 적극 도입한 스토클리(David Stockley)의 논의가 매우 유용한 시사점을 준다. 그는 교육현장에서 공감을 활용하는 일이 단순히 남의 입장에 서서 그와 똑같이 느끼는 데 그치는 것이 아니라 그 의미를 이해하는 것이라는 입장에서, 역사 내지 역사교육의 '공감적 재구성'(empathetic reconstruction)은 상상적 행위인 동시에 분석적 행위임을 강조한

---

19 한국인 학생들이기 때문에 이런 지적을 한다고 간단히 지레짐작해서는 안 된다. 일본인 가운데도 이 책이 지도층의 선택에 치중한 나머지 피해자의 시각, 특히 역사주체로서의 조선의 시각을 결여하고 있다고 비판하는 소리가 나온다(주16 참조). 필자는 여기서 동아시아 근대사에서 조선이 차지한 역할은 일본근대사를 다시 보게 하는 데 아주 중요하다는 점을 다시 한번 강조하고 싶다. 예를 들어보자. 일본이 한국을 식민지로 만든 것이 단기적으로 일본제국의 팽창에 도움이 되었다고 볼 수도 있다. 그러나 긴 시간대에서 봤을 때 한일병합이 과연 일본의 '국익'에 보탬이 되었는지는 돌아볼 필요가 있지 않을까. 한일병합이 없었더라면 만주사변과 중일전쟁, 급기야는 태평양전쟁과 패전으로 이어지는 역사가 달라졌을 것이다. 그만큼 한일병합을 보는 시각은 일본사를 돌아보는 데는 물론 일본의 현실을 개혁하는 데도 관건이라는 뜻이다. 이에 대한 좀더 상세한 논의는 백영서 『핵심현장에서 동아시아를 다시 묻다』, 창비 2013, 162~67면 참조.

다. 따라서 역사의 온전한 설명을 위해서는 역사 행위자들의 동기나 의도까지 이해하는 일과 그들의 행위가 이뤄진 상황적 분석 내지 상황적 증거들이 결합되어야 한다. 요컨대 "역사의 공감적 재구성은 타인의 경험을 느끼는 것이자, 증거와 어린이/역사가 사이에서 이뤄지는 상상적이면서도 분석적인 상호작용"이라는 것이 그의 주장의 핵심이다.[20] 필자가 '공감의 역사학'이 '비평으로서의 역사학'과 결합되어야 한다고 주장하는 이유도 바로 여기에 있다.

4. '비평으로서의 역사학'의 특징들

'비평으로서의 역사학'에서 말하는 '비평'은 '비난'이나 '합리적 분석'이 아니라 '판단'을 뜻한다. 좀더 자세히 말하면 삶에 대한 '해석·평가·느낌·동감적 나눔'(interpretation, evaluation, feeling for, sympathetic sharing in)이다.[21] 그러니 '공감의 역사학'이 '비평으로서의 역사학'과 만나는 것은 자연스러운 일이다.

사실 동아시아 역사학의 전통에서는 일찍부터 사평이라는 이름의 역사비평이 발달해왔다. 고대 역사서에서부터 각 단락 말미에 논찬(論贊)——『좌전(左傳)』의 군자왈(君子曰), 『사기(史記)』의 태사공왈(太史公曰), 『한서(漢書)』의 찬왈(贊曰) 등——이 있었을 뿐만 아니라 사평이라는 분야가 도서·학술 분류에서 하나의 독립항목이 되기도 했다. 그것은 역

---

20 David Stockley, "Empathetic Reconstruction in History and History Teaching," *History and Theory* 22-4, 1983, 61면. 이 자료를 구해준 유희석 교수에게 감사드린다.
21 윤지관 『근대사회의 교양과 비평: 매슈 아놀드 연구』, 창작과비평사 1995, 233면.

사 자체에 대한 비평임과 동시에 그 서술에 대한 비평이라는 이중적 의미를 가졌다.[22]

이 지점에서 가치판단적 성격을 갖는 '비평으로서의 역사학'이 자연스럽게 동아시아 역사비평의 전통과 만나게 된다. 물론 이는 이전의 옛 역사학으로 그냥 돌아가자는 것이 아니고 창조적으로 수용하려는 것이다. 그 과정에서 과학적 역사학의 강점을 살리면서 동시에 그것을 넘어 역사학을 혁신할 수 있는 길이 열릴 것으로 기대한다.[23]

그렇다면 그것이 어떤 특징을 갖고 있기에 이 같은 기대를 걸게 되는가. 첫째, 역사가의 가치판단이 '삶의 비평'으로 기능한다는 점을 들고 싶다.[24] 삶의 비평이란 '삶에 대한 비평'이라는 의미뿐만 아니라 그로부터 더 확장되어 삶을 하나의 기준으로 보는 '삶에 의한 비평'의 의미까지 아우르는 뜻인데, 역사과정 속의 사람들의 실천적 관심과 삶의 경험에서 비롯된 새로운 문제제기가 비평의 기준이 된다. 이에 대해서는 1장에서 '삶에 대한 비평'의 자세를 견지하는 사회인문학의 성격을 중심으로 좀더 상세히 논의한 바 있으니, 여기서는 역사학의 오랜 쟁점인

---

22 이에 대한 상세한 설명은 본서 1장 45면 참조.
23 이 점에서 '비평으로서의 역사학'은 단순히 역사교육의 일부를 맡거나 역사 대중화에 기여하는 데 그치지 않는 것임이 분명해진다. 필자의 이런 구상은 한국의 문학비평에 대한 논의에서 크게 계발되었다. 최근 일본에서 협의의 사회비평으로 환원되지 않는 '사회의 비평'이라는 구상이 제기되었는데 그것과도 맥이 통한다도 볼 수 있다. 그것은 "사회에 대한 비평의 가능성을 찾는 동시에 비평의 사회성을 고찰하는" 이중성을 강조하는 것이다(東浩紀·北田曉大 編『思想地圖』5(特集: 社會の批評), 東京: 日本放送出版協會 2010).『사상지도』는 전체의 편집의도가 그러하다. 특히 키따다 아끼히로(北田曉大)의「introduction」참조. 그런데 이 글에서는 이 '사회의 비평' 및 문학비평과 '비평으로서의 역사학'의 차이에 대해서는 더 깊이 논의하지 못했다.
24 본서 1장 27면; 윤지관, 앞의 책 참조.

사실과 가치판단과 관련해서 필요한 만큼만 언급하는 데 그치겠다.

비평으로서의 역사학이 가치판단을 중시한다 해서 역사가의 가치판단이 역사과정에서 독립된 자의적인 것일 수는 없다. 사실이란 "어떤 실체(thing)로서 존재하는 것이 아니라 현실과정에 실재(reality)한다"는 입장에 선다면, 가치판단 역시 "역사적 사실에서 발생하는 가치 내지 인간적 가능성에 대한 일종의 응대와 같은 것"이다. 그리고 사실들을 드러내는 역사학의 과제는 곧 사실들에 내재하는 인간적 가능성을 드러내는 것과 연결되고, 이것은 실천적으로는 현실세계를 살아가는 다수 대중의 삶에 내재하는 가능성을 신뢰하는 것과 통한다.[25]

탈근대 담론이 위세를 떨치는 요즈음의 지적 풍토에서 이런 주장은 다분히 논쟁적일 수 있겠다. 그러나 한국 문단에서 1980년대 이래 토론해온 리얼리즘론을 접한 독자라면 사실이 (실체가 아닌) 역사과정 속의 실재라는 주장을 이해할 것이다.[26] 필자가 알고 있는 리얼리즘은 작품과 그 바깥의 현실세계의 유기적 연관을 설명하는 이론으로서, 사실을 존중하되 그것을 넘어서 진리에 도달하려는 것이다. 좀더 설명하면 진술과 대상의 일치라는 의미의 '바로 맞음'(truth) 또는 과학적 '진리'가 아니라 (종종 Truth로 표현되는) 근원적 진리, 즉 "우리가 끊임없이 물으며 걸어가야 할 '길'로——인간이 멋대로 만드는 도로나 통로도 아니지만 동시에 '길을 닦는' 인간의 실천과 별도로 존재하지 않는 '도(道)'

---

25 유재건 「E. P. 톰슨의 역사방법론」, 『역사교육』 39, 1986, 317, 335면.

26 한국에서 제기된 리얼리즘론은 다른 나라의 논단에서는 다소 생소할지도 모르겠다. 그것은 객관적 현실의 사실적 재현이라는 뜻의 사실주의(모사론模寫論 또는 반영론反映論의 범속화)와 거리를 둘 뿐만 아니라, 전형성·총체성·당파성·변증법적 인식 등의 중요 개념이 내부적으로 통합되면서 발전해온 문학이론으로서, 맑스주의 리얼리즘과도 일정 정도 구별된다.

로 파악"하는 것이다. 달리 말하면 "근대세계의 과학과 실증의 정신을 수용하되 현존하는 세계에 대한 실증주의적 인식을 넘어 그 핵심적 모순을 파악하고 변혁의 전망을 열어주는 것"이기도 하다.[27] 이 같은 근원적 진리관과 맥을 같이하는 것이 앞에서 말한 바 '삶에 대한 비평'이자 '삶에 의한 비평'을 겸하는 '삶의 비평'이다. 그래서 역사과정 속 사람들의 실천적 관심과 삶의 경험을 비평의 기준으로 중시한 것이다.

둘째, 비평으로서의 역사학은 "학문적 수련에서 얻어진 적절한 절차에 의해서만 사실들은 자기 모습을 드러낸다"는 점을 전제로 한다. 따라서 역사학적 논리의 엄격한 절차를 따라 그 자체의 경험적 증거와 대화를 진행하면서 그 과정에서 부단히 '자기비판과 개념수정이라는 변증법적 방식'을 준수하게 된다.[28] 하나의 제도라기보다는 연구자세와 접근법을 뜻하는 '비평으로서의 역사학'이 '학'으로 성립하기 위해서는 기존 분과학문에서의 역사학의 기율과 훈련을 거치지 않으면 안 된다. 그렇지 않으면 아무리 창의적인 학문을 추구한다 하더라도 "맹목적 행동이나 무책임한 상상력의 발동"으로 떨어지기 쉽기 때문이다.[29]

그런데 일정한 분야에서의 기율과 훈련을 중시한다 하더라도 비평으로서의 역사학이 '비평'이라는 성격을 지니는 한 그 훈련은 (보통의 전문 역사연구자로서의 훈련 이외에) 비평가적 수련, 곧 역사 텍스트를 '제대로 읽어주는 독자'로서의 수련을 겸하지 않을 수 없다. 이것이 비평으로서의 역사학의 세번째 특징이라 하겠다. 비평가는 "독자들 가운데서 '가장 제대로 읽어주는 사람'이 되기를 지향하면서 자신의 독서

---

27 백낙청 「작품·실천·진리」, 『민족문학의 새 단계』, 창작과비평사 1990, 374면.
28 유재건, 앞의 글 316, 335면.
29 백낙청 「사회인문학과 비판적 잡지에 관한 몇가지 생각」, 『동방학지』 152, 2010, 6면.

경험을 글로 정리함으로써 '제대로 읽어주는 사람'의 수준과 수효를 최대한으로 높이려고 나선" 자이다. 이렇듯 평범한 독자의 처지에서 출발하되 비평문을 쓰는 특수한 독자로까지 나아가기 때문에 겸허함이라는 덕목을 갖추게 된다. 게다가 '비평으로서의 역사학'에 참여하는 자는 역사 텍스트의 생산과 수용이라는 두 영역에 걸쳐 활동하는 덕에 지나치게 전문화된 역사연구가 직면한 일반 독자와의 소통 장애를 넘어설 수 있다.[30]

바로 이런 비평의 특성에 힘입어 '비평으로서의 역사학'에 전문 역사연구자들뿐만 아니라 일반인들도 참여할 수 있다. 앞에서 소개한 카또오 요오꼬의 저술을 진지하게 읽은 필자와 학생들의 대화는 그 하나의 증언이 되겠다.

이제 글을 마무리하면서 한일병합 100년을 맞아 가장 뜨거운 역사학적 현안에 대해 필자가 발신하고자 한 핵심적 메시지는, 역사에 대한 공감과 그로부터 향상된 비판능력과 창의적 사고를 갖춘 일반인들과 역사연구자가 공동주체가 되어 함께 수행하는 '비평으로서의 역사학' 프로젝트이다. 이것이야말로 역사분쟁을 넘어 역사화해를 이룩하기 위한 다양한 실천방안 가운데 가장 바람직한 것이 아닐까.

공감훈련을 받으면 비판능력과 창의적 사고가 향상된다는 연구보고를 적극 받아들이자.[31] 그럴 때 공감과 비평이 어우러진 새로운 역사학의 가능성도 열릴 것이고, 더 나아가 역사인식의 차이를 '생산적 자극물(irritant)'로 적극 활용하면서 "낮은 수준의 '공존'을 거쳐 높은 수준

---

30 이 대목의 발상은 백낙청 「비평과 비평가의 단상」, 『통일시대 한국문학의 보람』, 창비 2006에서 크게 도움받았다. 직접 인용한 구절은 이 책 460면.
31 메리 고든, 앞의 책 164면.

의 '협력증대'로 향상해가는 역사화해"의 긴 여정도 한층 더 순조로워
질 것이 분명하다.[32] 이를 통해 역사학이 우리가 세상을 보는 눈과 삶의
자세를 성찰하게 한다면 그것이야말로 21세기에 필요한 '좋은 역사학'
아니겠는가.

32 2007년 10월 서울에서 열린 제1회 동아시아 역사 화해 국제포럼에서 펠드만(Lily
   Gardner-Feldman)은, 화해는 "서로의 차이를 없애는 것이 아니라 융합하는 것"이라는
   입장에서, 역사이해의 차이를 갈등을 야기하는 요인으로 부정적으로만 간주하지 말자
   고 호소했다(릴리 가드너 펠드만 「독일의 화해 외교정책에서 역사의 역할: 원칙과 실
   제」, 동북아역사재단 엮음 『역사 대화로 열어가는 동아시아 역사 화해』, 동북아역사재
   단 2009).

3장
지구지역학으로서의 한국학의 (불)가능성
보편담론을 향하여

1. 머리말

연세대 국학연구원 개원 60주년을 맞아 서울에서 여러 나라의 학자
들이 모여 한국학(특히 그 성과인 주요 담론)에 대해 논의하는 이 회의
는[1] 일차적으로 참가자 모두에게 서로가 수행하는 한국학을 안과 밖에
서 동시에 바라볼 수 있는 소중한 기회를 제공할 것이다. 여기서 더 나
아가면, 서로가 딛고 서 학술을 수행하는 '장소'(place)에 대해 특별히
깨닫는 기회가 마련될 수도 있다.

최근 한국에서는 한국학의 '세계화' 내지 '국제경쟁력 강화'가 시급
한 과제로 제기되고 있다. 그리고 그 방안으로 해외 한국학의 양적·질

---

1 개원 60주년 기념 연세대학교 국학연구원 주관 국제회의 '21세기 한국학: 세계보편담
론을 향하여'(2008.12.18~19. 서울)를 말한다.

적 성장을 이끌어내는 동시에 한국 안의 관련 연구성과가 해외에서 널리 인정받는 데 중점을 두고 있다. 그런데 이러한 움직임의 기저에 한국학의 주변성에 대한 초조함이 깔려 있지 않은지, 그래서 한국학의 장소성(placeness)을 일종의 굴레로 여기는 것은 아닌지 냉정하게 반성해볼 필요가 있다. 여기서 필자는 한국학의 세계화라는 구호에 집착하기보다 오히려 그 반대로 한국학의 장소성을 강조하려고 한다. 즉 장소를 갖는, 그러나 특수한 것에 매이지 않는 한국학을 추구하자고 제안하는 것이다.[2]

그 지름길은 한국학에서 생산된 지식이 보편성을 확보하는 데 있다. 서구 중심의 보편주의를 비판하는 동시에, 한국이라는 장소를 중시하면서도 특수성에 매몰되지 않고 보편성을 추구하는 이중의 과제를 감당하는 학문의 길이 곧 새로운 한국학이 가야 할 길이다. 그리고 이를 위해서는 한국이 처한 공간적 위치에 대한 각성을 통해 기존 서구 중심의 지식구조를 재구성하는 일이 무엇보다 절실하다고 본다. 바로 이러한 문제의식에서 '지구지역학으로서의 한국학의 재구성'이라는 프로젝트를 시도해보려고 한다.

이를 통해 한국학의 진정한 세계화의 길을 찾을 수 있지 않을까 기대하고 있다. 필자는 한국 안팎에서 한국학을 연구하고 가르치는 학자들과의 이번 만남을 '지구지역학으로서의 한국학'의 가능성과 불가능성을 따져묻는 더없이 적절한 기회로 삼고자 한다.

---

2 장소에 기반을 둔 접근방식에 대한 좀더 깊이있는 논의는 Arif Dirlik, "Place-Based Imagination: Globalism and the Politics of Place," *Review* 23-2, 1999 참조.

2. 안과 밖에서 본 한국학의 정체성

'지구지역학으로서의 한국학'이 무엇이고 그것이 실현 가능한 것인 지를 논의하기에 앞서, 한국학이란 무엇인가에 대한 기왕의 쟁점을 간 단하게나마 정리해둘 필요가 있다.

'한국학이란 한국에 대한 지식과 정보를 생산(즉 연구)하고 전파(즉 교육)하는 학술활동'이라고 말한다면 한국을 포함한 전세계의 한국학 종사자들은 대체로 동의할 것이다. 그런데 한국에서 자국을 연구하는 학문인 한국학은 좀 특별한 의미를 갖는다. 한국학이 '국학' 또는 '민족 학'이라고도 불리는 경우에서 보듯이, 그것은 민족주의와 밀접히 연관 되어 있는 것이다. 한국학이 민족주의를 이념적 기반으로 삼게 된 경위 는 그 역사적 연원을 살펴보면 쉽게 알 수 있다.

지금 한국에서 수행되는 한국학에는 조선학(朝鮮學) 또는 국학(國學) 의 전통과 지역학으로서의 'Korean studies'라는 두개의 흐름이 겹쳐 있 다. 여기서 말하는 조선학이란 일제강점기의 경성(京城)제국대학에서 '제국의 지식'으로 추구된 조선학이라는 제도적 학문과 이에 대응한 제 도 밖의 '조선학운동'을 모두 아우른다. 그런데 오늘의 한국학은 특히 후자인 조선학운동, 즉 한민족의 위기에 대응해 성립한 학술운동에서 그 정통성의 유래를 찾는다. 그렇기 때문에 한국학은 'Korean studies' 로만 환원될 수 없다. 그 영문 명칭은 다 같지만 '국학'(예컨대 연세대 국학연구원) 또는 '민족학'(예컨대 고려대 민족문화연구원)이라는 명 칭이 한국학과 병용되는 관행이 여전히 살아 있는 이유이다.

조선학운동에서 연원을 찾는 한국학의 역사적 맥락에 대해서는 별도 의 글에서 좀더 깊이 논의한 바 있는데,[3] 그 핵심인 세가지 특징은 우리가 한국학의 정체성을 논함에 있어 결코 간과할 수 없는 요소들이다. 첫째, 한국학은 주체성과 실천성을 표방한 조선학운동이 저항적 민족주의에 근거하였듯이, 민족주의와 연관이 깊다. 둘째, 한국학은 조선문화의 총체성을 탐구하기 위해 여러 분과학문의 연구자들이 협력한 통합적 학술운동으로서 그 성과를 축적해왔다. 셋째, 한국학은 서구에서 기원한 학술제도를 변용한 일본의 과학적 학술의 압도적인 우세 속에서 자기보호적 성격을 강하게 띠는 일종의 생존전략으로 출발했다. 따라서 태생적으로 (소극적이긴 하나) 국제적 경쟁의 시야를 품은 것이다.

물론 21세기에 들어선 오늘날의 한국에서 이러한 한국학의 특징이 그대로 유지되고 있지는 않다. 통합적 학술운동의 면모만 해도 거의 사라진 상태다. 일본제국주의로부터 해방된 1945년 이래 지금까지 한국학의 주된 연구와 교육은 대학의 각 학문분과에서 분화된 채 수행되어온 것이 사실이다. 본래의 통합학문적 지향은 대학 연구소에서나 겨우 유지될 뿐이다. 한국학의 세번째 특징인 '일종의 생존전략으로서 자기보호적 성격이 강한' 세계적 시야 또한 해방 이후 민족주의가 극성한 사회·문화적 분위기 속에서 별로 주목받지 못하다가, 세계화가 슬로건이 된 1990년대 이후 인문·사회과학의 영역 가운데 한국학이 상대적으로 국제경제력이 높을 것으로 기대되는 분위기 속에서 새삼 높은 관심을 끌게 되었다. 이에 비해 한국학의 첫번째 특징, 즉 민족주의와의 깊은 관련은 해방 이후에도 그대로 유지되어왔지만 이제는 논란의 표적이 된 실정이다.

---

3 백영서 「인문한국학이 나아가야 할 길: 이념과 제도」, 『한국학연구』 17, 2007 참조. 수정 증보해 본서 4장으로 수록했다.

그간의 한국학에 대한 논의과정에서 나타난 하나의 입장은 한국학이 민족주의를 비롯한 일체의 이데올로기와 단절해야 한다는 것이다. 정치학자 최장집에 의해 강하게 표명된 바 있는 이 입장에 따르면, 한국에서의 한국학이 민족주의 등의 이데올로기에 얽매여 양적으로는 성장했지만 질적인 발전을 이루지 못한 데 비해 민족주의로부터 자유로운 구미 학계의 한국학 성과는 오히려 더 괄목할 만하다.[4] 그의 주장은 한국학 연구자에게 자신의 학문자세를 겸허히 돌아보게 하는 효과가 있지만, 앞에서 본 한국학의 역사적 맥락을 무시한 것임은 두말할 필요가 없겠다. 더욱이 그간 한국에서 축적된 한국학의 성과들 가운데 민족주의와 깊은 연관이 있는 것들이라 해서 모두 폐쇄적인 이념지향을 가졌다고 말할 수 있는지도 면밀히 검토되어야 한다.[5]

또다른 입장은 한국에서 곧잘 거론되는 '열린 민족주의'의 시각에서 한국학을 해석하는 것이다.[6] 그것은 일제강점기라는 엄중한 민족위기 상황에서의 학문적 대응이 '조선학'을 낳았다는 역사적 맥락을 중시하

---

4 최장집 「한국학의 특징과 한계, 그리고 그 발전을 위한 조건」, 고려대 민족문화연구원 주최 '한국학의 정체성 대토론회'(2005.12.8. 서울) 발제문. 이에 대한 소개 기사가 『한겨레』 2005.12.10에 실렸다.

5 이에 대해 여기서 상세히 논증할 겨를은 없지만, 한국문학에서 논의된 민족문학론에는 일찍부터 제3세계문학 및 세계문학과의 연관 속에 논의를 구성한 흐름도 있었다는 점만은 부각하고 싶다. 하나의 예만 들면 백낙청 『민족문학과 세계문학』, 창작과비평사 1978 참조.

6 홍석률은 최근의 민족주의 관련 담론을 세 갈래로 분류한다. 1) 세계화론에 입각한 탈민족주의론(민족해체론이고 그 대안은 '문명사관'인데, 여전히 국가주의적 속성을 갖고 있다), 2) 민족주의 재구성론, 3) 탈근대론적 관점의 탈민족주의론. 그중 두번째의 민족주의 재구성론이 대체로 '열린 민족주의'를 지향하는 것으로 보인다(홍석률 「민족주의 논쟁과 세계체제, 한반도 분단 문제에 대한 대응」, 『역사비평』 80, 2007).

면서도 신자유주의적 전지구화가 진행되는 현재의 상황에 맞춰 한국학을 (재)구성하려는 시도라 하겠다.[7] 이것은 종래의 민족주의에 얽매인 (한)국학에서 벗어나 유연하고 성찰적인 입장을 견지하려는 자세임이 분명하다. 그러나 '열린 민족주의'란 것의 '열린' 정도를 구체적으로 확정하지 못하고 더 나아가 적극적인 대안으로 새로운 한국학의 이념지향을 제시하지 못한다면 이러한 입장은 본래의 의도와 달리 민족주의의 틀 속으로 되돌아갈 위험이 있다. 다른 한편으로, 탈민족주의론의 편향을 바로잡으려는 작업이 이제 막 나타난 현상도 주목할 가치가 있다. 즉 "신자유주의가 제3세계 민족들의 독립이 그간 거둔 성과를 무효화하는 와중에 주로 학문을 탈정치화하고 (…) 학문의 우경화에 일조"한 것이 탈민족주의라고 비판된다.[8] 이런 새 기운이 과연 한국학의 재구성에 어떤 영향을 미칠 수 있을 것인지는 앞으로 지켜볼 일이다.

이제까지 살펴본 모습이 현재 한국 안에서 한국학이 직면한 상황이라면, 그 바깥에서 수행되는 한국학은 어떤 처지에 놓여 있을까.

물론 해외의 한국학이라 해도 각각 처한 국가에 따라 형편이 다르기는 하겠지만, 외국에 대해 연구하고 교육하는 지역학(대개 동아시아학)의 일부로서 대학 안에 자리 잡고 있다는 공통점이 있다. 따라서 분과학

---

7 그 대표적 주창자는 임형택이다. 그의 『실사구시의 한국학』, 창작과비평사 2000 참조.
8 라디카 데싸이 「베너딕트 앤더슨이 놓친 것과 얻은 것」, 『창작과비평』 145, 2009, 422면. 탈민족주의의 이론적 기초인 베너딕트 앤더슨의 '상상의 공동체'의 이론적 맹점을 날카롭게 논박한 이 글과 한국 탈민족주의론의 단절적 근대주의를 비판한 김흥규 「정치적 공동체의 상상과 기억」, 『현대비평과 이론』 30, 2009 참조. 그밖에 탈민족주의론자의 통일신라 연구의 폐단을 실증적으로 논파한 김흥규 「신라통일 담론은 식민사학의 발명인가」, 『창작과비평』 145, 2009 참조. 이 주제와 관련된 글들이 김흥규 『근대의 특권화를 넘어서』, 창비 2013에 실려 있다.

문보다는 통합학문적인 성격이 강하다. 또한 한국에서와 달리 (자국학이 아닌) 외국학으로서 한국학을 수행하므로 그 이념적 기반으로부터 비교적 자유롭다.

이 같은 특징들을 확인하기 위해 먼저 베트남의 한국학을 살펴보겠다. 베트남에서 한국학은 1992년 한국과 베트남의 국교정상화에 힘입어 1993년 하노이 국립대학교 인문사회과학대 동방학부에 한국학과가 설치된 이래 발전해왔다. 2013년말 현재 한국어 및 한국학 교육기관은 전국에 15개가 존재한다. 그중 하노이 베트남국립대학교, 호찌민시 베트남국립대학교 및 홍방대학교에서만 한국학 중심으로 교육을 하고, 그 나머지 기관은 한국어 중심으로 교육한다. 이런 사실은 베트남의 한국학이 상대적으로 한국에 대한 지식과 정보의 생산(즉 연구)보다는 전파(즉 교육)에 치중한다는 것을 뜻한다. 그 이유는 "현재 베트남에서 대부분의 한국학 교육기관이 한국 회사의 수요에 부응해 통역자와 번역자를 길러내는 것을 목표로 삼고 한국학에 관한 다른 분야의 전문가를 양성하는 데 그다지 관심이 없"기 때문인 것으로 자체 평가된다.[9] 이렇게 한국학의 단기적 실용성이 중시되는 여건에서는 민족주의 같은 이념적 지향이 중시되지 않는 것이 당연하다. 또한 한국학의 국제경쟁력이 사회적으로 요구되는 단계도 아닌 듯하다.

다른 나라에서와 마찬가지로 지역학인 동아시아학과의 일부로 자리 잡은 미국의 한국학은 주로 한국에서 제공하는 해외재원을 활용하고, 점차 증가하는 한국인 유학생과 디아스포라 한국인 학생들이 한국

---

9 하민탄 「베트남에서의 한국학 현황과 전망」, 인하대 BK한국학사업단 엮음 『동아시아 한국학입문』, 역락 2008, 특히 174면.

어 및 한국문화 수업을 강하게 요구한 덕에 크게 발전해왔다. 또다른 특징은 민족주의와의 거리두기를 의식적으로 강조하는 것이다. 즉 한국학계에 존재하는 다양한 민족주의적 연구자세를 노골적으로 비판하거나 한국의 민족주의 자체를 연구대상으로 삼음으로써 그러한 민족주의적 연구로부터 거리를 두는 경향이 주류를 이룬다. 그런데 미국의 한국학이 미국 대학에서 주변부에 속하는 동아시아학과 안에서도 더욱 주변부, 즉 '이중으로 주변화된 위치'에 처해 있다는 것은 문제가 아닐 수 없다. 그보다 더 심각한 문제는 한국학이 "흔히 대학에서의 연구에 활기를 불어넣는 한층 폭넓은 지적 경향들 및 질문들과 동떨어져" '무관련성'(irrelevance)의 위험에 처해 있다는 것이다.[10] 이러한 사실은 미국의 한국학이 비록 (한국의) 민족주의와의 거리두기에는 성공했지만 미국 학계의 중심적 지적 경향이나 사회현실에는 깊이 뿌리내리지 못하고 있음을 말해준다.

여기까지 살펴본 한국학의 특징을 그 이념적 지향에 초점을 맞춰 다시 정리해보면, 한국의 경우 민족주의를 둘러싸고 논쟁을 벌이고 있고, 베트남에서는 단기적 실용성에 치중하며, 미국에서는 한국학의 '무관련성'이 문제시되는 차이를 드러낸다. 그러나 모두 그 나름으로 사회적 요구와 학계의 주요 지적 흐름에 대응하고 있거나 대응하려고 한다는 점에서는 공통적이다. 단지 그 대응의 효과가 단기적으로 드러나는지 아니면 중·장기적으로 드러나기를 기대하는지의 차이가 있지 않을까 싶다. 어쨌든 지금 한국 안팎의 한국학 모두는 새로운 정체성을 모색하

---

10 Andre Schmid, "Korean Studies at the Periphery and as a Mediator in US-Korean Relations," 『사이』 4, 2008, 14, 23면.

는 단계에 와 있는 것이 분명하다.

　필자는 한국학이 새로운 정체성을 형성하는 데 필요한 지적 자극을 주려는 뜻에서 '지구지역학으로서의 한국학'을 구상해보았다. 다음에서 이에 대해 구체적으로 논의해보겠다.

3. 지구지역학으로서의 한국학

　생소한 신조어인 지구지역학(Glocalogy)의 의미를 전달하기 위해서는 먼저 그보다 덜 생소한 글로컬리즘(glocalism)에 대해 설명하는 것이 순서일 것 같다.

　글로컬리즘은 글로벌리즘(globalism)과 로컬리즘(localism)의 합성어다. 이 합성어는 1990년대 초부터 쓰이기 시작했다고 보는데, 기본적으로 '지구적으로 생각하고 지역적으로 행동하는'(think globally, act locally) 또는 그렇게 하려고 하는 개인·집단·단위·조직 등을 의미한다. 이 말은 다양한 용법으로 여러 영역에서 쓰이고 있지만, 여기서는 지역에서 지구에 이르는 공간성의 다양한 규모를 하나로 연결지어 생각하고 행동하는 인간의 능력을 보여주는 것으로 규정하면 족하지 싶다. 달리 말하면, 지방적인 것(local)과 지역적인 것(regional)과 지구적인 것(global), 또는 미시적인 것(micro)과 중간적인 것(meso)과 거시적인 것(macro)을 하나의 차원으로 결합하는 사고와 행동이라고 이해하려고 한다.

　필자는 글로컬리즘에 입각해 수행하는 학문을 오래전 글로컬로지(Glocalogy)라고 이름 붙인 바 있다.[11] 같은 한자권인 중국과 대만에서는 글로컬리즘을 '전구본토화(全球本土化)' 또는 '전구재지화(全球在地化)'라 번역하고, 일본에서는 영어 발음 그대로 표기하는데, 이를 우리말로 옮기면 '지구지역화' 정도가 될 것이니 그에 따라 글로컬로지를 일단 '지구지역학'으로 불러도 되지 않을까 한다. 그 핵심은 지구적으로 생각하고 지역에 뿌리내린 학문, 또는 지방적인 것과 지역적인 것과 지구적인 것을 하나의 차원에서 결합해 분석하는 학문이 될 터이다.

그런데 낯선 용어인 이 지구지역학을 한국학과 연관시킨다는 것은 또 어떤 뜻인가? 한국학은 잘 알다시피 한국이라는 하나의 국가/민족(nation)을 분석단위로 하는 학문이다. 그런데 현재 한국학은 내적 모순에 직면해 있다. 한편으로는 그 학문적 작업을 제한하는 국가/민족이라는 틀에 대해 비판하면서 다른 한편으로는 국가/민족에 기반을 둔 한국학이라는 분야를 제도적으로 확립해야 하는 모순 속에 처해 있는 것이다.

이 모순으로부터의 탈출구로서 필자가 착안한 것이 바로 한국학을 지구지역학으로 재구성하자는 구상이다. 그것은 하나의 시각이자 방법인 동시에 연구영역에 대한 규정이기도 하다. 이 지구지역학을 통해 한편으로 서구 중심의 보편주의를 비판하고, 다른 한편으로 한국이라는 공간성을 중시하면서도 특수성에 매몰되지 않고 보편성을 추구하는 학문의 길을 한국학이 추구할 수 있으리라 기대한다. 이 길은 '유럽적 보편주의'를 극복하고 '보편적(즉 지구적) 보편주의'를 수립하자는 월러스틴의 제안과도 통한다.

---

11 이 발상에 대한 첫 언급은 2004년 『창작과비평』 126호에 발표한 「'동양사학'의 탄생과 쇠퇴」에서 이뤄졌으며, 본서 5장으로 실려 있다.

우리는 일종의 끊임없는 변증법적 교환 속에서 우리의 특수한 것을 보편화하면서 동시에 우리의 보편적인 것을 특수화할 필요가 있고, 이를 통해 우리는 새로운 종합에 다가갈 수 있을 것이다.[12]

그의 주장에 전적으로 동의한다. 단지 그것을 실천하는 과정에서 우선적으로 '특수한 것을 보편화'하는 일에 착수하면서 새로운 종합에 도달하자는 것이 필자가 말하는 지구지역학의 당면 과제다.

물론 이 새로운 구상에는 아직 느슨한 구석이 많다. 앞으로 한층 더 다듬어야 더 설득력 있는 제안이 될 것이다. 여기서는 그것이 안고 있는 몇가지 문제점을 검토하는 방식으로 지구지역학의 성격을 구체화해보고자 한다.

첫째로, 지구지역학으로서의 한국학이라 하더라도 어디까지나 한국학인 한, 한국이라는 공간성을 강조하다보면 특수성에 매몰될 위험이 남아 있다. 이를 넘어서기 위해서는 특수성 또는 구체성을 보편적으로 독해하는 작업이 필요하다. 이와 관련해 사회학자 조희연이 말한 '보편적 독해'란 발상은 필자의 논의에 시사하는 바가 있다. 그는 "우리의 특수한 쟁점들과 다른 많은 국민국가들의 특수한 사례들을 관통하는 보편적 측면을 통찰하는 노력" 속에서 "우리의 특수한 이슈 속에 내재한 아시아가 공감하는, 세계가 공감하는 보편적 메시지가 전유(專有)될 것"으로 기대한다.[13] 필자는 그가 말하는 '보편적 독해'의 근거를 '소

12 이매뉴얼 월러스틴 지음, 김재오 옮김 『유럽적 보편주의: 권력의 레토릭』, 창비 2008, 90면. 이하 이 책의 인용은 본문에 면수만 밝힌다.
13 조희연 「우리 안의 보편성: 지적·학문적 주체화로 가는 창」, 신정완 외 『우리 안의 보

통적 보편성'(communicative universality)이라는 발상을 통해 설명해본 바 있다.[14]

둘째로, 서구 이론에 매몰당할 위험에서 벗어나지 못하면 지구지역학의 실현가능성은 희박해진다. 서구 이론에서 벗어나려면 궁극적으로 그 기반인 유럽적 보편주의를 극복하고 그에 기반을 둔 지식구조의 이념과 제도를 재구성할 가능성을 보여줘야만 한다. 월러스틴은 유럽적 보편주의를 극복할 수 있는 새로운 대안을 "보편적 보편주의의 네트워크와 유사한 다수의 보편주의들"(145면)의 존재에서 찾는다. 필자는 이 글에서 강조하는 지구지역학이 '소통적 보편성'을 추구하는 한은 그가 말하는 '다수의 보편주의들'을 구현하는 구상의 하나가 될 수 있다고 생각하고 있다.

또한 월러스틴은 '보편적 보편주의'는 "더이상 주는 것이 서구가 아니고 받는 것이 나머지 세계가 아닌 세계에 도달하는 것", 즉 우리 모두가 주고 모두가 받는 '만남의 장소'라고 주장한다(139, 146면). 이런 관점에서 볼 때 지구지역학으로서의 한국학이 세계에 무엇을 줄 수 있는가가 중요해진다. 따라서 다음에서는 세 장소에 기반을 둔 지역학의 발신을 지구지역학의 징후로서 제시하고자 한다.

___

편성』, 한울 2006., 51면

14 이 설명은 「자국사와 지역사의 소통」, 『역사학보』 196, 2007에서 한 바 있으며 본서 7장으로 실려 있다.

4. 지구지역학의 징후: 지구적 사고와 지역적 실천의 사례

지구지역학에서 말하는 '지역'이라는 단어는 한국어 용례상 이중의 의미가 있다. 흔히 중앙과 대비되는 지방으로서의 지역과 국민국가를 넘어선 지역(중국어의 '區域')의 의미가 중첩되어 쓰인다. 지방적인 것과 지역적인 것과 지구적인 것을 하나의 차원에서 파악하되 지방적인 것과 지역적인 것이 지구화에 미치는 영향을 우선적으로 중시하는 지구지역학에서는 이렇게 이중적 의미를 모두 담는 '지역'이라는 용어가 아주 유용하다. 따라서 두가지 의미의 지역 모두에서 지구지역학의 증후를 발견해야겠는데, 이 글에서는 지방으로서의 지역에 해당하는 두가지 사례와 국가-지역-지구의 연관이 잘 드러나는 한가지 사례를 예시해보겠다.

지구화시대에 지구화와 지역화의 동시진행 관계를 한눈에 파악하고자 할 때 우리가 쉽게 떠올리는 것은 지역적인 것이 곧 세계적인 것이라는 관점이거나, 아니면 세계적인 것이 곧 지역적인 것이라는 관점이 아닐까 싶다. 전자가 '한국적인 것이 곧 세계적인 것'이라는 식으로 보는 태도라면, 후자는 세계 수준에서 인정받은 것이 국내로 역류해 들어오면 그것을 새삼 한국적인 것으로 '발견'하려는 태도이다. 이에 비해 필자가 지구지역학의 증후로 소개하려는 사례는, 국경을 넘어 소통을 가능케 하는 보편적 요소를 지역 안에서 찾는 특징을 갖는다.

먼저 한국의 사례를 보자.[15]

---

15 그밖에 일본에서 나타난 치모또가꾸(地元學)도 이 글의 취지에 어울리는 만큼 다룰 가치가 있지만, 여기서는 간략히 소개하는 데 그치겠다. 1950년대 말부터 쿠마모또현(熊本縣) 미나마따(水俣) 지역은 질소비료공장에서 배출된 질소에 오염되어 환경과 주

한국에서는 민주주의의 발전과 더불어 지방자치제도가 시행되면서 그 덕에 지역문화사업이 활발하게 벌어지고 있다. 그러다보니 지역문화가 활성화되기도 하지만 그것이 오히려 '문화의 민주화'는커녕 지역 유력인사(지역 토호세력)를 정당화하거나 의미 없는 '전통'을 고정시키는 결과를 초래한다는 비판도 나온다. 그러나 동시에 지역을 새로운 문화 창출의 거점, 더 나아가 새로운 학문의 거점으로 삼으려는 시도도 나타나고 있다. 인천학(Inchonology)은 그 하나의 사례라 하겠다.[16]

서울에서 전동차로 한 시간이면 도착하는 서해안의 항구도시 인천은 한국근대사의 여정 속에서 개항장으로 유명한 곳이다. 그곳 주민들의 경험세계를 학문적 탐구의 대상으로 삼는 것이 바로 인천학이다. 인천학은 향토주의(nativism) 또는 지방주의(localism)로 구성되는 것이 아니라, 세계도시(cosmopolis)의 전망을 내다보면서 오늘의 인천에 걸맞은 중간단계로서 지역주의(regionalism)에 착안한 것이다. 좀더 구체적

민 생명에 심각한 피해를 입었다. 그로 인해 이 지역 이름을 딴 '미나마따병'이 주목받게 되었다. 이 문제를 해결하려는 노력이 다각도로 이뤄졌고, 그 결과 이제는 오히려 이 지역이 환경도시로 바뀌는 변화가 일어났다. 그 과정에서 주민들 자신의 힘으로 공해의 원인과 해결방안을 모색하는 조사연구 작업을 벌였는데 이것이 풀뿌리학, 즉 치모또가꾸로 결실을 맺었다. 그 경험이 일본 전역은 물론이고 산업화 과정에서 고통을 겪는 베트남에까지 전파되고 있다. 이 운동은 생활현장의 사정을 조사해 의미를 찾아내고 지역의 사람·자연·문화·산업의 힘을 끌어내어 생기 넘치는 마을을 만드는 것이다. 풀뿌리로부터 나타난 (문제해결형이 아닌) 가치창조형의 이 새로운 학술운동에 대해서는 吉本哲郎『地元學はじめよう』, 東京: 岩波ジュニア新書 2008 참조.

16 지역을 중심으로 인문학을 재구성하려는 시도가 대학에서도 나타나고 있다. 부산대학교 한국민족문화연구소 인문한국사업의 주제가 '로컬리티 인문학'이다. 그 초기 성과는『로컬리티, 인문학의 새로운 지평』, 혜안 2009에 실려 있다. 연세대 국학연구원 인문한국사업단이 서울 마포지역 주민들과 함께 추진하고 있는 마을인문학사업도 주목에 값한다. 김영선·이경란 엮음『마을로 간 인문학』, 당대 2014 참조.

으로 말하면 "동아시아를 하나의 통합적 사유단위로 설정하는 지역주의를 축으로 인천과 동아시아 항구들을 하나로 연결하여 생각"하는 것이다. 이것이 이제 가능해진 것은 지구화의 물결 속에 국민국가의 경계 안팎에서 변화가 일어나고 있기 때문이다. 즉 그 밖에서는 지역화가 그 안에서는 지방화가 동시에 진행되는 것이다. "이 변화의 바람을 자상히 독해하면서" '다중적 정체성의 인천학 또는 비판적 지역주의로서의 인천학'을 모색하는 움직임이 나타났다.[17] 이것은 아직 선언의 단계에 있다. 앞으로 축적될 성과가 그 의도대로 비판적 인천학을 뒷받침하고 더 나아가 필자가 말하는 지구지역학의 가능성을 보여줄지, 아니면 향토주의나 지방주의로 후퇴해 지구지역학의 불가능성을 보여줄지 예의주시하는 중이다.

또 하나의 증후는 대만(중화민국) 본섬에서도 비행기로 한 시간가량 더 가야 도착할 수 있는 진먼도(金門島)에 기반을 둔 진먼학(金門學, Quemology)이다. 진먼학은 진먼도 주민들의 경험세계를 지적 탐구의 대상으로 삼는다.

대만에서도 민주화의 진전과 더불어 지방자치가 정착하면서 지방문화가 활기를 띠고 있다. 그 덕에 지방별 연구조사사업이 유행하여 지방 이름을 딴 각종 학술활동—타이베이학(臺北學), 펑후학(澎湖學), 진먼학 등—이 출현하였다. 물론 그들 대부분은 지방정부로부터 경비를 지원받아 그 사회와 문화가 지닌 특수성을 탐구하거나 그곳과 다른 곳의 차이를 강조하며 저마다의 지역적 정체성을 구축하는 데 목적을 두고

---

17 최원식 「비판적 지역주의로서의 인천학」, 최원식 외 『인천학의 원근법』, 인천대학교 인천학연구원 2003, 7면.

있다. 그러나 적어도 진먼학의 경우, 진먼이 해온 성찰적 역할(reflexive role)을 중시한다는 점에서 지구지역학의 싹으로 간주된다.

진먼도는 지리상으로는 중국 대륙의 샤먼(厦門)에 더 가깝다. 그곳은 역사적으로 초국경적 지역문화의 요충이었다. 청조 때부터 동남아 등지로의 화교의 배출지이자 중계지였고, 푸젠(福建) 남부인 민난(閩南) 지역 문화의 핵심고리였다. 진먼도가 중화민국 영토로 들어간 것은 1950년대에 들어와서다. 청조가 아편전쟁에 패배해 대만을 일본에 넘겨줬을 때도 진먼도는 여전히 청조에 속했다. 그런데 갑자기 국경선을 획정하는 전투가 1949년 이후 공산당과 국민당 사이에서 벌어졌고, 그 결과로 진먼도는 샤먼 지역에서 단절된 채 대만의 중화민국 영토로 귀속되어버린 것이다.

이 같은 곡절 많은 역사를 겪어온 진먼에 대한 연구는 국경에 갇힌 일국적 시각을 넘어 지역의 시각에서 양안(兩岸) 중국, 더 나아가 동아시아를 새롭게 보는 데 풍부한 암시를 준다. 예컨대 첫째, 청조 이래 화교 송금 네트워크로 엮인 민난 경제권과 민난 문화를 규명하는 데, 둘째 일본제국권을 이해하는 데, 셋째 동아시아 냉전의 역사를 다시 보는 데, 넷째 대만사를 다시 보는 데, 특히 오늘날 대만에서 주류 담론인 대만독립론을 비판적으로 보고 대만의 정체성 위기를 새롭게 보는 데 아주 유용하다. 그러나 이런 점들보다 더 중요한 것은 진먼학 연구자가 벌써 그 연구의 의의를 "지구적 시야를 갖고 지역적으로 실천하는 가능성"에서 찾고 있다는 사실이다.[18] 아직은 이런 모색이 지구지역학으로서의 지향

---

18 江柏煒「臺灣研究的新版圖: 以跨學科視野重新認識 '金門學' 之價值」, 金門縣文化局/中興大學 『2008金門學學術研討會論文集』, 金門: 金門縣文化局 2008.

을 명료하게 갖고 있지 않지만 지금도 그 잠재적 효과는 큰 만큼 앞으로의 역할이 기대된다. 바로 이런 이유로 진먼이라는 지명에 들어 있는 '먼(門)'이라는 글자의 상징적 의미가 새삼 중요해진다. 그것은 금기와 지역격절의 의미이자 교류의 무한한 가능성을 표현한 것으로, 앞으로 주체적인 '진먼의 개방'이 대만인을 비롯한 동아시아인에게 더 광범한 세계관을 여는 '문'이 될 수도 있다.[19]

이런 기대를 갖고 다시 보면, 현재(2008) 진먼에 거주하는 145명 정도의 베트남인 여성 결혼이주자들은 새로운 의미를 갖는다. 그들을 방문 조사해 아이를 임신하고 낳는 동안의 풍속과 의료, 간호 문제에서 대만인들과 어떻게 다른지를 살펴본 연구결과는 우리를 다문화주의에 대한 새로운 감수성과 이해로 이끈다.[20] 그런데 이런 다문화주의의 사례는 진먼에만 있는 것이 아니다. 베트남인 결혼이주자들은 한국 농촌의 여러 장소에서도 찾아볼 수 있는데, 그들은 보수적인 한국의 농촌에 새로운 문화적 변용을 일으키고 있다.

이처럼 여성 결혼이주자들은 비록 지리적으로 여러 국가에 흩어져 지역적으로 생활하지만 국경을 횡단하며 독자적 아이덴티티를 형성하고 있지 않은가. 개별 지역을 가로지르면서 소통하고 교류하는 동아시아가 이미 존재하는 것이다. 그렇다면 그들은 글로컬리즘의 종래의 발상을 뒤집어 '지역적으로 생각하고 지구적으로 행동하는' 존재, 즉 트랜스로컬리즘(translocalism)의 주체일지도 모른다. 여기서 지역은 단순한 지리적 의미를 넘어 (중앙과 짝을 이루는 주변으로서의) 문화적 함

---

19 林正珍「'消失'在臺灣歷史文化中的金門」, 같은 책.
20 陳益源「在金門與越南之間」, 같은 책.

의까지 갖게 된다. 지구지역학이 이같이 확장된 의미의 '지역'까지 탐구의 대상으로 포용한다면 한층 더 새로운 역할을 수행할 수 있는 가능성이 열릴 것이 분명하다.

세번째 증후는 한반도의 분단체제 극복과정과 동아시아 지역주의의 상호작용에서 찾아볼 수 있다. 대한민국 주도로 북한을 흡수통일하겠다는 입장에서 보면 북한은 중앙인 남한에 짝을 이루는 하나의 지방에 불과하다. 그러나 이와 달리 남북의 통합이 단일한 국민국가로의 통일이 아니라 분단체제 극복에 해당하는 통일, 즉 남북 민중의 생활주도력이 극대화하는 통일을 추구하는 중기적 과제를 수행하는 길이자 남북 국가 간의 다양한 결합형태의 실험을 뜻하는 복합국가를 거치는 길이라면, 세계체제의 일개 지역에 해당하는 한반도(의 통합)는 지방적인 것과 지역적인 것과 지구적인 것을 하나의 차원에서 파악하되 지방적인 것과 지역적인 것이 지구화에 미치는 영향을 보여주는 거점이 될 수 있다.[21]

복합국가의 틀 안에 북한을 불러들여 체제안전을 보장해주면서 '남북의 점진적 통합과정과 연계된 총체적 개혁'에 북쪽을 참여시켜 변혁을 이끌어낼 수 있다면, 그 덕에 동아시아공동체를 추진할 때 늘 '눈엣가시'로 걸리는 북한(및 한반도) 문제를 해결할 수 있다. 그리고 두개 국가의 개혁으로 정치력을 개선함과 동시에 국가보다 작은 규모의 지역을 활성화하는 계기가 상호보완적으로 작동하여 동아시아공동체 건설을 추동한다면[22] 미국 패권주의에 균열을 일으키고 미국적 표준을 넘

---

21 이에 대한 좀더 상세한 분석은 백영서 『핵심현장에서 동아시아를 다시 묻다』, 제1부 참조.
22 이일영 「위기 이후의 대안, '한반도 경제'」, 『창작과비평』 145, 2009, 66면. 경제학자 이

어설 공간을 확보할 수 있을 것이다. 물론 그 자체로 자본주의 세계체제로부터 이탈할 수는 없지만 신자유주의적 지구화를 장기적으로 변혁하는 촉매가 될 터이다. 그럴 때 한반도라는 장소에서 민중적이면서도 세계사적인 보편성을 획득할 가능성이 열린다.[23]

5. 맺음말

끝으로 지구지역학으로서의 한국학의 제도화 가능성에 대해 전망할 때가 되었다.

먼저, 지구지역학으로서의 한국학이 제도적으로 과감하게 추구해야 할 방향은 한국학과 연계할 참여 인력들을 널리 포용하는 것이다. 예컨대, 해외 대학별로 한국학 프로그램의 존재 유무를 따져 협력대상을 고르기보다 한국학 전문인력의 양성과 더불어 중국학이나 일본학 및 동남아학뿐만 아니라 여타 분과학문의 전문인력과도 제휴하는 '전략적 연구제휴망'(strategic research alliance network)을 짜기 위해 단기·중기·장기별 계획을 세워야 한다.[24] 이와 관련해 한 베트남 학자가 국제적

일영의 주장은 이 글의 논지와 통한다. 그는 남한 단독으로 복지국가 모델을 추구하려는 시도는 분단체제의 장벽에 부딪혀 좌절할 가능성이 큰 만큼 분단체제를 지역협력체제 안에 용해시키고 지역 차원에서 복지를 향상시키는 것이 훨씬 유용한 전략이라고 주장한다.

23 좀더 상세한 설명은 백영서 「동아시아론과 근대적응·근대극복의 이중과제」, 『창작과비평』 139, 2008 참조. 이 글은 『핵심현장에서 동아시아를 다시 묻다』에 재수록되었다.

24 김혁래 「21세기 한국학 발전: 비젼과 전략」, 한국국제교류재단 주최 '2007 해외 한국학 진흥 워크숍'(2007.5.18) 발제문.

베트남 연구자들과 베트남의 한국학 연구자, 그리고 한국/세계의 한국학 연구자들 간의 교류가 한국학 발전에 크게 공헌할 것이라 지적한 점은 경청할 만하다. 그의 지적대로 "국제적 문제에 대해 이해함으로써 보다 정확하고 심도있게 자기 자신을 이해할 수 있"는 것이다.[25]

그다음으로, 지구지역학으로서의 한국학은 통합학문의 성격을 가지므로 또 하나의 분과학문으로서 대학제도 안에 비집고 들어가기보다는 대학 내 연구소에서 활성화할 방안을 적극 모색해야 한다. 사실 대학 안에서 분과학문제도의 변화를 꾀하기란 결코 쉽지 않다. 그런 점에서 더더욱 연구소를 거점으로 한국학의 새로운 정체성을 실험해봐야 한다. 특히 연구소 안에서 여러 전공의 연구자들이 사회의제를 학술의제로 전환하고 그 의제를 중심으로 연구를 재구성하면서 연구의 집중성과 유기적 연관도를 제고할 수 있다. 이 과정에서 연구의 주체(subject)와 대상(object)이라는 이분법이 프로젝트(project)로 용해될 수 있을 것이다. 이 일이 성공적으로 진행된다면 분과학문제도의 변혁을 이끌어낼 게릴라적 역할을 수행하는 것이 된다.

바로 이 점은 일제강점기부터 내려온 주체성과 실천성을 강조하는 한국학의 특성과 맞닿아 있다. 이것이 종래에는 민족주의와 긴밀한 관계를 맺게 만들었지만, 지구지역학으로 재구성된 한국학은 지방적인 것, 지역적인 것 및 지구적인 것을 하나의 차원으로 결합하는 학문인 만큼 그로부터 자유로울 것이 분명하다. 이제 한국 안팎에서 수행하는 새롭고 다차원적인 한국학은 저마다의 '장소를 갖고' 구체적인 시공간에

---

25 응우옌 반 낌 「베트남에서의 일본학 경험과 한국연구」, 인하대 BK한국학사업단 엮음, 앞의 책 187~88면.

서 일어나는 구체적인 상황에 주체적으로 개입해야 한다. 그 과정에서 '소통적 보편성'을 획득할 수 있을 때 세계사의 주변에 위치한 우리는 모두가 주고 모두가 받는 '만남의 장소'에 비로소 설 수 있을 것이다. 그 것이 한국학의 진정한 세계화가 아닌가.

지구지역학으로서의 한국학이라는 새 구상이 성취될 가능성이 엿보 인다면, 자동적으로 혹 필연적으로 실현될 것이라는 보장은 없다 하더 라도 그것을 선언하고 제도화할 길을 모색해야 한다.[26] 그것을 위해 우 리가 지금 여기서 만난 것이다.

---

26 이 구절은 월러스틴의 다음 문장을 내 나름으로 변형한 것이다. "우리는 보편적 보편 주의, 즉 성취할 가능성은 있으나 자동적으로 혹 필연적으로 실현될 거라는 보장은 없 는 보편주의를 선언하고 제도화할 길을 모색해야 한다"(월러스틴, 앞의 책 10면).

4장

사회인문학의 관점에서 본 '동아시아한국학'의 길

1. 한국학의 역사적 맥락과 세계화

요즈음 한국을 포함한 동아시아 사회 전체에서 대학개혁의 열기가 뜨겁다. 현재 진행 중인 대학개혁이 신자유주의적 지구화에 적응하기 위한 것이기에 개혁의 핵심과제는 세계 수준에서의 대학 경쟁력 제고로 모아진다. 이에 따라 모든 학문의 연구와 교육 영역에서 '세계화'란 주문이 가공할 위력을 발휘하고 있다.

그래서인지 이 회의[1]를 주관하는 인하대 BK21사업단[2] '동아시아한

---

1 인하대 동아시아한국학 교육·연구 및 네트워크 사업단 주최 제3차 국제학술대회 '근대 전환기의 동아시아와 한국'(2007.6.28~29. 인천)이다.
2 '두뇌한국 21'(Brain Korea 21, 이하 BK21)은 세계적 수준의 대학원 육성과 우수 연구 인력 양성을 위해 석·박사과정생 및 신진 연구인력(박사후 연구원 및 계약교수)을 한 국정부가 집중적으로 지원하는 고등교육인력 양성을 위한 국책사업이다. 1999년부터 막대한 자금을 투입해 시행되고 있으며 2014년 현재는 3단계인 'BK21 플러스'사업이

국학 교육·연구 및 네트워크'에서도 한국학의 세계화를 중요한 과제로 삼고 있는 것 같다. 예를 들면 이 사업단의 주도적 인물인 이영호는 한 일간지에 기고한 글에서 '인문한국학'의 창설이 한국학의 세계화를 의식한 결과임을 밝힌 바 있다. 그는 한국학의 세계화를 위해서는 "한국학의 콘텐츠, 즉 한국학의 학문적 정체성을 명확하게 하는 일이 우선"이라고 강조하면서, "이제는 문사철, 문화의 융합적 통합을 통한 한국학의 정체성을 정립하는 것이 필요한 시점이다. 한국의 어학·문학·역사·철학을 융합하고 이를 문화적으로 응용할 수 있는 방향으로 한국학의 정체성을 모색할 수 있을 것이고 그것을 '인문한국학'으로 명명해보자"고 제안한다.[3]

필자는 여기서 인문한국학이란 개념의 타당성이나 적실성을 깊이 따지고 들 생각은 없다. 단지 한국학이란 개념 자체, 그리고 한국학의 세계화에 대해서 검토하는 우회적이랄까 좀더 근본적인 접근을 시도해보려고 한다.

먼저 세계화란 용어의 쓰임새를 따져보면, 어떤 분과학문 또는 더 나아가 어떤 대학의 세계화란 대개 세계에의 개방을 의미하는 동시에 '세계적 수준'에 도달하기 위해 국제경쟁력을 강화하는 노력을 가리키는

진행 중이다. 인하대 동아시아한국학사업단은 2006년부터 2013년까지 이 사업을 시행했다. 교육프로젝트인 이 사업과 더불어 인하대 한국학연구소는 2007년부터 연구프로젝트인 HK사업으로 '동아시아 상생과 소통의 한국학'이란 과제를 수행 중이다. 과제의 성격은 대체로 비슷한 것으로 보인다.
3 이영호 「'인문한국학'의 모색과 동아시아적 소통」, 『경향신문』 2007.4.14. 좀더 상세한 그의 주장은 「한국학연구의 동향과 '동아시아 한국학'」, 『한국학연구』 15, 2006 참조. 2단계까지 HK사업의 책임자였던 이영호 교수가 필자에게 직접 들려준 설명에 따르면 '인문한국학'이란 명칭은 (사회과학이 아닌) 인문학적 성격이 강한 한국학이란 의미 정도밖에 없고, '동아시아한국학'이 사업의 내용을 잘 드러내는 용어이다.

것 같다. 그런데 이런 의미만으로는 무한경쟁에 휘말릴 뿐 진정한 세계화 즉 (특정 과제의 성취가 아니라) 세계 전체의 변화에 주체적으로 대처하는 인식과 실천을 이룩할 수 없다. 필자는 그러므로 세계와의 소통성을 고려해야 한다고 강조하고 싶다.

이어서 한국학이란 용어에 대해 따져보자. 사실 우리 학계에서는 국학 내지 한국학의 개념에 대해 이미 오래전부터 논의해왔으면서도 아직 누구나 합의할 수 있는 명쾌한 정리가 이뤄지지 않고 있는 실정이다. 그러다보니 한국학을 넓은 의미에서 한국을 주제 또는 대상으로 하는 학문 내지 연구분야, 좁은 의미에서는 한국 바깥에서 한국을 연구하는 것, 즉 보통 영어로 'Korean studies'라고 하는 지역학을 가리킨다고 보기도 한다. 그러나 오늘날 우리가 말하는 한국학에는 조선학(또는 국학)의 내력과 'Korean studies'라는 두개의 흐름이 겹쳐 있다는 사실에 주의를 환기하고 싶다.[4] 여기서 말하는 조선학은 잘 알려져 있듯이 일제시대 일본 제국대학(경성제국대학 등)의 조선학이라는 제도적 학문과 이에 대응한 제도 밖의 조선학운동에서 시작된다. 오늘의 한국학(또는 국학·민족학)은 특히 '에서 정통성의 유래를 찾고 있다. 조선총독부와 경성제국대학이 조선에 대한 종합적 지식의 생산과 보급을 제도적으로 조직한 식민지학으로서의 조선학을 관학이라고 부른다면, 이에 대항하여 1930년대에 흥기한 조선학운동은 민간학이라 할 수 있겠다. (일본국민이 아닌) 조선민족의 정체성을 확립하기 위해 조선의 문화와 역사와 사회현실에 대한 지식을 생산하고 전파한 것을 통괄하는 제도 밖의 '운동으로서의 학문인 조선학'은 일본제국의 '국학'에 대응

---

4 이태진·임형택·조혜정·최원식 좌담 「지구화시대의 한국학」, 『창작과비평』 96, 1997 참조.

한 '잠재적 국학'이라고도 규정할 수 있겠다.[5] 그렇기 때문에 한국학이 'Korean studies'로만 환원될 수 없고 (그 영문 명칭은 같지만) '국학' 또는 '민족학'이란 명칭으로 쓰이는 관행이 여전히 살아 있는 것이다. 또한 그 때문에 근대 분과학문제도에 따라 분산된 자국에 대한 지식생산을 통괄하는 한국학 개념이 아직 유효할 수 있다.

이와 같은 한국학의 역사적 맥락을 돌아보면, 한국학의 정체성을 논함에 있어 결코 간과할 수 없는 특징들이 드러난다. 첫째, 한국학은 (조선학운동이 저항적 민족주의에 근거하였듯이) 민족주의와 연관이 깊다. 둘째, 한국학은 분과학문이 아닌 통합학문으로서 학문적 성과를 축적해왔다. 셋째, 한국학은 서구에서 기원한 학술제도를 변용한 일본 근대 학술제도의 압도적 우세에 대응한 일종의 생존전략으로서 자기보호적 성격이 강한 것이므로 (소극적이긴 하나) 태생적으로 세계적 시야를 품은 것이다.

물론 21세기에 들어선 지금 우리가 한국학을 수행할 때 이러한 특징들을 꼭 그대로 유지할 이유는 없다. 변화한 상황에 비춰 한국학의 특징을 검토하는 과정에서 한국학을 재구성해야 한다. 이 글은 그 재구성 작업의 기초를 다지기 위한 문제제기라 하겠다. 아래에서 한국학의 세 특징을 하나하나 검토할 터인데, 우선 셋째 특징에 대해 살펴보고, 첫째와 둘째 특징은 그다음에 각각 다룰 것이다.

---

5 관학인 조선학과 조선학운동에 대한 좀더 상세한 설명은 본서 5장 129~30면 참조. 여기서 필자가 말하는 조선학운동은 당시의 민족주의 계열의 조선학운동뿐만 아니라 일부 맑스주의자들이 주도한 '과학적 조선연구'도 포괄한다. 그 양자가 오늘날 우리가 구상하는 '비판적 한국학'의 역사자원이기 때문이다. 이에 대해서는 김성보 「비판적 한국학의 탐색」, 김성보 외 『사회인문학이란 무엇인가』, 한길사 2011, 293~94면 참조.

한국학의 선구인 조선학은 일제 식민지하에서 형성된 탓으로 거의 전적으로 일본 학문의 영향을 받으면서 그것과의 경쟁을 의식하고 연구를 수행했다. 그런데 좀더 넓게 보면 동아시아 각각의 (자)국학(自國學)이 모두 세계적 시야를 갖고 있었다는 것, 바꿔 말하면 학문의 국제 경쟁에서 살아남기 위한 자의식을 갖고 탄생했다는 점은 역력하다. 이점은 중국 국학의 역사에서 아주 명료하게 드러난다. 중국의 학술계는 5·4운동기에 학술의 과학화 과제를 수행하는 과정에서 국학(국고國故 정리, 즉 전통 역사와 문화 연구)에 특히 관심을 집중하였다. 이에 대해 역사학자 뤄 즈톈(羅志田)이 "자연과학은 달성하기 어려워 종래 문학에 속한 국학과 사학의 과학화에 몰두하게 되었다"고 해명한 대목은 자못 시사적이다. 국학은 기왕의 학술 축적이 많고 이미 익숙해서 새로운 안목으로 접근하면 성과를 올리기 쉬운 영역이었던 것이다.[6]

다른 나라, 특히 일본이 한학(漢學)에서조차 앞서가는 것처럼 보이자 위기의식을 느낀 중국 학술계가 세계 학술계와의 경쟁력을 확보하고 더 나아가 세계 속에서 중국의 정체성을 확보하기 위해 국학의 과학화에 집중했듯이, 조선학도 식민지의 위기의식 속에서 일본 학계와의 경쟁을 의식하고 조선학(즉 잠재적 국학)운동을 통해 자신의 정체성을 지켜내려고 했다. 이것을 필자는 소극적 국제경쟁력 추구로 보는 것이다.

---

6 羅志田「走向國學與史學的"賽先生"」,『近代史研究』2000년 3기.

2. 동아시아한국학의 이념적 지향

그런데 오늘날에는 소극적 국제경쟁력 추구보다 시야가 한층 더 넓어져 전세계를 의식하며 세계화를 중요한 과제로 삼는 단계에 있다. 그렇다면 그것을 효과적으로 추진하기 위한 방안을 모색해야 하는데, 이는 한국학의 정체성 정립과 직결된다.

이 문제에 대한 필자의 입장은 이렇다. 한국학뿐만 아니라 모든 근대적 분과학문의 정체성을 따져물을 때, 오늘의 현상만 놓고 판단하지 말고 그 역사적 맥락을 중시해야 한다. 한국학처럼 독특한 학문분야를 논의할 때는 더더욱 그러하다. 또한 한국학 연구가 실제로 수행되고 있는 각 분과학문의 이념과 제도의 두 측면을 모두 살펴봐야 한다. 더 나아가 제도 안은 물론이고 그 밖에서 이뤄진 학문의 생산과 전파를 함께 시야에 넣어야 한다. 그래야만 한국학 분야의 지식 생산과 전파의 풍부함이 온전히 파악될 수 있다.

이러한 시각에서 이제 한국학의 이념에 대해 먼저 살펴보고자 한다. 한국학의 이념이라면 앞서 본 한국학의 첫번째 특징인 민족주의와 깊은 관련이 있다.

한국학과 민족주의의 관계에 대해 가질 수 있는 하나의 입장은 한국학이 민족주의를 비롯한 일체의 이데올로기의 속박으로부터 벗어나야 발전할 수 있다는 것이다. 이는 주로 영미권에서 활동하는 연구자들로부터 제기되는 견해이다. 예를 들면, 캐나다에서 활동하는 한국사학자 안드레 슈미트(Andre Schmid)가 보기에 민족주의적 시각은 탈민족주의 사조가 강한 영어권 학계의 주류에 한국학이 진입하는 데에 '재앙'으로 작용할 수 있다.[7] 그 같은 문제의식과 궤를 같이하는 국내 학자로

최장집이 있다. 그에 대해서는 다른 글에서 검토한 바 있기에[8] 여기서는 간단히 그의 주장의 요점만 소개하겠다. 그는 한국에서의 한국학이 민족주의 등의 이데올로기에 얽매여 양적으로는 성장했지만 질적 발전을 이루지 못한 데 비해 구미 학계의 한국학 성과가 오히려 더 괄목할 만하다고 본다. 그는 이 같은 충격적 발언을 통해 한국학이 자율성을 지닌 독립적인 학문영역으로 발전하는 방향을 모색하는 데 도움이 되기를 바랐을 터이다.

현재 한국학계도 탈민족주의적 시각이 주류화되다시피 한 만큼[9] 그의 앞선 주장은 그 나름 효과가 있었다고 볼 수 있다. 그러나 그의 시각은 앞서 확인한 한국학의 역사적 맥락을 소홀히 했다는 점을 지적하지 않을 수 없다. 여기서 그와 다른 입장에 서 있는 임형택이 제기한 '실사구시의 한국학'을 검토해볼 가치가 있다. 그는 일제시대 엄중한 민족위기 상황에서의 학문적 대응이 조선학을 낳았다는 역사적 맥락을 중시하면서도 왜 지금 민족주의에 얽매여서는 안되는지 견결하게 밝히고 있다.

> 지금 한국학의 문제제기는, 하필 '한국학'이란 이름으로 해야 하는 현실을 냉철하게 인지하되 이 현실을 변혁하고, 그 질곡을 해결하는 길을 모색하자는 것이다. 여기서 국학의 개념을 그대로 쓰지 않는 데 따른 해명이 필요할 것 같다. 국학이라 할 때 객관적이지 못하다는 점도 결격사

---

7 Andre Schmid, "Korean Studies at the Periphery and as a Mediator in US-Korea Relations", 앞의 책 15~17면.

8 본서 3장 72면 참조.

9 김흥규 『근대의 특권화를 넘어서』, 특히 14~15면 참조.

유지만 이보다는 그 이념적 기초인 민족주의에 매이지 않으려는 의도가 포함되어 있다.[10]

'실사구시의 한국학'에 표현된 그의 유연하고 성찰적인 입장은 필자가 보기에 요즈음 곧잘 거론되는 '열린 민족주의'에 해당하지 않나 싶다. 그런데 그렇기 때문에 그로부터 한걸음 더 나아가지 못한 채 (그의 의도와 달리) 민족주의의 틀 속으로 되돌아갈 위험이 있지 않을까 염려된다. 이런 염려는 이영호의 글에 대해서도 마찬가지로 갖게 된다.

이영호는 한국학의 세계화를 위한 단계적 발전전략으로 인문학적 성격을 기본으로 삼아 학문적 정체성을 확립해나가는 것과 동시에 '한국학의 동아시아적 정체성'을 모색할 것을 제시한다. 그런데 그의 이런 주장에는 몇가지 문제점이 있다. 우선 두 전략이 '동시에' 진행되어야 한다면서도 '단계적' 발전전략이라 하여 분리된 단계인 듯이 오해할 여지를 남긴 것이다. 그리고 그보다 더욱 '한국학의 동아시아적 정체성'이란 발상이야말로 따져물을 필요가 있다. 그가 말한 바에 따르면 '한국학의 동아시아적 정체성'은 어디까지나 "중국학·일본학과 구별되는 '동아시아한국학'의 정체성"이고 이를 획득하는 것이 "한국학 세계화의 단계적 전략"에 해당한다. 이 발언만 놓고 보면, 한국학이란 '보호'학문을 이제는 '수출'학문으로 생산해 동아시아 전체로 유통시키자는 것처럼 들린다. (여기서 일본 대학의 국제화전략을 구미에 뒤처진 일본 대학이 아시아와 제3세계에서 패권을 장악하기 위한 것이라고 비판하면서 그것을 '대학식민지주의'라고 규정하는 견해를 떠올려보자.)[11] 그

10 임형택 「책머리에」, 『실사구시의 한국학』.

런데 그는 동아시아한국학을 일방적으로 보급하려는 것이 아니라 동아시아 여러 나라의 자국학과 소통함으로써 "동아시아적 개성과 보편성의 확장을 꾀"할 것을 기대한다. 이 대목은 어느정도 필자의 우려를 완화해주지만 아쉬움은 여전히 남는다. 그가 동아시아 차원을 거론하면서 한국의 한국학과 동아시아 자국학의 교류와 비교 정도에 자신의 관심을 제한할 뿐, 처음부터 국내 동아시아학과의 긴밀한 네트워크 형성은 고려조차 하지 않기 때문이다.

이쯤 해서 필자의 입장을 좀더 분명하게 밝힌다면 한국학이 '비판적·역사적 동아시아학'으로 재구성되어야 한다는 것이다.[12] 이 발상을 이 회의의 주제인 동아시아한국학의 취지를 살려 다시 조정한다면 '한국/동아시아학'으로 나아가야 한다는 말로 바꿀 수 있겠다. 한국과 동아시아를 '/'로 연결한 것은 한국과 동아시아가 별개가 아니고 차이가 있으면서도 서로 밀접하게 연관되어 있다는 것을 부각하기 위함이다. 따라서 '한국/동아시아학'은 바로 이 연관성을 처음부터 끝까지 의식하면서 연구와 교육을 수행하는 학문영역인 셈이다.

그렇다면, 동아시아한국학(이하에서 동아시아한국학은 따로 설명하

---

11 中野憲志『大學を解體せよ』, 東京: 現代書館 2007, 특히 제4장.

12 이 발상에 대한 상세한 설명은 본서 5장 참조. 현 시점은 지구화의 추세와 맞물려 지역화가 진행되고 있으며 특정 지역의 문화적·역사적 맥락에 대한 감수성이 그 어느 때보다도 요구되고 있다. 따라서 국가를 분석단위로 하는 냉전시대의 유물인 종래의 지역학을 지양하면서 역사학(그리고 문화학)의 강점을 결합한 새로운 학문이 학술운동 차원에서는 물론이고 제도 안에서 수행되는 것이 한낱 공상만은 아닐 것이라고 전망했다. 이와 별개로 임형택도 동아시아학부의 제도화를 거론한 바 있다(임형택「한국문학연구자는 지금 어떻게 할 것인가?」,『고전문학연구』25, 2004). 또한 한기형도 '동아시아적 시각에서 재구성되는 한국학'을 주장한 바 있다(한기형「대동문화연구원의 현재와 미래: 동아시아적 시각에 의한 한국학의 재정립」,『대동문화연구』60, 2007).

지 않는 한 '한국/동아시아학'으로 나아가는 것이라는 전제 아래 사용한다)은 어떤 이념을 기반으로 삼아야 하는가. 특히 민족주의에 대해 어떤 태도를 취하는가. 동아시아한국학은 민족주의가 한국학의 발전에 걸림돌이라는 식으로 탈민족주의의 길을 선뜻 받아들이는 것이 아니라, 우리가 민족문제를 규명하고 해결하는 데 민족주의가 어떤 공헌을 할 수 있고 어떤 면에서 장애가 되는지에 대해 면밀하게 검토하는 자세를 견지하는 학문이다. 이 자리에서 이에 대해 길게 언급하는 것은 적절치 않으므로 이전에 (자국사의 동아시아사로의 해소가 아니라) 자국사와 동아시아사의 화해에 대해 발표한 필자 글의 취지를 소개함으로써 우회적으로 설명하는 데 그치겠다.

필자는 '한국사의 확대로서의 동아시아사'나 '탈국사적인 동아시아사'를 넘어서 '자국사와 지역사의 소통을 가능케 하는 역사서술'을 그 대안으로 제시한 바 있다. 그것은 '소통적 보편성'을 지향한다. 이때의 보편성은 "합의를 얻기 위한 다수의 인정과 승인이 필수적일 것이고 인식주체 간의 소통이 그 전제"가 된다. 좀더 설명하면, 소통적 보편성의 근거로는 각각의 문맥에 있는 개별성과 상호이해의 가능성을 부여하는 보편성이 중시된다. 즉 "소통을 가능케 하는 보편적 요소가 개체 안에 있고, 그래서 개체 간의 소통과정에서 생기는 공감과 상상력의 탄력에 힘입어 보편성을 확보할 수 있다"는 주장이다.[13]

그런데 필자가 주장한 '소통적 보편성'이란 발상은 동아시아 지식인 사회에서도 일정한 공명을 이루고 있다. 동아시아가 서양을 대신하는 별개의 보편을 세우는 것이 아니라 동아시아의 고유한 문제를 생각하

---

13 본서 7장 192면 참조.

x

x

고 로컬한 구체적인 이야기를 쓰되 그로부터 보편적 과제에 도달할 수 있는 가능성을 확인하는, 즉 로컬 속에서 근대의 존재방식을 되묻고 근대비판에 연결되는 논리를 추출하려는 노력이 조금씩 반향을 얻고 있는 것이다.[14]

이러한 움직임은 바로 필자가 제기한 '지구지역학' 관점의 필요성을 증명하는 것으로 보인다. 지구지역학으로서의 한국학이란 한반도를 지역적 과제와 지구적 과제가 만나는 공간으로 연구대상화함과 동시에 한반도야말로 동아시아와 지구적 문제상황이 중첩되어 집중되는 세계사적 장소임을 적극적으로 발신하는 주체적 연구태도이다.[15] 바로 이 점은 '비판적 한국학' '보편 한국학'이라는 문제의식과도 통한다. 전자의 길을 모색하는 김성보는 기존의 한국학에 대한 성찰을 거쳐 재구성된 '비판적 한국학'이 "한국에서 살아가는 사람들의 고통과 고민에 응답하고 그것의 학문화를 통해 한국의 구체성과 세계의 보편성을 밝혀내어 인문학 전체에 기여할 수 있기를" 바란다.[16] 이제 한국학은 그러한 방향으로 재구성되어야 한다. 그것이 동아시아한국학이 추구해야 할 이념적 지향이 아니겠는가.

---

14 丸川哲史·鈴木將久 對談「東アジアの思想的連帶を求めて」,『週刊讀書人』2014.2.7. 대만의 정 홍성(鄭鴻生)의 저서 일역본에 담긴 대만대학 내의 로컬한 이야기, 그리고 중국의 허 자오톈(賀照田)의 일역 평론집에 실린 중국대륙의 일견 미세하게 보이는 로컬한 현상으로부터 보편적 의미를 두 일본인 연구자가 읽어내고 있다.

15 이에 대한 좀더 깊은 논의는 본서 3장 참조.

16 김성보, 앞의 글 286면. 그리고 '구체적 보편성' 개념에 근거한 '보편 한국학'에 대해서는 박명림「보편 한국학으로서의 한국 민주학 서설」,『동방학지』147, 2009 참조.

3. 동아시아한국학의 제도화의 길

그런데 동아시아한국학이 좀더 설득력을 가지려면 그 제도화 가능성이 제시되지 않으면 안 된다. 이에 대해 논의하기 위해서 먼저 20세기 한국학의 특징으로 앞서 지적한 분과학문이 아닌 통합학문으로서의 성격부터 검토해야겠다.

식민지 시기 조선학이 통합학문으로 출발했음은 잘 알겠는데, 지금도 그것이 요구되는가. 앞에서 언급했듯이 현재 인하대에서 추진 중인 동아시아한국학이 "문사철, 문화의 융합적 통합"을 통해 그 정체성을 정립하려는 것에서 보듯 이 특성은 지금도 긍정적으로 계승되고 있다고 하겠다. 우리 주위를 둘러보면 이런 인식은 이미 일정한 공감대를 형성하고 있는 것 같다. 박희병은 한국학이 통합인문학을 추구해야만 주체성과 실천성을 강화할 수 있다고 주장한 바 있다.[17] 한기형도 '동아시아적 시각에서 재구성되는 한국학'이란 과제를 실현하기 위한 주요 조건의 하나로 분과학문의 경계를 약화시키고 각 분과학문이 생산한 최량의 성과들을 종합하여 재구성하는 방법론을 들고 있다.[18]

필자도 기본적으로 이런 주장에 동조하지만, 이때 꼭 참조하지 않으면 안 될 역사적 경험이 있음을 일깨우고 싶다. 19세기 후반 이래 근대 학문의 역사를 돌아보면 분과학문으로의 표준화가 과학화·전문화를 주도했다. 통합학문인 국학은 이 대세를 거스르는 것이었다. 중국 국학의 운명은 이러한 사정을 아주 잘 보여준다. 즉 중국 국학이 1920년대

---

17 박희병 「통합인문학으로서의 한국학」, 한림대 한국학연구소 편 『21세기 한국학, 어떻게 할 것인가』, 푸른역사 2005.
18 한기형, 앞의 글 111면.

말 좌절하고 만 주된 원인은 과학적 방법을 추구했음에도 불구하고 그것을 정교하게 제시하지 못했기 때문이라기보다는, 국학이 미분화된 학문이기에 당시 대학의 분과화된 학문체계 속으로 비집고 들어갈 수가 없어 근대적 학문으로의 제도화에 실패했기 때문이다. 그래서 국학은 역사학·문학 등으로 분산되어버렸던 것이다.[19]

물론 21세기에 들어선 지금은 분과학문의 폐단을 지적하고 그 대안으로 분과학문의 통합 내지 융합을 내세우는 것이 동아시아에서 유행이 되다시피 한 단계에 이른 만큼, 한국학이 통합학문으로의 방향을 추구하는 것이 새로운 의미를 가질 수 있다. 그런데 간과할 수 없는 것은 통합학문으로서의 한국학이 한국 대학제도 안에서 안정적으로 자리 잡는 일이 만만치 않다는 사정이다. 분과학문별 전공이 주도하는 대학제도 안에서 새로운 학문영역이 제도 안에 진입하려면 기존 전공들의 텃세도 작용하지만, 그보다 독자적 방법론의 확립이란 과제가 큰 부담이 된다. 이런 어려움은 독자적인 학과나 전공으로 운영되는 해외 한국학에서는 더욱더 크다. 그렇기 때문에 한국 바깥의 한국학은 한국으로부터의 (재정)지원이 없을 경우 게토화 또는 주변화되기 쉽다. 국제관계 속에서 한국의 중요성이 날로 커진다 하더라도 본격적인 학문대상이 될 만큼 중요하지는 않은 것으로 간주될 수 있다. 그렇게 되기 쉬운 제도적 원인은 한국학이 해외, 특히 미국 대학제도 안에서 주변화된 동아시아 지역학과에 속하는데, 그 안에서도 (중국학이나 일본학에 비

---

19 중국 국학은 1928년 장 제스(蔣介石)가 이끄는 국민당 군대에 의해 북벌이 완료되고 중국이 통일되면서 퇴조하였다. 통일 이후 난징 국민당정부가 교육계통을 표준화한다는 방침에 따라 공포한 대학조직법의 대학원 설치규정에는 국학에 대한 규정이 없었다. 이에 대한 좀더 상세한 설명은 본서 5장 132~35면 참조.

해) 더 주변적인, 말하자면 '이중으로 주변화된 위치'에 처해 있기 때문이다.[20] 그러니 그것은 보편적 학문으로부터 벗어난 특수하고 주변적인 영역으로 간주되기 십상이다.

이런 실정을 충분히 감안한다면, 동아시아한국학이 세계화하기 위해서는 분과학문제도와의 전략적 제휴에 힘써야 한다. 그렇게 함으로써 방법론 구축이란 과제를 어느정도 해결할 수 있다. 한국학은 실용적이고 실천적인 관점에서 분과학문이 개발한 개별 방법론을 취사선택하거나 그것들을 결합해 활용할 수밖에 없다. 단, 여기서 주의할 것은 무작정 더 넓은 범위에서 취합하는 것이 아니라 문제 설정에 부응하는 범위에서 방법론을 활용한다는 원칙이다. 학제 간 연구를 진행할 경우도 문제 설정이 요구하고 허용하는 범위에서 동원된 분과학문들 간의 결합을 추구한다. 그렇기 때문에 문제 설정이 그 무엇보다 중요한데, 연구주체가 각자가 처한 장소성을 기반으로 사회의제를 학술의제로 전환해 가치창조형 연구를 수행하는 실천적 자세를 필자는 강조하고 싶다. 특히 한국에서 수행되는 한국학은 그 지식생산이 대개 개별 분과학문 안에서 이뤄지게 마련이므로 분과학문중심주의를 넘어서는 일이 무엇보다 중요하다. 연구자가 한국을 비롯한 동아시아의 삶의 현장으로 다가가 그곳에서 문제를 발견하고 그에 걸맞은 방법론을 개발하는 과정에서 어떤 분과학문의 방법론이든 필요한 만큼 빌려다가 재구성하면 우선은 족하지 않을까.

사실 한국학이 분과학문제도와의 전략적 제휴를 추구하는 과제는 단지 방법론 구축의 차원에 그치지 않는다. 그것은 한국 전통에 대한 인문

---

20 이 표현은 Andre Schmid, 앞의 글 14면에서 빌려왔다.

학적 탐구에 집중된 (한)국학, 그리고 주로 정책적 요구에 부응해 한국 현실문제 분석에 치중한 사회과학적 한국학과의 거리를 좁혀 양자의 생산적 대화를 활성화하는 길도 열어준다.[21] 필자가 (연세대 동료들과) 추구하는 것은 이러한 분열을 극복하기 위한 '한국학의 사회인문학적 전환'이다. 그것은 한반도 현실문제에 천착하되 이에 대해 시사해설이나 정책적 학문에 그치는 것이 아니라 중·장기 전망을 갖고 사상적·역사적 차원의 보편적 과제로 다루는 인문학적 통찰을 강조한다.[22]

동아시아한국학이 제도적으로 과감하게 추구할 또 하나의 방향은 한국학과 연계할 수 있는 참여 인력들을 널리 포용하는 '전략적 연구제휴망'을 짜는 것이다. 이러한 방향이 동아시아한국학'으로의 길에 훨씬 더 적합하고 또한 세계화에도 도움이 될 것은 두말할 필요도 없다. (해외 한국학의 경우는 주변화를 피하기 위해 세계의 한국학 연구자들과 연계하는 동시에 기존 분과학문 안의 한국학 전공자 내지 부전공자와의 협력도 적극 고려하는 것이 중·장기 발전에 유리하다.)

그밖에 동아시아한국학이 대학 안에서는 물론이고 학계에서도 독자

---

21 미국에 비해 인문학적 연구의 전통이 강한 유럽에서 베를린자유대학의 한국학이 '사회과학적 전환(turn)'을 추진하고 있는 것이 인상적이다(연세대 국학연구원·베를린자유대학 한국학과 공동주최 3rd Joint Workshop on Korean Studies in Korea and Abroad, "Introductory Courses in Korean Studies: Concepts, Experiences, Improvements" (2013.7.12. 베를린)에서 하네스 모슬러Hannes B. Mosler 교수의 발언). 한국의 경우 1960, 70년대에 국학이 한국 현실사회에 대한 비판을 소홀히 하면서 전통에 대한 인문학적 탐구로 위축되자 한국의 현실문제는 1970년대 이후 사회과학적 한국학의 영역으로 분화되었고, 사회과학적 한국학은 정책적 요구에 부응하다가 종종 체제옹호적 기능을 수행하기도 했다고 한다(김성보, 앞의 글 298~99면).
22 물론 이것은 한국학에만 적용될 리 없다. 중국학의 사회인문학적 전환의 가능성을 모색한 글로 본서 8장「한국 중국학의 궤적과 비판적 중국연구」참조.

성을 확보해 제도적으로 뿌리내리기 위해서는 연구대상을 남한에 한정하지 않고 '북한학을 포함한 한층 더 넓어진 한국학'(the broader discipline of Korean Studies)[23]이라는 위상을 가져야 한다는 점도 빠트릴 수 없다. 그렇게 한반도적 시각을 견지할 경우, 전략적 연구제휴망은 국내외에서 한층 더 탄력적이고 개방적으로 운영될 수 있을 것이다. 사실 이는 앞에서 언급한 '비판적 한국학'이 추구하는 지향의 하나이기도 하다. 즉 "체제와 이념을 달리하는 남과 북의 분단성을 극복하고 한반도의 화해와 공존, 통일에 기여하며 나아가 동아시아와 세계의 공생을 추구하는"것이다.[24] 또한 그것은 필자가 주장하는 '지구지역학으로서의 한국학'의 특성과도 통한다. "세계체제의 일개 지역에 해당하는" 한반도, 특히 그 분단과 통합과정은 지방적인 것과 지역적인 것과 지구적인 것이 하나의 차원에서 중첩되고 지방적인 것과 지역적인 것이 지구화에 미치는 영향을 보여주는 거점이기 때문이다.[25]

4. 몇가지 구체적 제안

근대학문이 발달한 과정을 돌아보면, 17세기 경 서구에서 새로운 학문 전달의 매체인 인쇄술의 발달로 학술지가 보급되면서 대체로 주석

---

23 이 표현은 주21의 연세대 국학연구원·베를린자유대학 공동주최 회의에서 발표된 Eric J. Ballbach, "Introductory Course on Korean Politics"로부터 빌려왔다. 좀더 구체적으로 '분단체제연구'라는 교과목 또는 협동과정에 대한 흥미로운 구상도 제기된 바 있다. 백낙청 「인문학의 새로움은 어디서 오나」, 『창작과비평』 164, 2014, 348~50면 참조.
24 김성보, 앞의 글 303면.
25 본서 3장 85면 참조.

과 편찬을 위주로 하던 그전까지의 학문이 근대적인 학문으로 이행했다. 그런데 잡지는 어디까지나 새로운 학문 패러다임의 첨병 역할을 한 것이고, 학회가 출현함으로써 이 패러다임은 전문가집단 속에 정착했으며, 대학이란 교육기관 속에 자리 잡음으로써 재생산이 가능해지면서 학문의 제도화는 일단락된 셈이다.[26]

이 경과를 보면 결국 근대학문을 지탱해준 제도는 대학, 학회, 그리고 학술지임을 알 수 있다. 따라서 새로운 동아시아한국학도 대학, 학회, 그리고 학술지 분야에서 성과를 축적하는 과정에서 체제를 갖추고 한국학의 세계화의 모범을 보일 수 있을 것이다. 그렇기 되기를 기원하는 뜻으로 필자는 세 영역 각각에 대해 구체적인 제안을 덧붙이고자 한다. 이 제안은 주로 한국 안의 대학을 대상으로 삼은 것이나, 해외 대학도 부분적으로 참고할 여지가 있을 것이다.

첫째는 동아시아한국학의 제도화와 관련해서다. 대학 학부의 일개 학과나 대학원 전공(하나의 독립 전공이든 협동과정이든)으로 설치하고 싶은 유혹을 받기 쉬우나 그것이 능사는 아니다. 그 자체를 아예 거부하자는 뜻은 아니나 그보다는 새로운, 또는 비판적 연구태도라는 인식이 전제되어야 한다. 한 일본 연구자의 표현을 빌리면, 기존 학문체계 속에서 출현하는 새로운 학문은 학문제도의 재구축으로써 완성되는 것이 아니라 오히려 '논(論)' 또는 '연구'(studies)의 형태를 유지하는 '비평적 운동'의 특성을 유지함으로써 자신의 존재이유를 인정받아야 한다.[27] 그렇지 못할 경우 기존 학과체제의 몇개 한국학 유관 학과가 모여

---

26 中山茂『歷史としての學問』, 東京: 中央公論社 1974.

27 小林康夫「人文科學と制度をめぐって」, 西山雄二 編『人文學と制度』, 東京: 未來社 2013, 163면.

꾸리는 '한 지붕 몇 가족' 형태의 '거짓 학과 뛰어넘기'[28]로 귀결될 공산이 크다. 이 점을 염두에 두면서 필자가 먼저 권하고 싶은 작은 제도적 혁신은 동아시아한국학이 대학 안에서 '집중강의(集中講義)'를 시행해보라는 것이다. 이는 일본 대학에서 시행하고 있는 것인데, 방학 중 핵심 주제의 강의를 개설하고 외부 강사(때로는 외국의 저명교수)를 초빙해 짧은 기간 안에 집중적으로 한 학기 과정을 마치게 한다. 이수학점이 공식으로 인정되는 이 제도를 도입하면 학생에게는 수업 내용을 선택할 폭이 넓어지고 다양한 강의자를 접촉할 기회도 제공할 수 있다. 더 나아가 학점으로 인정되든 안 되든 그리고 수강생이 자기 대학에 속하든 그렇지 않든 다양한 학생들이 (때로는 외국 학생들까지) 참여하는 '열린 집중강의'를 개설하는 것도 적극 고려해봄 직하다. 이것이 잘 진척되어가면서 수강생끼리의 네트워크가 짜인다면, 학맥과 국경을 가로지르는 새로운 형태의 공동대학의 실험으로 이어질 수도 있다.[29]

둘째, 학회의 지속성과 관련해서다. 인문한국학은 '동아시아한국학회'를 야심적으로 출범시켰다. 그런데 새로운 학회가 개방성과 지속성을 확보하지 못하면 그 생명력이나 확산성이 담보되지 못하고 BK사업단의 부속물로 전락해 단명하기 쉽다. 동아시아한국학회가 개방성을

---

28 이 표현과 이에 대한 논의는 본서 3부 필자와 쓴 거의 대담 「신자유주의시대 학문의 소명과 사회인문학」 255~58면 참조.

29 물론 그것의 제도화는 쉽지 않다. 'The Inter-Asia Cultural Studies Society (IACSS) Summer School'이 그 가능성과 불가능성을 동시에 보여준다. 아시아 여러 대학의 컨소시엄 형태로 운영되는 이 여름학교는 2008년 출범하여 격년으로 프로그램이 진행된다. 2014년 7월에 4회 여름학교가 대만에서 열린다(http://culturalstudies.asia/summer-school/ 참조). 그런데 처음부터 참여 학교의 학점 공인을 목표로 했으나, 이 사업에 대한 각 학교의 인식과 정책의 차이로 진척이 쉽지 않은 것으로 알고 있다.

유지하기 위한 방편으로 필자는 두가지 제안을 하고 싶다. 하나는 그 설립취지에 호응하는 국내외 연구집단에 문호를 개방하고 그들과의 컨소시엄을 구성하여 공동사업을 추진하는 것이다. 몇개의 연구그룹이 참여하는 공동연구단체인 만큼 공동의 연구과제가 그 효율적 운영을 보장할 터인데, 필자는 구체적인 과제로 '한국학 연례 비평회'를 제안한다. 그것은 한국 안팎에서 매해 생산되는 주요 연구성과(저서든 논문이든)를 정기적으로 심층비평하는 동시에 앞으로 필요한 연구과제를 전망하는 모임이다(그 의미와 효과는 아래에서 다시 언급할 터이다). 다른 하나는 학회를 학문 후속세대에 적극 개방하는 것이다. 현재 한국의 학회 현황을 보면 학문 후속세대 즉 대학원생들의 자발적 참여가 적은 실정이다. 새로 출범하는 동아시아한국학회는 여러 나라의 대학원생들이 참여할 수 있는 방안을 다각도로 모색할 필요가 있다. 이와 관련해 참고로 소개하고 싶은 두가지 사례가 있다. 중국어권에서는 '양안삼지 역사학대학원생 논문발표회(兩岸三地歷史學研究生論文發表會)'란 것이 매해 장소를 바꿔 열리는데 2007년 당시 항저우에서 8차 회의가 열렸다. 이 회의는 처음에는 '양안삼지(兩岸三地)'란 말 그대로 중국·대만·홍콩에서 중국근현대사를 공부하는 석·박사생들이 발표하고 교수들이 논평하는 회의였는데, 이제는 그 범위가 확대되어 마카오·일본·한국·동남아의 젊은 연구자들도 (상대적으로 적은 수지만) 참여하고 있다. 또한 한국과 일본의 중국근현대사연구자 교류회가 2004년 결성된 이래 정기적으로 학술회의를 열어, 참석자들이 제3국어인 중국어로 발표하고 토론한다. 대학원생들을 적극 참여케 하기 위해 여러 지원책이 마련되어 적지 않은 효과를 올리고 있다.[30]

셋째, 학술지 발간과 관련해서다. 동아시아한국학회가 그 기관지로

『동아시아한국학』을 간행하는 것은 자연스러운 일이다. 그런데 이것이 단순히 학회의 뉴스레터 성격의 기관지에 머물거나 이미 존재하는 학술지의 얼굴 바꾸기에서 벗어나 진정 한국학의 세계화에 기여하려면 결코 피해갈 수 없는 문제가 있다. 그것은 이 저널이 국제적으로 얼마나 소통될 수 있을까에 대한 고려이다.

이 문제를 생각할 때 떠오르는 발언이 있다. 연세대에서 2006년 9월 '한국학 진흥을 위한 포럼'이 열렸는데 그때 한 중견 사회과학자가 내놓은 결론은 충격적이었다. 그는 연세대의 한국학 연구수준을 세계적 수준으로 높이기 위해서는 연세대 전임교수들이 세계적 수준의 논문집 (이를테면 SSCI급 논문집)에 한국학 논문을 발표하게 만들면 되는 것이니 그럴 능력이 입증된 전임교수를 특별 지원하든가, 해당하는 교수들이 없을 경우 외부에서 초빙하면 한국학의 국제경쟁력은 제고된다고 역설했다. 현재 영어권 핵심 저널에 실리는 논문을 중시하는 학술평가 풍조가 압도적인 현실을 고려하면 이는 일견 매우 효율적이고도 간명한 방안처럼 들린다. 그런 풍조 속에서 실제로 많은 국책연구사업단이 영문 학술지의 창간과 운영에 열을 올리고 있다. 일부 대학에서는 영문 저널을 간행하면서 해외 저명학자들을 편집위원으로 초빙하고 주요 필자를 해외에서 구하는 데 집중하다보니 한국 연구자의 글은 뒤로 밀리는 주객이 전도된 현상조차 국제경쟁력 강화란 이름 아래 나타난다.

그런데 저런 일들이 과연 우리가 추구해야 하는 한국학 세계화의 길일까. 이 글 첫머리에서 지적했듯이 세계화가 단순한 국제경쟁력만이

---

30 제1회 교류회가 2005년 1월 8~9일 서울에서, 2회 교류회가 2006년 1월 7~8일 토오꾜오에서 열렸다. 이후 격년으로 1월 첫 주말에 한국과 일본을 오가며 번갈아 개최하는 방식으로 전환했다. 2012년에는 서울에서, 2014년에는 오오사까에서 열렸다.

아니라 소통성의 확산을 의미한다면, 저런 방향은 분명 문제가 있다. 이렇게 볼 때『동아시아한국학』이 독자적인 학문 평가방안을 마련함으로써 영어권을 정점으로 서열화된 단일한 학문 평가기준을 넘어서 '지구화 속의 학술 세계화에 대한 또다른 시각'을 동아시아에서부터 창출하는 일은 뒷전에 미뤄둘 수 없는 중차대한 과제이다.[31] 방금 필자가 제안한 한국학 컨소시엄의 '한국학 연례 비평회'는 바로 이 새로운 평가기준을 세우는 일이 주요 목표인데, 그 성과가 축적됨에 따라 평가기준은 국내외에서 신뢰를 높이게 될 터이다. 이 같은 일감을 감당하지 못한다면 영향력이 제한된, 달리 말하면 '주변화된' 저널이 하나 더 느는 데 불과하다는 평판에서 벗어날 수 없을 것이다.

5. 변혁의 동력은 어디서 오는가

이제까지 동아시아한국학에 거는 기대에서 제안도 하고 우려도 표했는데, 사실 여기에는 필자가 책임지고 있는 연세대 국학연구원의 인문한국학사업 '21세기 실학으로서의 사회인문학'에 대한 성찰의 의미도 포함되어 있다. 더 나아가 현재 한국에서 국가의 재정지원에 힘입어 추진되고 있는 여러 BK사업이나 HK사업의 연구집단에서 모두 함께 돌아볼 과제이기도 하다. 현재 어느 사업단이나 과제 수행의 업적뿐만 아니라 사업의 제도적 정착을 위해서 학과 설립이나 저널 간행(그 일부는

31 이 과제를 중국어권에서 추구한 노력에 대해서는 천 꽝싱·첸 융상「전지구적 신자유주의 추세 속의 학술생산」,『창작과비평』126, 2004 참조.

영문 저널)에 열중하고 있는 실정 아닌가.

그런데 그 모든 노력과 성과는 해당 사업이 종료되고 정부의 재정지원이 끊기면 더이상 지속되기 어려울 수 있다. 그럴 때 사업 추진의 동력을 어디서 구할 것인가가 국책연구사업에 간여하는 모두가 당면한 관건적 고민이다. 사업의 불안정성을 태생적으로 안고 있는 셈이다. 다시 국가에 포스트BK나 포스트HK사업 같은 것을 지원하길 요구하고, 그러기 위해 그간 얼마나 국제경쟁력을 키우는 데 업적을 올렸는지 설명하는 책임을 지는 일도 다소간 필요할 것이다. 그런데 여기서 필자는 국가의 공적 자금을 낭비하지 않았다는 증명을 위해 국가에 설명의 책임을 지기보다 사회의 공공성에 대해 설명하는 책임을 감당하는 일이 더 중요하다고 강조하고 싶다. 각 사업이 전체 사회에 책임을 진다는 전제 아래서야 국가지원도 적극 요청하고 활용할 수 있는 것이다. 단, 국가에 종속되느냐 그것을 활용하느냐는 '종이 한장의 차이'로, 언제라도 뚫릴 수 있음을 잊어서는 안된다.[32] 그 차이를 가르는 최저선은 사업에 참여하는 연구자의 연구태도의 변화일 터이다.

따라서 우리가 추구하는 새로운 한국학 — 그 이름이야 '동아시아한국학'이든 '비판적 한국학'이든 아니면 '지구지역학으로서의 한국학'이어도 상관없다 — 은 장소성을 기반으로 사회문제를 학술의제로 전환하는 실천적 연구자세에서 동력을 얻어야 한다. 그러기 위해서는 일차적으로 한반도 현실의 요구에 충실해야 한다. 이미 지구화된 세계의 일부인 한국의 현실로부터 이끌어낸 의제를 탐구하는 작업은 연동하는

---

32 본래 타께우찌 요시미(竹內好)가 쓴 표현. 이에 대한 쑨 거의 해석은 본서 3부 287면 참조.

동아시아, 더 나아가 세계사적 과제에 동시에 부응하는 일이다. 한마디로 장소성에 기반한 보편담론의 발신에 유리한 조건을 활용해야 한다. 이것이 바로 필자가 강조하는 '한국학의 사회인문학적 전환'의 자연스러운 효과이다. 국제경쟁력 확보는 그 부수효과이다. 그러므로 외국, 특히 구미의 정제된 이론을 동아시아에 성급히 적용하기보다는 장소성에 기반한 (삶에 대한) 통찰력을 갖추도록 힘쓰는 것이 우리가 추구하는 새로운 학문으로 가는 지름길이다. 연구자의 주어진 현실에서 나온 삶에 대한 통찰력이야말로 소통적 보편성을 갖춘 독창적 이론으로 다듬어질 귀한 원석인 것이다.

물론 우리는 그리로 가는 길에서 역풍을 만나기도 할 것이다. 가장 힘겨운 장애 요인은 분과학문제도에 길들여진 연구·교육풍토의 완강함이다. 그것은 연구자이자 교육자인 우리 모두의 내부에까지 뿌리내려 있다. 그것을 극복할 수 있는 동력은 어디에 있을까. 연구자가 수행하는 학문 탐구의 관행과 연구태도의 전환이 관건이다. 새로운 한국학을 지금 여기에 세우겠다는 큰 발원(發願)을 갖고 있는지 스스로 물어야 할 때가 아닌가.

2부

비판적·역사적
동아시아학의 모색

5장

'동양사학'의 탄생과 쇠퇴
동아시아에서 학술제도의 전파와 변형

1. 머리말

신자유주의적 지구화의 충격을 받고 있는 동아시아 사회에서 대학개혁은 주요 개혁과제 중 하나가 되어 있다. 그런데 그에 대한 논의가 무성하지만, 교육이 아닌 학문의 관점에서 대학개혁을 따져보고 실천하려는 노력은 별로 없는 것 같다. 필자는 이에 대한 반성의 차원에서 동아시아 학문의 역사를 되돌아보면서 새로운 학문체계를 구상하는 데 도움이 될 역사적 자산을 찾아보고자 한다.

17세기 이후 서구에서 학술지, 학회 및 대학의 긴밀한 상호연관 속에 형성된 근대학문이 전문화되는 때는 19세기 후반부터 20세기 초 (1848~1914)였다. 유럽에서 학문의 분과화는 근대적 인간의 주요 활동영역인 정치·경제·사회에 대응한 정치학·경제학·사회학으로 나타났고, 뒤이어 역사학·인류학·동양학의 분할이 추가되는 형태로 진행되었다.

이 분과화야말로 우리가 과학적 학문이라 일컫는 근대적 학문체계를 가장 압축적으로 보여주는 것이라 할 수 있는데, 일찍이 메이지(明治) 시기의 일본인들은 이것을 '학과(學科)'라 불렀고, 이 말에 단순히 '여러 학문'이라는 보통의 용법이 있음을 알게 되자 더한층 전문화된 새로운 학문이라는 의미를 강조하려고 '과학(科學)'이라는 조어를 만들어냈다.[1] 그들이 이해한 과학은 오늘날의 개별학·전문학이라는 의미인데, 일본인이 근대과학을 독창적 방법이나 패러다임보다 제도로서 파악했다는 사실을 알 수 있다. 즉 국가권력이 주도적으로 근대를 추구하면서 서구 학문을 도입했기 때문에 먼저 제도를 도입해 근대적 지식의 생산과 전파를 가속화하는 데 힘을 기울였던 것이다.

유럽 모델을 일본에서 수용, 변용한 이 '제도로서의 학문'은 다시 동아시아에 확산되고, 그 과정에서 개별 국민국가와 학문의 관계에 따라 변형을 겪지만 그 기본틀은 유지된 채 오늘까지 이어진다고 할 수 있다. 그런데 동아시아 근대학문의 형성과 변형의 전모를 온전히 이해하기 위해서는 동아시아의 근대적 제도 안에서뿐만 아니라 그 바깥에서 이뤄진 지식의 생산과 전파과정까지도 포괄해야 한다.

이 글은 앞으로 진행될 '제도 안의 학문'과 '제도 밖의 학문'[2]이라는

---

1 중국이나 일본의 고전에 없던 '과학'이라는 용어는 일본인이 발명해 동아시아에 전파한 것이라는 견해가 유력하다(中山茂 『歷史としての學問』, 東京: 中央公論社 1974, 249면). 중국에서 명말 이래 '격치(格致)'란 어휘가 싸이언스(science)에 해당하는 의미를 가졌고, 청말에 싸이언스의 번역어로 격치와 과학이 병용되다가 1905년 과거제 폐지의 영향으로 격치는 사라지고 일본에서 들여온 의미로서의 '과학'의 사용이 점차 증가했다. 그후 과학은 중국 상황에서 다양한 내포를 갖는 현대 술어가 되었다. 이 용어의 변천은 金觀濤·劉靑峯 「從"格物致知"到"科學" "生産力": 知識體系和文化關係的思想史硏究」, 『中央硏究院近代史硏究所集刊』 46, 2004 참조.

2 '제도로서의 학문'이 대응하지 못한 사회적 수요를 어느정도 충족해준 제도 밖의 학술

두 양상이 대립하면서 교차하는 동태적 과정의 견지에서 동아시아 근대 역사학의 궤적을 연구하는 작업의 서설에 해당한다. 필자는 여기서 일본 제국대학에서 형성된 역사학 3분과(서양사·동양사·국사)체계의 일부인 '동양사학'이 20세기 전반기 동아시아에서 어떻게 전파되고 변형되었는지를 주로 규명하려고 한다. 특히 동아시아 근대 역사학(을 포함한 인문사회과학)의 제도적 측면이 안고 있는 식민지성에 주목하고자 한다. 서구에서 19세기에 자리 잡은 전문분과로서의 역사학과 비교할 때, 근대를 강요당한 동아시아에서는 근대적 역사학 수립과정에서 '과학'을 제한적이고 분열적으로 수용하면서도 서구적 권위에 기대어 그것을 각자의 이념적·정치적 입장에 따라 보편적인 이론으로 고집하는 경향을 보였다. 그렇기 때문에 서구의 일방적 통제 아래 전파된 근대 학술제도인 역사학은 동아시아 자신의 역사를 온전히 해명할 언어를 제대로 갖추지 못해 지식과 일반대중이 분리된 지적 식민성에서 벗어나기 힘들어졌다. 그러므로 역사학이 현실과 부분적으로밖에 접촉할 수 없었던 것은 당연했는지도 모른다. 이 식민성이 일본이라는 유사서구의 통제 아래 역사학을 수용한 식민지 조선과 대만에서 훨씬 더 심각했다는 지역 내부의 차이도 이 글에서는 중시할 것이다.

동아시아의 근대 역사학, 특히 동양사학과 국민국가 관계의 기본틀

활동을 필자는 '운동으로서의 학문'이라고 이름 붙였다. 다소 낯선 용어인 '운동으로서의 학문'이란 근대적 제도학문에 의해 배제되고 억압당한 동아시아의 지식—이것은 종종 '민간적·민속적 지식'이나 '저널리즘적 지식'으로 낮게 평가되었다—의 생산과 전파를 가리킨다. 그 중요한 특징은 지배적인 학문 제도와 관행 및 이것을 지탱해주는 지배적 사회현실 외부에서 그것의 폐쇄성을 비판하면서, 생활세계 내부에서 다수 민중을 향해 열린 학문을 수행하려는 지향을 갖는 것이다. '제도로서의 학문'과 '운동으로서의 학문'에 대해서는 본서의 「서장」과 8장 참조.

및 식민성을 규명함으로써 당면한 역사학의 위기를 넘어설 길을 찾고 더 나아가 새로운 학문체계를 구상하는 데 이 글이 다소나마 도움이 되기를 기대한다.

2. 일본 제국대학에서 창안된 '동양사학'과 민간사학

일본 사학사를 정리한 이에나가 사부로오(家永三郞)는 메이지유신 (1868) 이후의 일본 역사학을 두 경향의 병행으로 파악했다. 하나는 "역사를 오로지 실천적 관심에 기반해 연구하려는 경향"이고, 다른 하나는 "역사사실을 객관적으로 인식하는 것 자체에 온 힘을 기울여 엄밀한 사료조작이나 정밀한 사실천명에 뛰어난 고증학적 경향"이다.[3]

근대일본에서 먼저 출현한 것은 전자의 계보에 속하는 '문명사'로서 메이지시대 초기에 저널리스트들이 이끈 계몽운동의 토대가 되었다. 문명 발달경로를 규명하려 한 이 조류는 메이지정부를 비판하고 인민 중심의 역사상을 제시함과 동시에, 역사학을 사회과학으로 규정하고 체계적·합리적 방법론을 내세운다는 특징이 있었다. 그뒤를 이은 것이 1880년대에서 1900년대에 걸쳐 나타난 '민간사학'이다. 이것은 이미 설립된 제국대학의 관학(官學)에 대립하여 실증보다 역사서술에 비중을 두고 평민주의의 발달을 역사 속에서 드러내어 국민으로서의 공동성을 추구한다는 특징이 있었지만, 학술 조직과 사료의 엄밀한 구사에서는 미숙했다. 그 맥을 이은 것이 맑스주의 역사학으로, 아카데미즘에

---

3 家永三郞「日本近代史學の成立」, 『日本の近代史學』, 東京: 日本評論社 1957 참조.

뒤지지 않는 실증성과 참신한 문제 설정 및 왕성한 실천적 관심에 힘입어 1920년대부터 급속히 발달했다. 이 흐름은 카노 마사나오(鹿野政直)가 말하는 '민간학'의 일부인데,[4] 이 글에서 주목하는 '제도 밖의 학문'에 해당한다. 이에 대비되는 '제도 안의 학문'은 토오꾜오(東京)제국대학 사학과의 실증주의를 표방한 아카데미즘 사학이 그 원류이다. 이것은 대학 등 근대적 학술·교육제도의 확산과 더불어 전파되면서 주류로 자리 잡는다.

일본에서 아카데미즘 사학은 메이지정부가 정통성을 확보하기 위해 국사편수사업기구를 설치한 것에서 출발했다. 이 기구를 주도한 메이지 초기 역사학자들은 합리적 실증주의에 입각해 정사(正史)를 서술하고자 한 고증학 계통의 한학자 그룹이었다. 그들은 새로운 역사학이 동아시아의 전통적 역사기술체계인 '사관(史官)의 기록학'과 분명히 다른 것으로서 "최근 과학이 발달하여 분과(分科)하는 대세"에 따른 것임을 분명히 깨닫고 있었다. 그리고 근대 역사학이 국민국가 형성에 기여하는 데 그 의의가 있기에 대부분의 역사학자가 "가장 고심하는 것은 국사의 편찬이고 국사는 본래 애국충정으로 기술해야 하는 것"으로 보았다.[5]

이런 사정은 이 기구를 주도하다가 그것이 내각에서 제국대학으로 옮겨진(1888) 직후 제국대학 사학과로 진출해 그 기틀을 다진 시게노 야스쯔구(重野安繹, 1827~1910)가 사학회 기관지인 『사학회잡지』 창간호에 게재한 글에서 간명하게 드러난다. 그는 "본회 설립의 일은 내가 종

---

4 카노는 민간학의 관점에서 일본 학술사를 재구성했다. 이에 대한 상세한 내용은 주17 참조.

5 坪井九馬三 「史學に就て」, 『史學雜誌』 5-1, 1894, 9, 13면.

래 수사(修史)의 직을 봉(奉)하다가 제국대학으로 옮겨온 이후, 초빙교사 독일인 리스(L. Riess)와 만나 그로부터 학회를 설립하고 잡지를 발행하는 것이 필요하다는 말을 듣고 나 또한 그 필요성을 느껴 동료들에게 그 뜻을 전하고"함께 설립에 나섰다고 한다. 그는 사학회를 만든 목적을 "종래 사국(史局)에서 채집한 자료에 의거하고 서양 역사연구의 방법을 참고하여 우리 국사의 사적(事蹟)을 고증하고 또한 그것을 편성하여 국가에 도움을 주고자 하는"것이라고 밝혔다.[6] 요컨대 국가의 주도 아래 제국대학과 학회 및 학회지가 거의 동시에 만들어짐으로써 근대 역사학의 체계화 기반이 유럽에서와 달리 한꺼번에 이뤄졌던 것이다. 실증주의 역사학의 아버지로 불리는 독일의 역사학자 랑케의 제자 리스가 말한 바 "역사 연구의 표준을 높이 내세우고 순수한 하나의 과학"으로 만들며 역사서를 "공중의 완독(玩讀)"에 기여하고자 설립한 사학회(1889.11)와 사학회지(『史學會雜誌』는 1889년 창간, 1892년 이후 『史學雜誌』로 개칭)가 근대 역사학의 형성에서 맡은 역할도 중요하다.[7] 그런데 이를 주도한 주체가 제국대학 사학과이므로 여기에 집중해 살펴보겠다.

일본에서 19세기 독일의 대학제도인 신학부·법학부·의학부·철학부로 이뤄진 표준적인 학부 모델을 이식하면서도 '이과(理科)'를 첨가하는 등 약간의 수정을 가한 것이 1886년의 대학령(大學令)이었다. 이에 따라 제국대학에는 법과대학·의과대학·이과대학·공과대학과 더불어 문과대학이 설치되는데, 문과대학의 사학과는 1887년에 신설된다. 그

6 重野安繹「史學に從事する者は其心至公至平ならざるべからず」, 『史學會雜誌』 창간호, 1889, 1면.
7 成田龍一「總說: 時間の近代——國民=國家の時間」, 小森陽一 編 『近代日本の文化史 3: 近代知の成立』, 東京: 岩波書店 2002, 20면.

리고 1889년 일본사 교육·연구를 목적으로 하는 국사학과가 설치되고, 1904년 문과대학이 개혁되면서 사학과 안에 국사학·지나(支那)사학·역사학(사실상 서양사학)의 세 분야가 있다가 1910년에 지나사학이 동양사학으로 개조되고 서양사학이 독립해 3분과제가 확립된다.[8] 이로써 역사를 주자학적 '명교(名教)도덕'에 종속시키기를 거부하고 서구 역사학의 방법론을 도입해 '지공지평(至公至平)'한 역사학을 확립하고자 한 아카데미즘 실증주의 역사학이 제도적으로 정착된 셈이다.

일본에서 창안한 독특한 학문제도인 3분과제는 일본 역사학의 특징을 제대로 이해하기 위해서 주목할 필요가 있다. 일본사를 세계사로부터 분리한 바탕이 이미 3분과제의 성립 시점부터 있었던 것인데, 이것은 일본 중심적 역사인식의 소산이 아닐 수 없다. 이는 메이지 이래의 국가(근대 천황제국가)질서를 정통화하는 기능을 해왔다. 그 결과 외국 사학은 사실상 국사학과의 서비스 기관 같은 지위에 불과하다는 자조적 발언이 나올 정도였다.[9] 이 점은 이 글의 주요 관심대상인 동양사학의 탄생과정에서도 드러난다. 동양사가 서구의 학문에 비해 경쟁력을 갖는 '일본의 독자적 학문'으로 형성되는 과정은 서구에서 이미 체계화된 것을 직수입한 다른 학과와는 달랐다.

청일전쟁이 시작된 1894년, 유럽사 위주의 세계사 또는 만국사(萬國史)에 반발하여 그것을 동양사와 서양사로 나누고 서양사와 더불어 세

---

8 이후 이 체제는 쿄오또(京都)제국대학(문과대 설립은 1906년, 사학과는 1907년 설치)을 비롯한 모든 대학 — 와세다(早稲田)대학, 케이오오(慶應)대학에 사학과가 설치되고 동양사가 강의된 것은 1910, 20년대 — 에서 역사 교육·연구의 기본으로 되고 태평양전쟁 후 새로운 법령에 의해 세워진 대학에까지 이어졌다.

9 研究社編輯部 編『大學における學問(人文社會科學編)』, 東京: 研究社 1970, 131면.

계사의 절반을 차지하는 동양사의 비중을 높이자는 주장이 중등교육계에서 제기되었다. 이에 따라 고등사범학교의 역사과목이 세 영역으로 분리되고, 곧 문부성도 이 의견을 채용해 전국 중등학교의 교과에 동양사를 첨가하도록 했다. 이것이 '동양사'라는 명칭이 역사교육에 등장하게 된 시초다.[10] 대학에서는 이보다 좀 늦어 1910년에야 지나사학이 동양사학으로 개조된다. 동양사라는 것이 독자적인 분과로 탄생한 데는 일본 특유의 사정이 작용했다. 즉 1890년대 중반부터 1910년 전후, 청일전쟁·러일전쟁·조선병합에 이르는 본격적인 대륙침략의 시기에 일본의 국가적 자각이 높아짐과 동시에 서양과 구별되는 동양이라는 의식이 강해지면서 동양의 과거와 현재에 대한 지식을 생산, 보급할 필요가 있었던 것이다. 토오꾜오제국대학에서 1910년에 지나사학과를 동양사학과로 개조하는 데 결정적으로 기여한 시라또리 쿠라끼찌(白鳥庫吉, 1865~1942)가 러일전쟁 직후 이 점을 아주 명료하게 밝힌 바 있다. 그는 "우리 국민에게 장래 발전할 아시아에 관한 지식을 증가시키고 흥미를 갖게 하는 것"이 승전의 효력을 높이기 위해 필요한 전후 경영과제 가운데 "가장 시급한 일"이라고 했다.[11] 동양사학의 개척자들은 처음에는 조선에 강한 관심을 보였고, 그후 만주·몽골 그리고 서역(西域)으로 관심을 넓혀나갔다.[12]

유럽의 오리엔탈리즘을 흉내낸 '일본적' 오리엔탈리즘은 동양사학이 제도화하는 과정에 이미 배태되어 있었다. 이는 동양사학의 주춧돌〔礎石〕을 깔았다고 평가받는 시라또리 쿠라끼찌가 요(堯)·순(舜)은 실

10 桑原隲藏 『中等東洋史』, 『桑原隲藏全集』 4, 東京: 岩波書店 1968.
11 白鳥庫吉 「普通敎育に於ける東洋史に就て」, 『敎育公報』 10/15, 1905.
12 那須惠子 「中等敎育における'東洋史'槪念の展開」, 『敎育學硏究』, 59-4, 1992.

재했던 인물이 아니라는 요순말살론을 제기하고 나온 것에서도 드러난다. 신흥 동양사학의 이러한 우상파괴는 중국사를 본격적인 실증연구로 끌어올린 혁신적 의의를 분명히 가졌으나, 중국 고대문명에 대한 불신감, 중국인에 대한 멸시감을 불러일으키는 동시에 일본의 우월감도 조성했다.[13] 동양사학은 일본의 근대화가 오리엔탈리즘을 수반할 수밖에 없었던 왜곡된 구도를 가장 응축된 형태로 보여주고 있는 셈이다. 그런 점에서 그가 깐 '주춧돌'이 사실은 '누름돌(重石)'로서 이후 동양사학에 부담을 주었다는 지적은 정곡을 찌른 것이다.[14]

일본 동양사학계는 일본이 오래전부터 아시아 대륙과 밀접한 관계를 맺었기 때문에 사료 면에서 제약이 적었을 뿐만 아니라 근대 역사학의 실증적 방법을 도입했기 때문에 세계 수준의 성과를 올릴 수 있었던 것으로 자평한다. 그러나 동시에 그런 성과는 "사료의 기술적인 비판에서 극히 치밀했기 때문이고, 동양사의 기반에 대한 무자각, 세계사적 인식의 결여에 따라 연구가 치밀하게 되면 될수록 통일적인 체계, 전체적인 역사상을 빠뜨리게 되었다. 그런 점에서는 서양사에도 미치지 못하는 셈인데, '동양사는 재미없다'는 정평은 이로부터 생긴 것이다"라는 식으로 비판의 대상이 되기도 했다.[15]

다른 한편, 1920, 30년대 일본에서는 중국혁명의 발전과 맑스주의 역사학의 영향 등 대학 밖의 사회풍조 속에서 동양사학의 새로운 경향이 나타났다. 젊은 학자들이 주축이 되어 중국 사회사와 경제사를 연구하

---

13 旗田巍「日本における東洋史學の傳統」, 『歷史學研究』, 270, 1962.

14 小倉芳彦「東洋史學·中國·私」, 『近代日本における歷史學の發達』下, 東京: 靑木書店 1976, 45면.

15 堀敏一「東洋史」, 研究社編輯部 編, 앞의 책 154~55면.

기 시작한 것이다. 그들은 3분과체제의 틀을 깰 뿐만 아니라 더 나아가 다른 학과 출신자와 교류하면서 세계사적 각도에서 동양사를 해석했는데, 그 구체적인 성과는 당시의 아시아적 생산양식론·동양사 발전단계론에서 볼 수 있다.[16]

이러한 경향은 민간학의 한 부분을 구성한다.[17] 물론 이런 흐름은 일본이 파시즘체제로 들어가면서 억압당하고 말지만, 종전 후 새로운 동아시아 연구의 기반이 되었다는 사실은 결코 무시할 수 없다.

3. 식민지 조선의 동양사학과 조선학운동

조선의 근대 역사학은 대한제국 시기 애국계몽운동의 형태로 속속 학회가 출현하는 가운데 역사연구, 특히 한국사 연구가 '국학운동'의 일부로 착수된 데서 그 발단을 찾을 수 있다. 조선의 근대 역사학은 그

---

16 旗田巍 「東洋史學」, 『世界歷史事典』 20, 東京: 平凡社 1954, 284면.

17 鹿野政直 『近代日本の民間學』, 東京: 岩波書店 1983. 카노에 따르면 민간학의 특징은 다음과 같다. 첫째로 국가를 주제로 하지 않고 '생활'을 주제로 한다. 둘째로 관학아카데미즘이 구미의 서적을 소재로 하고 그 방법론을 차용하는 데 비해 민중 속에서 학문재료의 주된 부분을 찾는다. 셋째로 제도로서가 아니라 운동으로서 작동한다. 넷째로 실험과 관찰을 중시하는 귀납법을 활용한다. 다섯째로 관료적 문체가 아니라 시민감각을 담은 문체를 사용한다.

맑스주의 학문이 민간학에 속하는가는 다소 논란이 있는 것 같다. 그러나 카노 자신은 맑스주의 학문이 민간학인가 국가학인가를 양자택일하라면 전자라고 답하겠다고 밝히면서, 맑스주의 학문이 "실천과 상승작용하여 민간학 역사에서 최량(最良)의 손꼽히는 성과를 낳았다"고까지 말한다(鹿野政直 「『近代日本の民間學』を書いて」, 『思想の科學』 96, 1987, 12면).

발단 단계에 중국 전통학문의 영향에서 벗어나야 한다는 절박감과 근대에 대한 선망에서 주로 일본의 학문체계를 도입한다. '국학운동'으로서의 한국사 연구는 학문의 전문성이나 독창성에서는 그 성과가 미흡한 수준이었다고 볼 수 있지만, '제도 밖의 학문'이라는 시각에서 보면 근대 역사학의 원류가 된다. 그러나 일본의 식민지로 전락함에 따라 아쉽게도 제도적으로 자리 잡을 수 있는 여건을 확보하지는 못한다.

조선총독부는 제1차 조선교육령(1911)을 발포해 식민지 교육체계를 보통교육과 실업교육 위주로 한다는 방침을 정했고, 그뒤에 관립 전문학교의 설립을 허용하면서는 본토의 대학과 달리 단순 실기와 고급 과학교육의 중간수준을 교육목표로 삼았다. 고등교육과 학문을 위한 제도적 공간은 허용되지 않았던 것이다.[18] 그럼에도 불구하고 제도 바깥에서, 일본과 구미에서 돌아온 소수의 유학생이 주축이 된 근대 지식인에 의한 학술운동은 1910년대에도 존재했다. 1910년 12월 최남선(崔南善)이 중심이 되어 조직한 조선광문회(朝鮮光文會)가 각종 수양서(修養書)와 조선의 고전 및 민족문화 연구서를 간행한 활동이 그 예다.[19] 이러한 학술운동은 1920년대 초 학문의 독립을 추구하고 그것을 제도화하기 위한 '민립대학 설립운동'으로 발전했으나 이 시도는 좌절된다. 일제는 이에 대응해 '조선학'의 학문적 생산과 보급을 제도적으로 조직화하기에 나선다. 1916년 조선총독부는 조선사 편찬사업과 고적 조사사

---

18 기존의 성균관 등 대한제국의 고등교육기구는 폐지당하거나 지위가 격하되었고, 이미 '대학부(大學部)'를 갖추고 있던 기독교계 학교인 이화학당, 세브란스 등은 '전문학교'란 이름조차 박탈당했다.

19 신문관(新文館)이라는 출판사와 함께 조선광문회는 1910년대 '한국의 아카데미아'로 불릴 정도로 한국 지식층 활동의 중심이었다. 이에 대해서는 이지원 「1910년대 신지식층의 국수관과 국수보존운동」, 『역사교육』 84, 2002 참조.

업을 확대 개편하여 조선사편수회 등의 기구를 설립했다. 조선사학회
의『조선사강좌』간행사에 밝혀져 있듯이 그 목적은 "대부분은 아직 엄
정하게 학술적으로 정교해지지 않은, 소위 전통적인 형식"에 머문 조선
인의 학술을 새로운 '엄정한 학술적' 심사제도에 의해 통제, 배제하기
위한 것이었다.[20] 이 같은 '학술적 정교함'과 '전문학자' 재생산을 위해
서는 대학이라는 교육기관의 권위를 빌려 새로운 학문의 제도화를 완
결할 필요가 있었고, 이에 경성제국대학이 개교하게 된다.

　당시 조선의 유일한 대학이자 일본제국권의 여섯번째 제국대학으로
1926년 개교한 경성제국대학은 기본적으로 토오꾜오제국대학을 모델
로 삼아 다소 변형한 것이다. 이는 경성제대 법문학부가 토오꾜오제대
문학부·법학부 그리고 신설된 경제학부를 통합, 축소한 데서 드러난다.
말하자면 제국대학의 축소형인 셈이다.

　더 나아가 경성제대에 부여된 사명에서도 그런 변형을 볼 수 있다. 초
대 총장 핫또리 우노끼찌(服部宇之吉)는 개교 기념사에서 "한편으로는
지나와의 관계, 또다른 한편으로는 내지(內地)와의 관계로 널리 여러 방
면에 걸쳐 조선연구를 행하고 동양문화 연구의 권위로 되는 것이 우리
학교의 사명이라고 믿는다"고 했다.[21] 또한 개교식에 참석한 한 조선인
내빈도 축사에서 "내지와 지나의 중간에 개재해 3자의 상관적 문화관
계를 연구"하는 것이 경성제대가 조선에 위치했기 때문에 맡아야 할 특
수한 사명이라고 언급한다.[22] 그들이 공통적으로 지적하는 경성제대의
개교 목표는 일본 및 중국과의 문화관계에 의해 규정된 조선의 '동양성

---

20 朝鮮史學會「總序」,『朝鮮史講座: 一般史』, 朝鮮史學會 1923, 1면.

21 朝鮮教育會「總長訓辭」,『文敎の朝鮮』, 朝鮮教育會 1926, 3~4면.

22 李軫鎬「京城帝國大學の開學を祝す」, 같은 책 8면.

(東洋性)'을 규명하는 것이다. 조선을 연구하되 민족 단위로서의 가치보다는 '동양'이라는 새로운 가치에 입각해 해석하는 것이었으니, 결국 조선의 '내지화＝제국화' 이념을 충실히 실현하는 것이 경성제대의 존재이유였다고 볼 수 있다.

이런 점은 경성제대 사학과의 구성에서도 잘 드러난다. 사학과 안에 국사학·조선사학·동양사학의 세 전공을 두었다. 기본적으로 일본 본토 제국대학 사학과의 3분과제의 틀 안에 있었는데, 서양사 전공 대신에 조선사 전공이 하나의 분과로 들어간 것이다. 세계사적 시야가 결락되었을 뿐만 아니라 중화제국의 역사를 해체하여 어디까지나 '동양사학'의 범주 속에 '지나사(支那史)'와 '만선사(滿鮮史)'를 자리매김한 것은, 경성제대 사학과가 일본 식민주의가 조성한 동아시아의 국가 간 위계질서를 역사학의 범주에서 실현하기 위한 곳이었음을 의미한다. 강좌제로 운영된 동양사 관련 주요 강좌는 역사는 물론이고 외교·윤리학·미술·문학 등 다양한 분야에 걸쳐 있었는데, 이를 통해 '동양'을 새롭게 구성하려 했던 것으로 보인다.[23]

경성제대를 '제도로서의 학문'을 위한 거점으로 삼아 조선인의 학문을 통제하는 데 활용한 무기는 일본 학자들에 의한 '과학적 엄밀성'이었다. 제국대학의 시각에서 보면 당시 제도 밖에서 이루어지는 학술활동은 "델리킷한 명령론, 히스테리컬한 독단론, 센티멘털한 희망론에 호소하는," 과학적 엄밀성을 동반하지 못한 계몽적인 것에 불과했다.[24] 일본 학자들은 일본어로 교육하고 연구하는 제국대학이 아닌 그 바깥에

23 박광현 「경성제국대학 안의 '동양사학'」, 『한국사상과 문화』 31, 2005.

24 京城帝大法文學會 編 『朝鮮經濟の硏究』, 東京: 刀江書院 1929의 「후기」에 실린 조선경제 연구소(朝鮮經濟硏究所)의 선언 참조.

서 이루어지는 조선어에 의한 학술세계를 배제하는 한편, 과학적 엄밀성을 내세움으로써 자신들의 학문적 우월성을 과시하려 했다.

과학을 앞세운 지식권력의 효과는 상당했던 것으로 보인다. 당시 학술운동을 주도하던 대표적 역사학자인 최남선은 한국사 연구가 과학성, 즉 근대적 연구방법에 근거해야 한다고 주장하면서, 자신들의 학술활동에 대해 "과학적 연구의 합리적 해명을 가한 시기나 사건도 한번 없이 입으로만 남과 같은 역사적 자부를 명언(明言)함이 얼마나 양심에 미안한 일인가?"라고 반성한다.[25] 그가 말한 과학적 연구가 충분치 않다는 자기반성은 과학적 엄밀성을 동반하지 못했다는 제국대학 측의 비판을 상기시킨다. 그만큼 경성제대의 기율이 효과적이었다는 뜻이다.

제국대학의 지적 지배는 그곳에서 배출된 전문인력의 지지를 통해서도 확산되었다. 1929년부터 조선인 졸업생이 배출되었는데, 그들은 과학적 엄밀성을 국어, 즉 일본어로 습득한 전문가로서의 자부심이 강했다. 그런 심리는 그들이 창간한 학술지 『신흥(新興)』의 창간호(1929년 7월호) 「편집후기」에서 기존의 학문을 "확고한 이론, 과학적 근거가 결여"된 것으로 비판하는 데서도 잘 드러나 있다. 그들은 이 매체를 통해 국어, 즉 일본어로만 표현된 아카데미즘의 폐쇄성에 대항하여 그 아카데미즘의 세례를 받은 자신들이야말로 조선어로 표현하는 "진정한 의미의 학술논문"을 생산한다고 자부하고 있다. 그러나 그들은 경성제대 학위제도의 수혜자로서 '제도적 학문'의 권위에 의존하고 있었기 때문에 '제국' 아카데미즘의 재생산이라는 틀에서 벗어나지 못했고, 기존의 조

25 최남선 「조선역사 통속강화개제(朝鮮歷史通俗講話開題)」, 『육당최남선전집』 2, 현암사 1975, 410면.

선인에 의한 연구와 스스로를 구별하는 폐쇄성을 보였다.[26] 특히 조선시대 지식인들이 쌓아올린 중국 고전에 대한 학문전통은 동양사학 전공자들에게 '중국사 연구의 원체험'이라 할 수 있겠는데, 새로운 학제에서는 이러한 토착적 학문이 무의미한 것이 될 수밖에 없었다. 그 대신 그들은 현실의 "'국사학'(즉 일본사)이라는 권력과 잠재적 '국사학'(즉 조선사)에 대한 상상 사이의 중간지점"에서 방황하면서, 동양사를 국사의 외연이나 관계사의 일환으로 파악하여 (현재진행형이 아닌) 완결된 과거의 역사를 실증적(곧 과학적)으로 연구했을 따름이다.[27]

그런데 경성제대가 조선의 학술활동에 미친 영향을 일방적 통제로만 파악하는 것은 균형을 상실한 이해다. 1930년대 초 학생들의 독서회를 기반으로 한 반제동맹사건이 불거져나온 데서 드러나듯이 제국대학 내부로부터의 저항이 있었다는 점도 기억해야겠다. 더 나아가 경성제대가 조선 내 학술활동의 공간을 확장하는 데 역설적으로 기여했다는 점도 주목해야 한다. 경성제대가 조성한 제도적·공식적 공간 밖에서 '과학'을 전유(專有)하여 민족의 역량을 제고하려는 조선인들의 학술활동이 활기를 띠었던 것이다. 그래서 1930년대에 들어서면 조선에 '학계'라 불릴 만한 공간이 형성되고, 그 역량은 자립적·주체적 근대 민족국가의 가능성을 찾기 위한 전통의 재현에 집중되어, 조선문화를 학문적으로 체계화하려는 '조선학운동'으로 결집된다.

우리 학문의 기원으로 평가되기도 하는 다양한 분과학회들의 출현 속에 조선학 종합학회인 진단학회(震檀學會)가 1934년 5월 경성제대

---

26 박광현 「경성제대와 『신흥』」, 『한국문학연구』 26, 2003.

27 박광현, 앞의 글. 조선어문학 출신자들이 조선어문학회를 구성한 것과 달리 동양사 출신자들은 학문적 동질성을 갖지 못해 자신들만의 학술공간을 만들지 못했다고 한다.

출신자와 일본 유학파 그리고 조선의 사립 전문학교 출신자들의 폭넓은 참여로 설립되었다. 그리고 그 기관지인 조선어 학술지 『진단학보(震檀學報)』가 "조선 및 근린(近隣)문화의 연구"를 목표로 창간되었다. 1934년 6월에서 1941년 6월까지 이 학회는 일본인 중심의 제도적 학문에 대응하면서도 일본 사학계의 실증적인 연구방법을 적극적으로 수용하여 역사연구의 객관성과 엄밀성을 높이는 데 기여했다. 진단학회는 그 활동영역이 경성제대 밖에 있었지만, 학문방법론이나 구성원의 출신학교로 보아 '제도 안의 학문'과 '제도 밖의 학문'이 교차하는 지점에 위치했다고 볼 수 있다. 바로 이 점 때문에 진단학회의 연구자세는 역사의식이 빈곤한 '초보적 실증사학'으로서 해방 직후 일차적인 극복대상이 되었고, 지금도 민족주의 사학과 대비되어 종종 비판받기도 한다.

민족주의 사관을 표방한 학술활동은 1930년대에 흥기한 조선학운동의 중심을 이뤘는데, 이것은 유물사관 계열과 함께 '제도 밖의 학문'에 해당한다. 민족주의 계열의 학자들이 축적한 한국사 연구성과는 주로 언론·출판 영역에 영향을 미쳐, 현실의 국사학(일본사학)이 아니라 독립을 대비한 잠재적 국사학을 구상하는 데 기여했다. 그들은 또한 동시대 중국 시사문제에 대한 보도와 평론 형식의 글을 언론에 많이 발표했는데, 이것은 오늘날 중국현대사 연구의 귀중한 자산으로 간주된다.[28] 이러한 연구는 경성제대에서 일본의 대륙진출에 부응해 1931년에 창립한 '만몽(滿蒙)문화연구회'(1938년 이후 대륙문화연구회로 개칭)가 제국사의 시각에서 동양사를 연구한 것과는 대조를 이룬다.

---

28 현재 발굴, 정리 중인 자원이 많은데, 한 예를 들면 당시 동아일보 특파원이었던 신언준(申彦俊)의 중국 관련 논설을 모은 민두기 엮음 『신언준 현대 중국 관계 논설선』, 문학과지성사 2000이 있다.

그러나 이 같은 '제도 밖의 학문'은 언론은 물론 학술지와 학회를 통해 전문가집단의 지지는 얻었지만 대학이라는 제도 속에 자리 잡지 못함으로써 재생산이 아주 힘들었다. 물론 1917년 개교한 기독교계 연희전문학교처럼 반관학적·민족주의적 학풍이 강한 교육기관도 존재했다.[29] 연희전문에서는 역사과목을 국사(일본사)·동양사·서양사로 분류했는데, 경성제대와 달리 서양사를 따로 구분해 그 비중을 높였다든가 동양사 과목에서 한동안 조선역사를 가르치는 등의 특징을 보였다.[30] 그러나 기본적으로 이 기관도 일본의 학문편제 속에 있었고, 역사학자를 독자적으로 양성할 수 있을 정도로 역사학이 분과화된 상태는 아니었다. 더욱이 1942년부터 연희전문이 총독부 직할로 강제 편입당하는 등 교육이 전시체제로 개편된다. 그리고 조선어 사용이 전면적으로 금지되고 조선어 잡지가 강제 폐간되어, 학회와 학술지의 활동마저 중지되기에 이른다. 이후에는 경성제대에서 생산되는 '제도 안의 학문'만 존속하여 일본제국의 요구에 적합한 방향으로 나아갔다.

4. 중국 신사학의 과학화·제도화

조선과 더불어 일본제국에 속했던 대만에서는 1928년에 타이베이(臺北)제국대학이 설립된다. 여기에 설치된 문정학부(文政學部) 사학과에

---

29 1942년 현재 관립전문 7개, 공립전문 2개, 사립전문 12개가 있었는데, 그중 사립전문학교는 대부분 실업교육 위주였고, 학과제를 시행한 학교는 연희·이화·숭실 전문학교 정도였던 것 같다.

30 『延禧專門學校一覽(昭和十四年)』, 1939, 13면.

서는 국사·동양사·남양사(南洋史)로 전공을 분류했는데, 기본적으로 3분과제의 틀 안에 있으면서도 서양사 대신 남양사를 개설한 변형을 보인다. 이것은 경성제대에서 조선사를 설치한 것과 비교되는데, 일본제국 판도 안에서 수행한 역할이 역사학의 범주로 드러남을 알 수 있다.[31] 그렇다면 중국 대륙에서 동양사학은 어떤 영향을 미쳤을까.

필자가 훑어본 주요 대학 교과목 자료에 의하면 역사학을 본국사·동양사·서양사 세 분야로 구분한 것은 국립중앙대학뿐이었고,[32] 나머지 대학에서는 '서양사'란 과목 명칭이 비교적 자주 보이는 것에 비해 '동양사' 과목은 아주 드물게 눈에 띈다. 대체로 교과목은 본국사와 외국사로 분류되었고, 외국사는 서양사 위주인데 일본사가 종종 개설되곤 했다. 중국에서 '동양사학'의 영향이 적었던 원인은 중국이 일본제국의 직접적인 지배권에 들지 않았던 때문으로 보인다. 그러나 1902년부터 시작된 청조의 근대적 학제는 중국사·아시아 각국사·구미사의 3분과제를 채택한다. 이에 입각해 당시의 교과서가 (비록 아시아 부분은 소략히 다뤄졌지만) 제작되었고, 1912년 중화민국이 성립된 후에도 그러한 특징이 이어지다가, 난징(南京) 국민당정부 시기(1928~37)에는 3과분립적 역사교과서 체제를 탈피해 동·서양사를 '외국사'란 명칭으로 통합한 2과체제로 전환하고, 심지어 중국사와 외국사를 통합하려는 시도까지 나타난다. 이것은 중국이 일본을 비롯한 열강의 간접지배 아래 국

---

31 두 대학의 역할 비교에 대해서는 白永瑞「想像なかの差異, 構造なかの同一: 京城帝國大學と臺北帝國大學の比較からみる植民地近代性」,『現代思想』30-3, 2002 참조. 이 글이 수정된 한글판은 백영서「상상 속의 차이성, 구조 속의 동일성: 京城帝大와 臺北帝大의 비교」, 인하대 한국학연구소『한국학연구』14, 2005.
32「國立中央大學文學院史學系課程規則說明書」,『史學』1, 1930, 290~93면.

민국가를 건설하려는 미완의 과제에 매달린 나머지 자국 중심으로 서구와 직접 대면하는 세계사 인식을 갖게 된 데서 비롯된 결과이다. 여기에는 중국을 천하의 중심으로 보던 전통적 사고도 가세했을 것이다. 그래서 중국은 자국 이외의 지역사에 대한 독자적인 지적 체계나 제도를 창안해내지 못했고, 그 결과 동아시아 역사서술은 의도하든 의도하지 않든 일본의 자료를 번안하는 수준에 머물 수밖에 없었으니, 특히 한국사에 대한 서술은 그 정도가 더욱 심하여 일본의 식민주의와 중화주의가 혼재한 상태였다.[33] 그러니 자국 주변지역의 역사(즉 '동양사')에는 소홀한 채 고작 각국사(또는 중국과 주변국가 간의 관계사)로만 접근했던 것은 불가피한 것으로 보인다.[34]

일반적으로 중국의 근대 역사학은 량 치차오(梁啓超, 1873~1929)의 '사계(史界)혁명'(1902)에서 시작한다고 본다. 중국 근대 역사학의 선언이라 할 그의 주장은 국민국가 건설에 역사학이 꼭 필요하므로 역사학의 개혁이 이뤄져야만 중국을 구할 수 있다는 것이다. 그러므로 그는 과거의 시간을 (왕조의 가보家譜가 아닌) 국민국가의 시간, 곧 국사로 재구성하는 것을 신(新)사학의 목적으로 삼았다. 그와 같은 초창기 신사학을 진정한 학술로서 자리매김할 수 없다는 견해도 있지만,[35] 역사학

---

33 오병수 「중국 중등학교 역사교육과정의 추이와 최근 동향」, 『역사교육』 84, 2002, 87면.

34 예를 들면 일본에서 유학한 경험이 있는 왕 퉁링(王桐齡)은 드물게 1929~31년에 베이징대학에서 동양사란 명칭의 강의를 개설한 인물인데, 그의 동양사 교과서에 따르면 "동양사란 중국사의 보조분야로서 중국이 주이고 중국과 관계있는 국가는 모두 편입시켜 국가 간의 관계를 상세히 서술하는 것이다"(王桐齡『東洋史』, 北京: 商務印書館 1922, 4면)라고 한다.

35 桑兵『晚淸民國的國學硏究』, 上海: 上海古籍出版社 2001, 261~62면.

을 (1920년대 이후의 사료학파가 그 전형인) 방법론적으로 과학화·체계화된 학문에 한정하지 않고 좀더 넓은 범주의 역사서술로 본다면, 국민국가 형성에 기여하는 과학적 역사학을 표방한 점에서는 분명 새로운 사학이었다.

1919년 5·4신문화운동은 이 같은 역사학의 과학성에 새로운 요소를 부여했다. 1911년의 신해혁명 이후 실현될 것으로 기대된 공화제도가 굴절을 겪자 서구 문명의 정신과 원리를 중시하여 신문화운동을 전개하는 가운데, 주로 과학적 '정신' '방법'의 측면에 집중하여 세계의 학술 흐름에 동참하고자 하는 학술활동이 중국 지식인들 사이에서 일어났다. 이로부터 역사학 논의의 중심은 역사를 어떻게 연구할 것인가 하는 데로 옮겨갔다.

과학적 역사학의 기초를 세우는 데 큰 영향을 미친 것은 국고정리운동(國故整理運動)이었다. 흔히 '사료학파'라 불리는 학자들은 자연과학의 방법론을 도입했으며, 당시 어문학파가 우세한 국제 한학계의 직접적인 영향을 받으면서 그와 경쟁하고자 하는 중국 학술계의 요구와 맞물려 자연스럽게 사학의 주류가 되었다.[36]

이와 같은 과학적 역사학을 향한 진전은 방법론적으로 통제된 연구를 통해 객관적 지식에 도달하려는 전문화된 과학에 대한 믿음에 근거했다는 점에서, 역사해석에서 자연과학의 진화론적 관점을 과학으로 이해한 이전의 량 치차오 등과는 분명 다르다.

그런데 국학은 1928년 장 제스(蔣介石)가 이끄는 국민당 군대에 의해

---

36 같은 책 85면. 일본을 포함한 국제 한학계와의 교류는 桑兵 『國學與漢學: 近代中外學界交往錄』, 杭州: 浙江人民出版社 1999; 陳以愛 『中國現代學術研究機構的興起』, 南昌: 江西教育出版社 2002, 113~39면 참조.

북벌이 완료되고 중국이 통일되면서 퇴조하였다.[37] 1922년부터 국학 진흥을 위해 베이징대학 등 주요 대학에 연구기구가 설치되고 전문 연구 인력 양성, 학술지 간행 등의 성과 위에서 중국학술단체협회(1927)와 중앙연구원(1928) 같은 전국적 기구가 생겨났지만, 결국 좌절하고 만 원인은 무엇일까. 이는 국학이 과학적 방법을 추구했음에도 불구하고 사실상 자신의 학술전범을 확립하지 못했기 때문이라고 설명될 수도 있다.[38] 그러나 그들이 정교한 과학적 방법을 제시하기 못했기 때문이라기보다는, 근대적 학문이 되기 위해서는 제도화('학원화學院化')가 불가피한데 국학은 미분화된 학문이기에 당시 대학의 분과화된 학문체계 속으로 비집고 들어가지 못하고 역사학·문학 등으로 분산되었기 때문이라고 보는 쪽이 더 옳을 것 같다.[39] 난징 국민당정부는 북벌로 전국이 형식상으로나마 통일되자 교육계통을 표준화한다는 방침 아래 각 학교의 조직규정과 교과과정 편제의 규범화를 강화하기 시작했는데, 그 일환으로 1929년에 공포한 대학조직법에는 대학원 설치규정에 국학에 대한 명문(明文)이 없다.[40]

바로 여기서 중국의 신사학이 과학화하는 또다른 길로서 대학에 의

---

37 쌍 빙(桑兵)은 1920년대부터 30년대 전기까지가 극성기라 했다. 그런데 뤄 즈톈(羅志田)은 1929년 칭화대 국학연구소가 문 닫고 『소설월보(小說月報)』의 국학연구에 대한 태도가 바뀐 것을 그 퇴조의 상징으로 본다(羅志田「走向國學與史學的"賽先生"」, 『近代史研究』 3, 2000/3, 79면.

38 같은 글 81면.

39 비록 내부인사 문제나 연구노선 변화 등의 요소가 국학 쇠퇴를 초래한 면도 적지 않았지만, 대체로 말해 학과체제 전문화의 추세와 연관이 있다는 견해는 劉龍心「學科體制與近代中國史學的建立」, 羅志田 主編 『20世紀的中國: 學術與社會(史學卷下)』, 濟南: 山東人民出版社 2001, 578면 참조.

40 같은 곳.

해 제도화된 분과인 사학과가 갖는 중요성이 떠오른다. 베이징대학의 사학과 설치가 그 시원으로, 이로부터 '제도로서의 역사학'의 기본형이 제시된다. 1917년에 국사편찬처가 베이징대학에 편입되면서 신설된 '중국사학과'는 국사편찬처의 일부 인사와 신문화운동에 불만을 품은 교수들로 구성되었는데, 보수 성향이 짙어 신문화운동의 영향권에 있던 문과대에서 예외적 위치에 놓였다.[41] 그러나 5·4운동을 거치면서 베이징대학 개혁이 추진력을 얻자 중국사학과는 서양사 과목을 증설하면서 미국 대학을 모델로 해서 '사학과'로 개편되는데, 그 방향은 한 국가의 사학을 세계의 사학으로, 문학적 전통의 사학을 과학적 사학, 특히 사회과학적 사학으로 바꾸는 것이었다. 사학회도 설립되어 뒤에 개설되는 각 대학 사학과의 전범이 되었다.[42] 한편, 과학적 방법을 채택해야 한다는 점에는 동의하지만 사학은 과학이면서 동시에 비과학의 특징도 있다고 보고 역사학의 과학화를 주장하는 흐름에 반대하며 인문주의를 내세운 학형파(學衡派)도 있었으니, 그 거점은 난징의 동난(東南)대학 사학과였다.[43] 그러나 5·4운동 이래 추진된 역사학의 과학화는 1930년대로 들어가면서 제도적으로 표준화·전문화하는 형태를 띠었다. 이것은 대학·연구소와 더불어 학회와 학보가 제대로 기능하고 학술체계가

---

41 이런 사정 때문에 1910년대에 역사 전공은 학생들로부터 인기가 없어 국문(國文)이나 외문(外文) 전공에 밀렸다. 일반인들도 아직은 역사학을 국학의 일부분으로 인식하는 정도였다(汪榮祖「五四與民國史學之發展」, 杜維運·陳錦忠 編『中國史學史論選集(三)』, 臺北: 華世出版社 1980, 507~08면).

42 劉龍心, 앞의 글 523~40, 567~70면.

43 桑兵『晚淸民國的國學硏究』, 76~79면. 문화보수주의의 입장에서 과학 대신 인문정신을 주창한 학형파에 대한 상세한 설명은 沈衛威『回眸"學衡派"』, 北京: 人民文學出版社 1999 참조.

정착되어[44] 학술공동체가 '도약단계'를 맞이한 학계 전반적 흐름의 일부였다.[45]

이러한 표준화된 절차는 학술공동체의 성장 속에 1920, 30년대에 걸쳐 역사학이 자체 역량을 키워온 결과이기도 하지만, 더 직접적으로는 난징 국민당정부가 중앙집권화의 일환으로 학술·교육에 대한 통제권을 강화한 결과이다. 1940년 정식으로 교육부 학술심사위원회가 설치되어 전국 최고의 학술심의기관이 되었고, 교육부가 제정한 교원자격심사위원회 운영법으로 대학교수 자격에 일련의 평가표준이 마련된다. 요컨대 역사연구자를 전문연구자로 인증하는 표준과 학술평가의 객관적 절차가 1930, 40년대를 전후해 어느정도 자리를 잡은 셈이다. 1910, 20년대는 베이징정부의 힘이 약해 오히려 학원의 자율성과 학문의 자유가 주어진 활발한 실험의 시기였고 따라서 '제도 밖의 학문'이 활기를 띤 시기였다면, 30년대는 난징 국민당정부의 당화(黨化)교육에서 단적으로 드러나듯이 학술의 자유가 훼손된 시기다. 학문적 표준과 명확한 교과과정의 결여 및 학생의 잦은 정치참여로 20년대 이래 교육현장이 황폐화된 데 대한 우려가 있었기에 난징정부는 좀더 중앙집중적이고 표준화된 유럽대학 모델을 선호하게 된다.[46] 그런 점에서 사학의 표

---

44 중국에서는 1930, 40년대에 들어서 학자의 활동을 규정하는 학술체제가 정비되었다고 할 수 있다. 통속간행물은 말할 나위 없고 신문과 일반 문화잡지에도 발표해서는 안 되며, 기본적으로 학술공동체를 향한 학보에 연구성과를 발표하되 그 표준 및 방향에 부합하는 논문을 써야 했다. 따라서 자연스럽게 일반 독자를 의식하지 않고 사회에 대한 즉각적 가치를 고려하지 않았으니, 이로써 학술이 사회로부터 독립을 이루게 되었다(王汎森「民國的新史學及其批評者」, 羅志田 主編, 앞의 책 113면).

45 E-tu Zen Sun, "The Growth of the Academic Community 1912-1949," *The Cambridge History of China*, Vol. 13 Part 2, Cambridge: Cambridge University Press 1986, 408면.

46 Ruth Hayhoe, *China's Universities 1895-1995: A Century of Cultural Conflict*, New York

준화·전문화는 '역설적 상황'에서 이뤄졌다는 표현이 적절할지 모르겠다.[47] 어쨌든 전문적으로 훈련된 역사학자의 엄격한 학문, 즉 '제도 안의 학문'의 틀이 30년대에 짜인 것은 분명하다. 단, 항일전쟁과 혁명으로 이어진 시대상황 탓에 그 효과는 제한적이었다.

이와 달리 이 시기에 제도 밖에서 이뤄진 학술활동은 없었을까. 여기서 1920년대 후반 이후 왕성하게 활약한 맑스주의 역사학을 제도권 학문과 대립적인 위치에 있던 학문의 시각에서 점검해볼 필요가 있다. 맑스주의 역사학자들은 그 개인의 신원이 대학이나 연구기관 같은 제도 안에 있든 바깥에 있든 유물사관이 제공하는 또다른 '과학적' 시각에 힘입어 상당히 독창적인 연구성과를 쌓아올렸다. 그들은 30년대 중반에 제도권 역사연구에 깊은 영향을 미쳤고, 고증을 위주로 한 제도적 역사학이 갖지 못한 체계적·실천적 역사해석으로 넓은 독자층을 형성했다. 물론 정치에 대한 그들의 몰입은 다양한 역사해석의 상대적 장점을 고려할 수 없게 했지만, 중국사회성격논쟁을 진행해 공산당의 노선수립과 관련한 쟁점을 공론에 부치고 그 지지를 구하는 동시에 논쟁의 성과를 노선에 흡수케 한 실천적 성과는 인정해야 한다. "도식적 역사체계의 현혹스런 영향에는 무감각한 모택동 같은 혁명가들이 중국 사회의 복잡성을 파악하는 데 더 유능했고, 역사로부터 아무런 도움도 받지 않은 채 그들에게 승리를 안겨준 혁명전략을 그 복잡성에 근거해 수립할 수 있었"다는 평가는 음미해볼 가치가 있다.[48]

---

and London: Routledge 1996, 42, 53면. 중국이 수용한 여러 대학 모델에 관한 집중 연구는 Marianne Bastid, "Servitude or Liberation?," Ruth Hayhoe and Marianne Bastid, eds., *China's Education and the Industrialized World*, NY: M. E. Sharpe Incorporated 1987.
47 E-tu Zen Sun, 앞의 글 409면.

5. 맺음말: 동양사학을 넘어서

청일전쟁 이후 '일본의 독자적 학문'으로 탄생한 동양사학은 태평양 전쟁 패배를 계기로 세계사 속에 흡수됨으로써 사실상 종언을 고했다. 중등교육에는 사회과(social studies)가 도입되면서 세계사 개념이 정착되었고, 대학과 학계에서는 3과제의 관행이 여전히 유지된 채 변형되었지만 (팽창적) 지역주의가 일본 지식인에게 금기시되었기 때문에 일본을 포함한 동아시아 지역을 주체적으로 생각하는 학문적 노력은 아주 적어졌다. 그러다가 1990년대 들어서 '동아시아'가 중요한 담론으로 부각되기 시작했고, '공생·협동·안정의 공동체' 형성에 기여하는 새로운 아시아학이나 동북아시아학을 창출하려는 움직임도 일부에서 일어나고 있다.[49]

중국에서는 맑스주의 사학이 중화인민공화국의 성립과 더불어 제도권에 진입해 지배적 학문이 되었다. 그렇지만 동아시아 지역사에 대한 관심이 적은 것은 20세기 전반기와 마찬가지여서, 이 지역을 다룰 독자적인 지적 체계나 제도를 창안한다는 것은 기대하기조차 힘들다. 중국에서는 개혁개방 정책이 추진된 이후, 특히 1989년 톈안먼(天安門)사태를 겪고 나서 자율적인 순수학문을 세우기 위해 20세기 전반기의 중국

48 아리프 딜릭 「1930년대의 마르크스주의 사학과 혁명」, 민두기 엮음 『중국의 역사인식』 하, 특히 756면. 그런데 딜릭의 이 같은 평가는 마오 쩌둥(毛澤東)의 신민주주의혁명론을 과도하게 높이 평가한 데서 나온 것이 아닌가 따져볼 필요가 있다.

49 와세다대학의 COE 과제인 '現代アジア學の創生'과 시마네(島根)현립대학의 '北東アジア學'의 앞으로의 성과가 주목되며, 최근 일본의 서점에서는 동아시아학에 대한 서적을 적지않이 발견할 수 있다.

학술사를 재조명하는 이른바 '국학열(國學熱)'이 나타났다. 또한 동아시아뿐만 아니라 동남아시아·중앙아시아·남아시아·서아시아 지역까지 포함하는 '동방'국가 사이의 문화교류사를 복원함으로써 '동방'문화 형성에 기여한 중국의 역할을 부각해 자신의 정체성을 찾으려는 경향도 보였다. '동방'의 새로운 상을 정립하려는 이 학술적 전략을 '동방학'이라 부를 수 있겠는데, 이는 궁극적으로 동서회통의 사유를 통해 탈근대적인 문명가치를 찾으려는 의도를 갖고 있다.[50]

종전 후 일본의 식민지였던 대만을 접수한 국민당정권은 대학에서 일본의 영향을 없애고 1930년대에 표준화한 학문체계를 적용했다. 그 결과 타이베이제국대학의 후신인 대만대학 사학과에서는 3분과제의 흔적은 찾아볼 수 없다. 고증학적인 중국사 연구가 주류를 이루고, 주변 지역에 대한 관심은 적어졌다. 그런데 1990년대 이래 대만 독립의 목소리가 커지면서 제도 밖에서 이뤄지던 대만역사 연구가 활기를 띠기 시작했고, 이러한 흐름은 민진당(民進黨)이 정권을 잡은 기회에 제도 안에 진입해 주류가 되다시피 했다. 이와 더불어 대만의 새로운 정체성을 (대륙이 아닌) 해양에서 찾기 위해 동아시아(동중국해 지역)와 동남아시아(남중국해 지역)의 연결점에 자리 잡은 대만의 중심적 위치를 강조하는 해양사관에 입각한 지역연구가 진행되고 있다.[51]

---

50 이 새로운 경향 속에 서구중심주의를 극복하려는 '저항성'과 아울러 '21세기는 중국의 세기'를 꿈꾸는 '중화성'의 두 얼굴이 감추어져 있다는 점을 적절히 지적한 글로 이종민 「중국의 '동방학'적 시각의 흥기와 그 정치적 의미」, 중국어문학회 국제학술발표집 2002; 「'동방학'으로 근대문명의 대안적 가치 모색」, 『이대학보』 3/11, 2002가 있다.

51 이런 지향은 일제강점기의 식민지질서에서 연원을 찾을 수 있고, 대만의 동남아 진출 정책을 뒷받침하는 아(亞)제국주의적 욕망이 작동하고 있음을 비판한 천 꽝싱 지음, 백지운·임우경·송승석 옮김 『제국의 눈』, 창작과비평사 2003, 35~110면 참조.

대만과 달리, 해방 이후 경성제국대학이나 일본 사립대학 출신 학자들이 주류를 이룬 우리 사학계에서는 3분과제가 그대로 유지되었다. 동양사학의 경우 처음에는 실증적 연구방법에 입각해 동양사 속에서 한국사를 이해하려는 경향이 강했고, 대체로 한중관계사가 주된 연구영역이었다. 그러다가 1960년대 이후 중국사의 내재적 발전과정을 실증적으로 탐구하는 쪽으로 관심이 옮겨갔다. 그 결과 중국사 연구는 양적으로 증가했을 뿐만 아니라 질적으로도 방법의 다양화, 연구수준의 국제화 등을 이뤄냈다고 내부적으로 평가될 정도이다. 그리고 그 일부는 중국·일본 등지에서 주목을 받게 된다. 그러나 이러한 발전에도 불구하고 사료나 기존 연구성과를 중시한 실증에 너무 치우친 나머지 자칫 '인용 만능주의'로 흐르거나 독창적 가설이나 이론적 문제제기를 제약하고 있지 않은가 하는 비판도 제기되었다.

왜 이런 발언이 나오게 되었는지 살펴보기 위해서는 동양사학계의 지식 생산과 전파 과정에 대한 좀더 깊이있는 분석이 요구되지만, 우선 그간의 연구테마가 너무 미세한 데 치우친 나머지 '통사적 접근'이랄까 '총체적 접근'이 결여된 탓이라는 반성에 주목하고 싶다. 이것은 문제의 핵심을 잘 짚어낸 진단임이 분명하다. 그렇지만 그에 대한 처방이 한국사(연구)와 연계된 중국사를 강조하는 데[52] 그친 것 같아 아쉽다. 올바른 처방은 제도적 학문분과의 하나인 한국사 연구의 성과뿐만 아니라 한반도의 역사와 현실에 부닥치면서 얻는 문제의식을 적극 끌어들여 주체적으로 동아시아(사)를 재구성하는 것이지 않을까.[53]

---

52 이성규 「한국 중국사 연구의 동향」, 한일역사가회의 조직위원회 『1945년 이후 한일양국에서의 역사연구 동향』, 국학자료원 2002, 122면.

이는 경성제국대학이 남긴 3분과제의 극복과도 통한다. 이미 우리 사학계에서도 "사학과가 3과로 분리된 것 자체는 비정상적"이었으며, 연구성과가 학계와 사회에서 소통되는 통로를 좁히고 큰 틀에서 역사를 전망하고 체계화하는 데 커다란 장애로 작용했다는 인식이 대두하고 있는 실정이다.[54]

이제 우리는 동아시아 역사학의 재구성이라는 과제를 수행해야 한다. 20세기 역사학의 논의 중심이 '어떻게 역사를 연구할 것인가'였다면 앞으로는 '왜 역사학인가'로 옮겨가야 할 것이라고 생각한다. 이를 위해서는 먼저, '지적 수익자'[55]인 대중과의 새로운 관계를 모색해 지식과 일반대중이 분리된 역사학의 폐단을 극복해야 한다. 이와 관련해 권력의 역사학에서 '시민의 역사학' 또는 '공공의 역사학'으로 전환하자는 제안은 충분히 검토해볼 가치가 있다.[56] 그런데 국민국가로부터 자

---

53 필자의 이런 구상은 다음 장들에 좀더 발전된 내용으로 제시되어 있다.

54 「집중토론: 한국역사학·역사교육의 쟁점」, 『역사비평』 56, 2001, 142, 145면 참조.

55 19세기에서 20세기 후반기까지 대학의 기본적인 역할은 국가를 관리하는 엘리뜨를 양성하는 인프라였다. 그렇지만 현재 대학은 점차 상업화된 정보를 생산하는 산업으로 바뀌고 있다. 단적인 예가 학생을 '소비자'(client)로 간주하는 풍조다. 물론 이때 국가가 생각하는 정보는 대체로 자본을 위한 것이지만, 어느정도는 이 변화를 활용해 또 하나의 길을 만들 가능성이 있다고 본다. 이와 관련해 일본 대학이 안고 있는 최대 문제가 학문에 대한 사람들의 관심을 과소평가하고 '지식의 수익자'로서 시민의 이미지를 완전히 결여하여 그 결과 시민에게 대학의 메시지를 호소할 수 없었던 것이라는 지적에 귀 기울여볼 필요가 있다(春日匠 「大學と社會の再契約」, 『IMPACTION』 138, 2003). 여기에서는 아카데미즘이 사회와 계약을 다시 맺어 새로운 신뢰관계를 구축해야 한다고 주장하면서, 비영리단체(NPO)를 그 매개체로 삼는 것도 하나의 방법이라고 제안한다.

56 임지현 「권력의 역사학에서 시민의 역사학으로」, 『역사비평』 46, 1999 참조. 그는 공공의 역사학을 지향하는 전략으로서 대중의 역사화, 즉 역사학이 대중의 일상생활 속에 깊이 침투하여 뿌리내릴 것과, 대중과 역사연구자가 공동주체가 되어 함께 텍스트를

유로운 공공의 역사학이라는 구상에는 원칙적으로 공감하지만, 이는 한편 국가권력을 거부하는 것처럼 보인다는 문제가 있다. 새로운 학문의 공간과 기회가 확대되기 위해서는 제도화가 필요하므로 국가권력을 배제하기보다 그 억압성을 약화하고 민중의 참여를 극대화하는 길을 모색하는 편이 옳다. 이것은 곧 역사학의 공공성 확대에 다름 아닐 터인데, 이 틀에서 시민운동과의 연대도 필요할 것이다. 그러기 위해서는 제도 밖의 학술활동에만 주목하지 말고, 제도 안팎에서 이뤄지는 학술활동의 긴장과 협력을 복합적으로 고려해야 한다. 특히 동아시아의 제도영역 안에서 진행되는 변화의 징후를 세심히 읽어내는 작업이 중요하다고 본다. 이런 점에서 '제도 밖의 역사학'을 부각하여 '제도 안의 역사학'과의 상호관계를 재조명함으로써 역사학의 역사성을 확인하는 작업은 역사의 바다 한가운데에서 지식과 생활을 튼실하게 결합할 수 있는 길을 여는 데 도움이 되리라고 믿는다. 동아시아 전체에서 대학개혁이 거론되는 지금이야말로 제도 안팎의 경계를 넘나드는 학문을 새롭게 구상하고 실천할 수 있는 적기가 아닐까 한다.[57]

그다음으로 전지구적 자본주의의 확산이라는 상황에서 변화하는 국민국가의 역할을 파악하고 그와 연관해 역사학의 변화를 점검해야 한다. 앞서 3장에서 필자는 우리에게 절실한 신자유주의적 전지구화에 대한 적응과 극복의 이중과제를 동시에 감당하기 위한 학문적 기초로 '지구지역학'을 수행할 것을 제기한 바 있다.[58] 이것을 필자의 관심영역에

만들 것을 제시했다.
57 '공공의 역사학'이 아닌 '공공성의 역사학'에 대한 필자의 구상은 본서 2장에 좀더 구체화되어 있다.
58 이 용어는 globalism에서 파생된 glocalism에서 발상을 얻은 것이다. local은 national

맞춰 좀더 구체화한다면, 역사학의 특성을 살리되 분과학문으로서의 동양사학을 넘어서는 '비판적·역사적 동아시아학'이 되지 않을까 한다. 현시점은 지구화의 추세와 맞물려 지역화가 진행되고, 특정 지역의 문화적·역사적 맥락에 대한 감수성이 그 언제보다도 요구되는 때이다. 국가를 분석단위로 하는 냉전시대의 유물인 종래의 지역학을 지양하면서 역사학(그리고 문화학)의 강점을 결합한 새로운 학문이 학술운동 차원에서는 물론이고 제도 안에서 수행되는 것이 한낱 공상만은 아닐 것이다.[59] 이 방향으로 나아간다면 '국사의 해체'가 아니라 국사와 화해하

보다 작은 단위를 가리키는 것이 상례이나, 여기서는 regional의 뜻을 겸하는 의미로 사용한다. 새로운 동아시아학은 국민국가 안팎을 복합적으로 다뤄야 하므로 local과 regional의 번역어로 쓰이는 '지역'이라는 우리말이 적절하다고 하겠다. 본서 3장 76~77면 참조.

59 이미 한국에서도 필자의 문제의식과 기본적으로 통하는 새로운 학문에 대한 요구가 진지하게 제기되고 있다. 예컨대 박희병은 한국학이 통합인문학을 추구해야만 주체성과 실천성을 강화할 수 있다고 주장하고, 임형택은 동아시아학부의 제도화를 요구하고 있다. 이에 대한 좀더 상세한 설명은 본서 1장 주12와 본서 4장 주12 참조.
  새로운 학문의 구체적 내용은 좀더 활발히 논의될 필요가 있는데, 여기서 필자는 우리가 참조할 만한 두가지 자원을 소개하고 싶다. 하나는 문제의 설정, 연구과제 결정, 연구개발과정, 결과의 적용과 보급 등 모든 면에서 의뢰자인 지역 주민이나 지역 시민·사회단체가 직접 참여하여 조사, 연구하는 지역기반 연구의 생생한 사례인 과학상점(science shop)운동이다. 이것은 인턴십 형태로 대학 교육과정에 편입될 수 있을 뿐만 아니라 새로운 연구영역의 개발로도 이어진다. 또 하나는 수기치인(修己治人)이라는 유교적 학문관을 통해 근대적 과학관을 넘어설 가능성을 엿보는 것이다. 1920년대 중국의 슝 스리(熊十力)는 당시 중국 대학이 '자잘한 고증을 익히는 무료한 작업'을 하는 풍조에 젖어 있는 것을 과학에 대한 피상적 이해의 소산이라고 비판했다. 역사연구가 단지 역사지식을 풍부히 하려는 것이 아니라 어떻게 사람이 되어 사회를 이끌고 국가와 민족의 발전과 관련되는지를 가르치는 것이라고 보았던 것이다. 이에 대한 좀더 상세한 설명은 왕판썬(王汎森) 「근대중국의 '신학술운동'과 인문학」, 『대동문화연구』 63, 2008 참조.

고 세계사와 소통하는 동아시아사의 가능성도 열리지 않겠는가.[60]

덧붙임

이 글의 중문판 「'東洋史學'的誕生與衰退: 東亞學術制度的傳播與變形」 (『臺灣社會硏究』 59, 2005)가 발표된 이후 해외에서 출간된 연구성과를 추가로 소개해두고자 한다. 필자의 글과 직결된 것들 가운데 눈에 띈 것들을 위주로 한 서술이지만 최근 연구동향을 독자가 이해하는 데 다소간 도움이 되리라 기대해서이다.

동양사가 일본제국에서 창안된 것이므로 일본 학계가 이에 주목하는 것은 자연스럽다. 일본 연구자들이 "전후역사학을 포함한 20세기 중국사연구의 궤적을 추적하는 작업에 아직 거의 손대지 않은 채"로 있는데, "오히려 외국인 연구자"인 필자에 의해 그것이 이뤄졌다고 평가한 것이 그 대표적인 사례라 하겠다(久保亨·村田雄二郎·飯島渉 「日本の20世紀中國史硏究」, 『シリーズ20世紀中國史』 4, 東京大學出版部 2009, 19면).

그밖에 일본에서 활동하는 황 둥란(黃東蘭)이 동양사가 청일전쟁 이후 중국에 소개되어 변형되는 과정을 분석한 글도 발표되었다. 일본에서의 동양사란 일본인의 중국 인식과 아시아 인식의 전환에 부응해 중국사를 동아시아 민족/국가들 간의 관계사 속에 집어넣는 것, 달리 말하면 동아시아 역사를 한족과 그 주변 여러 민족들 간의 경쟁의 역사로 파악하는 것이었다. 그러한 사관을 담은 일본의 동양사 교과서 일부가

---

60 그 가능성은 본서 6, 7장에서 좀더 분명히 확인할 수 있을 것이다.

청말에 번역되었는데, 청조 교육부〔學部〕의 수정 요구로 중국의 전통적인 화이질서와 정통사관에 따라 수정된 채 간행되었다. 중원(中原)의 왕조를 주로 하고 주변을 종으로 하며 중원왕조를 정통으로 하고 주변을 비정통으로 하는 '중국사' 서술로 바꾸었다는 주장이다(「중국에는 역사가 없는가? — 지나사, 동양사에서 중국사에 이르기까지」, 『개념과 소통』 8, 2011).

일본 이외에 대만 학계도 동양사에 흥미를 보이고 있다. 아마도 일본 제국권에 속했던 역사적 경험의 소산일 터이다. 먼저 사오 쉬안레이(邵軒磊)는 동양사가 안고 있는 (제국성보다는) 과학성, 곧 학술 연구 '방법론'에 주목한다. 전통적 왕조사 서술과 달리 문헌실증주의적 방법에 입각해 일직선적인 발전사관의 시각에서 통사를 저술한 것이 동양사라고 파악한다. 그리고 필자의 글을 타자/주체의 이분법 모델에 근거해 일본 근대문명 속의 중국관을 탈근대주의적 시각에서 분석한 것으로 분류한다(邵軒磊 「戰前東洋史學之觀念與知識系譜」, 『東亞觀念史集刊』 3, 2012).

그보다 더 집중적인 분석은 식민지 시기 대만과 조선 학계를 비교분석한 예 비링(葉碧苓)에 의해 이뤄졌다. 그는 필자의 기본적 문제의식, 즉 동양사학을 극복하고 한국(한반도)의 역사와 현실에서 당면한 문제의식을 동아시아 연구에 적극 활용해 주체적인 동아시아(사) 연구, 즉 '비판적·역사적 동아시아학' 수립에 힘쓰자는 주장에 동의하면서, 그것이 대만 사학계 등에도 적용될 수 있을 것으로 전망한다. 그와 동시에 필자의 주장이 공문서 등의 사료에 입각한 미시적 분석의 결과가 아닌 거시적 해석임을 지적한다. 또한 일본 제국대학 사학과의 학술 연구의 영향이 전후에 거의 미치지 않은 대만에 비해 그 영향이 여전히 잔존하는 한국에서 식민사관의 극복이 요청되는 상황, 그리고 역사학 3분과를 넘어선 새로운 화해의 동아시아사에 대해 주목하는 한편, 필자의 시야에 대만이 결여되어 있음을 비판한다. 더 나아가 동아시아 해양사의 시각에서 동아시아사에 접근해야 '주변과 중심'의 역사갈등을 해소하고 역사화해에 기여할 것이라고 주장한다(葉碧苓 「臺北帝國大學與京城帝國大學史學科之比較(1926-1945)」, 『臺灣史研究』 16-3, 2008).

이와 같은 최근의 연구동향을 돌아볼 때, 앞으로 동양사(학)의 탄생과 쇠퇴에 대해 거시적인 서술보다는 미시적인 분석이 해외 학계에서 더 나타날 가능성이 엿보인다. 그렇게 되는 데에 필자의 글이 약간의 자극을 준 것이라면 다행이 아닐 수 없다. 특히 대만의 사례에서 드러나듯이, 각자의 삶의 현장에 서서 주체적으로 동아시아의 화해에 기여하는 역사학의 길을 모색하도록 촉진한 것이라면 그보다 더 보람있는 일이 없겠다.

6장

상호 소원과 소통의 동아시아
고병익의 역사인식 재구성

1. 머리말

고병익(高炳翊, 1924~2004) 선생의 광범위한 역사인식의 세계에 접근하는 방식의 하나로 한국과 동아시아의 관계에 초점을 맞춘 이 글은 기본 성격상 당대 사학사(史學史) 쓰기에 해당한다고 할 수 있다. 최근 사학사는 단순히 사학사상(史學思想)의 변천을 서술하는 것을 넘어서 역사연구의 주제, 글쓰기, 역사지식의 전달경로, 역사학과 연관된 학술제도 및 사회의 역사학에 대한 인식 등의 주제로 그 영역을 넓혀가고 있다. 이런 추세를 염두에 두고 선생의 역사인식을 탐구하려 할 때, 우선 근대적 학문의 형성과정에서 동양사학의 출현이 갖는 의미부터 간단하게나마 짚어볼 필요가 있다.

17세기 이후 서구에서 학술지, 학회 및 대학의 긴밀한 상호연관 속에 형성된 근대학문이 오늘날과 같은 분과학문으로 자리 잡은 때는 19세기 후반부터 20세기 초(1848~1914)였다.[1] 이러한 분과학문체계는 메이지 시기 일본에서 수용되었는데, 일본인은 일본이 '동양'에 속하기 때문에 유럽식 동양학을 그대로 받아들일 수 없었고 그래서 그것을 부분적으로 수용하여 변용했다. 그 일부인 동양사학이 서구의 학문에 비해 경쟁력을 갖는 '일본의 독자적인 학문'으로 형성되는 과정도 서구에서 이미 체계화된 것을 직수입한 다른 학과와는 달랐다. 동양사라는 것이 역사학 3분과의 일부로 독자적인 분과로 탄생한 데는 일본 특유의 사정이 작용했다. 즉 1890년대 중반부터 1910년 전후, 청일전쟁·러일전쟁·조선병합에 이르는 본격적인 대륙침략의 시기에 일본의 국가적 자각이 높아짐과 동시에 서양과 구별되는 동양이라는 의식이 강해지면서 동양의 과거와 현재에 대한 지식을 생산, 보급할 필요성이 있었던 것이다.[2]

이 같은 학술제도는 동아시아, 특히 제국일본의 권역에 전파되어 식민지 학술제도의 기본틀을 결정했다.[3] 한국의 경우, 식민지 시기는 물론이고 일본으로부터 독립한 20세기 후반에도 동양사학이라는 분과학문이 존속하여 오늘에 이르렀다. 한 일본인 학자는 최근 이에 대해 다음과 같이 평가한 바 있다. "전후(戰後) 한국에서는 '조선사학'이 '국사'로 된 한편, 예전의 '국사'는 일본사로서 중국사와 함께 '동양사' 속에 넣어졌다. (…) 한국에서는 액터(actor)가 바뀌었지만 '동양사'라는 개념은 계

---

1 Immanuel Wallerstein et al., *Open the Social Sciences*, Stanford: Stanford University Press 1996, 제1장.
2 이에 대해서는 본서 5장에 좀더 상세히 설명되어 있다.
3 동양사란 개념은 대만과 조선 같은 제국일본 영역은 물론이고 그 바깥에 있던 중국의 20세기 초 역사교과서와 대학 교과과정에도 어느정도 영향을 미쳤다. 이에 대해서는 본서 5장 참조.

승되어 있는 것이다."⁴ 사실 이 지적처럼 한국에서 동양사학이 계승되었는데 학술제도를 운용하는 주체가 바뀌었다는 것이 동양사학이라는 분과학문의 제도와 이념에 어떤 영향을 미쳤는지는 좀더 깊이 생각해 볼 필요가 있다.

한국 동양사학의 발달사를 돌이켜보면, 식민지 시기 조선의 유일한 대학이었던 경성제국대학의 학술제도가 해방 직후 서울대학교에 계승되었고, 전국적으로 우후죽순처럼 출현한 다수 대학들에 서울대를 모델로 중국사 중심의 동양사 강좌가 개설됨으로써 동양사학이 정착되기 시작했다. 그래서 동양사학(을 포함한 역사학 3분과)이 존속하게 되었던 것이다. 바로 이러한 동양사의 태생적 특성 때문에, 경성제대 졸업생인 한국 동양사학계의 원로 정재각(鄭在覺)은 일찍이 동양사학계가 동양사학의 성립을 "먼저 긍정하여 놓고 그것을 뒷받침할 구체적인 내용을 찾아서 우왕좌왕"한 형편에 처했으니, '선후도착(先後倒錯)의 실정(實情)'에 있었다고 우려했던 것이다.⁵ 따라서 해방 후 한국 동양사학의 과제는 일차적으로 일본 역사학(과 그와 함께 도입된 서양 동양학)과의 관계 재정립, 달리 말하면 탈식민의 과제를 수행하며 동양사학을 재구성하는 것에 집중될 수밖에 없었다.

고병익의 역사상(歷史像)을 분석대상으로 삼은 이 글은 저 과제를 한국 동양사학이 어떻게 수행했는가를 살펴보는 하나의 사례연구이기도 한 셈이다. 주로 그가 남긴 문장들에 표출된 동아시아 역사상의 주요 특

---

4 中見立夫「日本的東洋學の形成と構圖」, 岸本美緒 編『「帝國」日本の學知 3: 東洋學の磁場』, 東京: 岩波書店 2006, 43면.
5 정재각「동양사 서술의 문제」,『역사학보』31, 1966, 18면.

징을 필자 나름으로 재구성하는 방식을 취하되,[6] 그것이 어떤 사회적 맥락에서 형성된 것인가에 중점을 두고자 한다. 구체적으로 그가 역사, 특히 동양사에 대한 지식을 어떤 경로를 통해 획득했는지, 그리고 동양사학이라는 학술제도의 변천에 대응하면서 동아시아 역사에 있어 어떠한 학지(學知)를 구축하고자 했는지를 탐구하는 것이 이 글의 주된 목표다.

이러한 문제의식을 바탕으로, 먼저 그가 자신이 경험한 제국대학 역사학 3분과의 하나인 동양사학을 계승해 재구성하고자 한 동양사학은 어떠한 이념과 제도를 갖춘 것이었는지 규명하고자 한다. 이어서 그가 동아시아 한·중·일 삼국의 역사를 상호연관이라는 시각에서 평생 연구하는 과정에서 착목한 '상호소원(相互疏遠)'의 동아시아 역사상 및 '상호소통(相互疏通)'의 동아시아 미래사 구상을 부각해보려고 한다. 마지막으로 그가 추구한 동양사학의 제도와 이념이 동양사학의 발달사에서 어떤 의미를 갖는지 점검해볼 것이다.

2. 경험 속의 동양사학, 이념 속의 동양사학

고병익이 동양사학에 관한 지식을 획득한 경로를 추적하는 일은 후꾸오까(福岡)고등학교 생활을 들여다보는 데서부터 시작된다. 그는

---

6 주로 이용된 그의 논저는 다음과 같다. 『아시아의 역사상』(이하 『역사상』), 서울대출판부 1969; 『동아사의 전통』, 일조각 1976; 『동아시아의 전통과 근대사』, 삼지원 1984; 『선비와 지식인』, 문음사 1985; 『동아시아사의 전통과 변용』(이하 『변용』), 문학과지성사 1996; 『동아시아문화사논고』(이하 『논고』), 서울대출판부 1997; 산문집 『세월과 세대』, 서울대출판부 1999.

1941년 3월 휘문중학교를 졸업하고 경성제대 예과에 합격했는데, 식민지 조선의 위압적인 분위기와 가족관계로부터 벗어나고 싶어 가족 모르게 후꾸오까행을 감행, 그해 3월 후꾸오까고등학교 문과에 입학했다. 당시 아직 자유주의적 풍조와 서구교양 중시의 기풍이 남아 있던 후꾸오까고등학교에서의 학창시절은 그의 장래 행로에 큰 영향을 미쳤다.

우선 그는 이 시기에 학자가 되겠다고 진로를 결정하고 그 전문분야로서 사학, 특히 동양사학 전공을 선택한다. 그의 회고를 직접 인용하면 "대학으로 진학할 학과가 결정된 것은 졸업을 앞둔 바로 1, 2개월 전이었다." 그렇다고 해서 그가 그 시절 수강한 동양사 과목에 특별히 흥미를 느꼈던 것은 아니다. 서양사 과목에는 흥미를 느끼고 공부도 열심히 했지만 동양사 과목은 기억에 남는 것이 거의 없을 정도였고, 그 과목의 학점은 전체 과목 중에서 최하위여서 낙제점을 간신히 넘을 정도였다고 한다. 그럼에도 불구하고 그는 졸업을 앞둔 바로 1, 2개월 전 토오꾜오제대 동양사학과로 진학하기로 결심한다. 학교 수업과는 관계없이 역사학에 흥미를 갖고 있었기 때문인데(「회갑 후의 10년기」, 『세월과 세대』 139~40면), 이 결정에 대해 그는 나중에 이렇게 설명한다.

현실세계에 뛰어들어서 활동하기보다는 학문세계에 침전하는 것이 나의 성격이나 취미로서는 맞는 길같이 느껴졌고 어느덧 학자가 되기로 결심하였다. (…) 학자가 되겠다는 결심이 아마 먼저였던 것같이 기억되는데, 종사할 분야는 우리 민족의 역사도 포함되는 아시아의 역사, 즉 동경대학 동양사학과를 택하게 된 것이다. (『선비와 지식인』 123면, 강조는 인용자)

고교 학창시절이 그에게 미친 또 하나의 영향은 긴밀한 공동작업이 요구되는 격렬한 운동써클인 럭비부 활동을 통해 내성적이던 성격이 다소나마 변했다는 것이다. 그 결과로 "학문의 테두리를 더 넓혀서 현실의 사회문제에 대해서도 관심을" 갖게 된다(「회갑 후의 10년기」 138면). 물론 그가 현실문제에 깊이 관심을 갖게 된 데는 1958년부터 1961년까지 4년간 30대 중반의 나이로 『조선일보』 비상근 논설위원으로 활동한 경력이 더 크게 작용했지만, 학창시절의 써클활동 경험도 중요한 계기였다고 회고된다.

그는 1943년 9월 후꾸오까고를 졸업하고 10월에 토오꾜오제국대학 문학부 동양사학과에 입학했다. 그런데 전쟁 말기인 당시의 토오꾜오 제대 동양사학과는 시험도 경쟁도 없이 지원서만으로 들어갈 수 있을 정도로(「회갑 후의 10년기」 140면) 학풍이 활기를 잃고 있었다. 그 분위기를 그는 이렇게 떠올린다. "2차대전 말기가 되어서는 일본사를 담당하는 교수의 구역질나는 극난한 국수주의적인 강의도 있었고, 저명한 고고학 교수가 시간 중에 식량부족에 대한 불평론을 폈던 일도 생각나지마는, 대개 교수들도 무거운 압력과 비관적인 시국에 기력을 잃었고 학생들도 군대로 몰려가는 험난한 판국이라 명강의고 뭣이고 찾을 겨를도 적었다"(『역사상』 327면).

그런 분위기에서 대학을 다녔지만 그 시기에 그는 중앙아시아에 대한 쿠와바라 지쯔조오(桑原隲藏), 뻴리오(P. Pelliot), 바르톨드(V. V. Barthold) 등의 책들을 감명 깊게 읽으며 역사학에 대한 관심을 유지했고, "막연은 하나 '사실과 식견이 담긴 해석적인 역사서술'이 내가 지향하는 역사학"이라는 인식에 도달한다(『선비와 지식인』 127면). 그러나 태평양전쟁이 막바지로 접어들면서 일본인 학생들 대다수가 전쟁터로 나간 데다 남아 있는 얼마 안 되는 학생들도 근로봉사의 명분으로 군수공장으로 끌려가 "대학 구내는 쓸쓸하고 허전한 속에서 맥 빠진 강의가 겨우 진행되고 있을" 뿐이라(『선비와 지식인』 124, 127면) 1944년 11월 토오꾜오 유학을 포기하고 귀국해버렸다. 잠시 고향에서 칩거하다가 이듬해 해방을 맞이하자, "해방의 기쁨과 소용돌이, 그리고 분단과 좌우대립 속에서 나의 갈 길은 여전히 학문이었고 분야도 그대로 동양사학"이라는 결심을 굳힌다. 그리고 1946년 2월 서울로 올라와서 "진단학회에 관계하던 분들이 중심이 되어 만든 경성대학의 동양사학과에 편입시험을 쳐서 들어갔다"(『선비와 지식인』 129면).

그가 경성제대의 후신인 경성대학교(京城大學校, 1945.10~46.8) 문리과대학 사학과에서 1945학년도와 46년도에 수강한 15개 과목 가운데 동양사에 속한 과목은 동양사학 연습, 동양사학 개설, 동양민족문제, 중국최근세사, 동양사 연구발표, 중국중세사, 동양사 연습 등 7개 과목이다.[7] 졸업논문의 주제로는 태평천국의 난과 몽골시대를 고려하다가 후자를 선택하여, 몽골시대 회교도들의 활동을 분석해 논문을 작성했다.[8] 1947년 9월 학부를 졸업하고 10월에 서울대 대학원 사학과에 진학했다. 1947학년도에 수강한 과목은 8개 과목인데, 그중 국사 연습 한 과목만이 동양사에 속하지 않는다. 한국전쟁을 거쳐 1953년 3월 대학원 석사과정을 졸업했다. 이어서 1954년 당시로서는 드문 기회를 얻어 독일의 뮌헨대학으로 유학, 철학 및 역사 강의를 폭넓게 청강하였고,[9] 역사학

---

7 서울대학교 소장 1945, 46학년도 학부 성적표와 1947년 대학원 성적표 참조.
8 고병익 「이슬람교도와 원대사회」, 『역사학연구』 1, 1949.
9 뮌헨대학 유학 시절에 대한 기록을 거의 찾아볼 수 없어 아쉽다. 필자가 본 것으로는 「뮤헨대학의 추억」이라는 글이 선생의 수필집 『망원경』, 탐구당 1974에 실려 있는데, 그로부터는 당시 한국인 유학생이 선생을 포함해 두명 있었다는 사실만 알 수 있을 뿐이다. 나머지 내용은 대학 소개다.

이론 강의를 들은 인연으로 유지기의 『사통(史通)』을 분석한 글을 박사학위논문으로 제출했다.[10]

이상이 그가 동양사학에 관한 지식을 획득한 주요 경로인데, 여기서 우리는 그가 경험한 동양사학이 일본 제국대학의 학지와 어떤 관계를 맺고 있었는지 묻지 않을 수 없다. 그의 동양사학이 일본 역사학의 자장 안에 있었던 것은 분명하다. 그런데 여기서 결코 간과해선 안 될 중요한 사실이 있다. 즉 (바로 뒤에 밝혀지듯이) 해방 직후 한국의 동양사학이 분과학문으로서의 동양사학의 실증적인 '사풍(史風)'과 더불어 '조선 및 인접지역을 대상'으로 했던, 1930년대 경성제대라는 제도 바깥에서 민간지식인들의 주도로 진행된 조선학운동의 유산도 계승했다는 점이다.[11] 이런 착종된 동양사학의 특성에 비춰볼 때 그가 일찍이 토오꾜오대학 동양사학과에 진학하면서 "우리 민족의 역사도 포함되는 아시아의 역사"를 공부하겠다고 밝힌 이래 계속 품고 있었을 터인 동양사학의 이념은 어떤 위치에 놓이는 것일까. 그 해답에 다가가려면 그가 지향한 동양사학에 대해 좀더 깊이 살펴보지 않으면 안 될 것이다.

그는 바람직한 동양사학에 대해 비교적 명확한 입장을 여러차례 표명한 바 있다. 무엇보다 먼저 그는 "우리의 동양사학에는 우리가 처해 있는 시기와 우리의 위치가 필연적으로 반영되어 들어간다"(『역사상』 346면)고 하여 한국인의 주체적인 동양사학 연구자세를 강조했는데, 이

---

10 그 일부가 민두기 엮음 『중국의 역사인식』 하에 실려 있다.

11 여기서 고병익에 의해 주목된 것은 조선어학회와 진단학회의 활동이다. 사실 진단학회는 학문방법론이나 구성원의 출신 학교로 보아 제국대학이라는 제도 안의 학문과 그 바깥의 학문(즉 민족운동으로서의 조선학운동)이 교차하는 지점에 위치했다고 볼 수 있다. 이에 대한 좀더 자세한 논의는 본서 5장 129~30면, 고병익 외에 같은 세대로 윤남한의 유사한 내용의 회고는 본서 8장 주38 참조.

것이 그의 동양사학의 첫번째 특성이다.

그런데 한국의 현실적인 관심이 일차적으로 중요하다고 해서 동양사학이 한국과 밀접한 지역의 역사와 문화에만 치중해서는 안 될 일이다. 그는 동양사라고 하면 거의 중국사와 동의어로 쓰이게 된 한국 학계의 상황을 이해하면서도, "대학에서나 학계에서나 동양사는 즉 중국사라는 관념이 이렇게 박혀져버리게" 된 현실을 '잘못된 것'이라고 비판한다. 바로 이 지점에서 그가 지향하는 동양사학의 또다른 특징인 공간적 개방성이 중요하게 부각된다. 그의 동양사학은 그때까지 중국사에만 치우치던 데서 벗어나 우선 일본·베트남 등 중국문화권 전역에 뻗어나가야 하는 것이고, 더 나아가 "동양에서의 여타 지역, 즉 인도 문화권과 이슬람 문화권에 속하는 지역들"의 역사도 포괄하는 것이어야 했다. 세계의 교통·통신이 발달하고 정치·경제·문화적 접촉이 긴밀해짐에 따라 우리도 이 지역 주민들과 점차로 긴밀한 관계를 갖게 되기 마련인데, 이런 사정은 "우리나라가 발전되면 될 수록 그 도가 높아질 것"(『역사상』 350면)이기 때문이다. (동)아시아를 지리적으로 고정된 경계나 구조를 가진 실체가 아니라 지역을 구성하는 주체의 행위에 따라 유동하는 역사적 공간으로 파악하는 최근 사조를 그가 선취하고 있음을 확인할 수 있다.

또한 그의 동양사학은 단순한 공간적 확산성뿐만 아니라 학제 간 연구를 포용하는 개방적인 지향도 가진다. 일찍이 "동양사학 측에서는 이런 문학 관계 논고들을 더 이용하고 관심을 가지고 살필 것이 요망된다. 현재까지는 대학에서의 학과분립의 관계도 있으나 대체로 상호 유리된 느낌이 짙었다"고 지적한 것을 하나의 증거로 들 수 있다면,[12] 또다른 증거는 역사학회 창립의 의의를 말하는 대목이다. 그는 역사학회가 "단순히 젊은 학도들의 모임이었을 뿐만 아니라 역사학 자체가 골동취미적인 것에서 벗어나 현실의미를 찾는 학문이어야 한다는 사회과학적인 의미를 강조하는 학회"였다고 회고한다(『선비와 지식인』 134면).

마지막으로 그가 지향하는 동양사학은 한국사와의 소통을 중시한 특징이 있다. 일본 유학시절 방학을 이용해 서울에 오면 조선인 연구자들이 민족문화운동 차원에서 조직한 조선어학회(朝鮮語學會)를 찾아가서 조선어사전 만드는 작업을 알아보기도 하고, 또다른 조선인 학술단체인 진단학회의 "『진단학보』를 사서 그래도 이만한 학문적 업적을 내고 있는 활동에 은근히 자랑 같은 것을 느꼈"던(『선비와 지식인』 122면) 그이기에, 일제강점기에 "대체로 사회의 뒷면이나 지하에서 발달될 수밖에 없었"으나 해방 이후는 '민족의 학문'(『논고』 359면)이 된 한국학에 깊은 관심을 갖는 것은 당연했다. "일본 자신의 이른바 동양사라는 개념 속에 자국 역사가 제외되었던 탓도"(『역사상』 349면) 하나의 요인이 되어, 그는 한국의 동양사학에서 일본사 연구가 경시된 것을 우려한 것과 똑같은 시각에서 한국학이 일제강점기 3분과제의 영향 속에서 하나의 분과학문으로 고립되어서는 안 된다고 경계한다.

즉 그는 "한국사의 연구와 다른 지역사의 연구가 확연히 경계선이 그어져 있는 것이 아니라, 서로 건너 넘을 때가 많으며 이것은 전공을 포기함이 아니라 더 깊게 들어가는 소이가 될 것이다"라고 지적한다(『논고』 374면). 그가 한국사를 연구함에 있어서 시야를 넓혀서 동아시아 역사의 테두리로까지 들어가야 한다고 주장하면서 그 근거로 든 것은 다음의 두가지다. 하나는 누구나 쉽게 떠올릴 수 있는 것으로, 한국이 동

12 고병익 「회고와 전망: 동양사총설」, 『역사학보』 44, 1969, 119면.

아시아 다른 나라와 맺은 관계가 탐구되어야 한다는 점이다. 또다른 하나는 한 나라의 역사서술과 연구결과가 다른 나라 국민에게도 이해되고 수긍되어야 한다는 점이다. 이것은 매우 중요한 지적이 아닐 수 없으므로 좀더 깊이 들여다볼 필요가 있다. 그는 이렇게 말한다. "외국인, 특히 역사와 문화에서 친근성이 많은 동아시아의 다른 나라 독자에게, 내용상의 평가와 결론은 다르다 할지라도, 적어도 서술의 정확성과 논리의 합리성으로서 수긍되어야 하는 것이다. 연구단계에서도 그렇고 특히 서술과 평가에 있어서, 동아시아 전체에 걸친 시각을 염두에 둘 때에 주장의 설득력이 높아진다 할 것이다"(『논고』 374면). 동아시아에서 역사지식의 소통을 중시하는 이 대목은 역사분쟁이 잦은 동아시아의 현 상황에서 시사하는 바가 크다.

이와 같이 그는 제국대학의 제도 안에서 이뤄진 분과학문인 동양사학과 그 제도 밖에서 이뤄진 조선학운동의 맥을 이은 한국학을 접목시키면서, 제국대학의 학술제도인 3분과의 하나로 구획된 동양사(와 한국사)를 넘어 한국사와 소통하는 (동)아시아사를 지향한 것으로 보인다. 그리고 그 범위는 우리와의 관계가 확대됨에 따라 아시아 전체로 넓어지는 열린 공간이다.

그가 지향한 동양사학 이념이 그의 연구영역을 넘어 대학에서의 교육과 학술제도에까지 영향을 미쳤는지는 확인할 길이 없다.[13] 여기서는

---

13 연세대학교에서 조교수(1958.3~)로서 동양근세사와 서역사(西域史)를, 부교수로서 (1959.4~) 동양근세사특강, 동양최근세사 및 특강을 강의하였다(연세대 소장 경력표 참조). 1960년 10월부터 동국대학교로 옮겨 강의했으며, 1962년부터 서울대학교에서 강의하면서 문과대학 학장, 총장을 역임하였다. 선생의 마지막 근무지인 한림대학교에서는 아시아문화연구소를 창설해 소장직을 맡았는데, 여기에서 그의 동양사학 이념이 일부 구현된 것으로 보인다. 이 점은 함께 근무한 필자의 관찰에 근거한 판단이다.

동아시아에서 서로 소통할 수 있는 역사지식을 생산하고 전파하는 일의 어려움은 단순히 오늘날 연구자들의 자세나 그것을 조성하는 학술 제도가 혁신된다고만 해서 해결될 수 없는 좀더 근원적인 문제, 즉 동아시아 역사경로 자체의 특성과 관련된 것임을 그가 우리에게 일깨우고 있다는 사실을 환기하고 싶다. 이 점이 아래 인용문에서 간명하게 드러난다.

세 나라가 이렇게 자국의 역사 연구에서 좁게 자국 것만에 골몰하게 되는 원인이 민족주의적 경향이나 중화사상에 연유한다고 볼 수도 있겠으나, 더 기본적인 이유는 삼국의 역사 자체가 각각 병렬적으로 전개되어서 상호유기적으로 연관된 점이 적었음에 기인한다고 볼 수 있다. (『논고』 370면)

그의 특유한 이 관점은 동아시아인의 '상호소원'의 역사경험을 강조하는 것으로서 요즈음 여러 분과학문의 연구자들에게 자주 인용되고 있다. 이에 대해서는 절을 달리해 정리해보고자 한다.

3. 상호소원의 동아시아 역사상

그는 동양사의 지역적 범위가 아시아 전체로 넓어지길 기대했지만, 실제 연구범위로서는 동아시아에 더 비중을 두었다. 서양이 지리적으로나 문화적으로 통합된 하나로 인식되는 데 비해 동양은 지역이 너무 넓고 역사·문화가 다양해서 하나의 통합적 성격을 갖는다고 보기 어렵다고 이해한 것으로 보인다. 그는 동양 속의 중동아시아와 동아시아는 정신적인 문화전통이 다를 뿐 아니라 서양과의 접촉과 교류에 있어서도 크게 성격이 다르므로 동아시아를 주된 연구대상으로 삼았다고 한다(『변용』 53면).

동아시아 한·중·일 삼국사의 흐름을 상호연관 속에서 꿰뚫어보는 것은 그의 평생 연구의 핵심과제였다(『선비와 지식인』 139면). 그런데 그가 보기에 동아시아 삼국은 문화사적 공통성을 가졌음에도 불구하고 역사상 실제 상호관계에서는 시대에 따라 서로 극히 소원하든지 또는 심한 갈등관계에 있었던 일이 많았다. 그래서 "세계의 다른 지역에서보다도 오히려 지역적인 친밀성은 약했다"(『변용』 머리말)는 인식을 갖게 된다. 그의 이런 관점에 따르면, 세 나라가 긴밀한 관계와 접촉을 유지하고 문화적으로 밀접한 교류를 지속해왔다는 우리의 익숙한 관념은 "하나의 착각 내지 허상"에 불과한 것이다(『변용』 95면).

그런데 그가 강조하는 상호소원의 동아시아 역사상이 전체 시대에 걸쳐 적용되는 것은 아니다. 10세기 이후 천년간의 역사가 그랬다는 것임에 주의해야 한다. 바꿔 말하면 7~9세기에는 아시아 전역에서 사람과 문물의 교류가 아주 활발했는데, 그러한 교류가 이후 시기에는 다시 재현되지 못했다는 것이다.

무엇보다 먼저 그는 삼국시대 후기와 통일신라시대 한일 간의 문화교류가 그 어느 때보다도 성했다는 데 주목한다. 여기서 그는 아주 흥미로운 주장을 펼친다.

이 시기의 여러 지역, 여러 나라의 주민들이 어떠한 민족적 귀속감을 품고 있었는지 추측하기는 어렵지마는 전반적인 상황으로 미루어 보면 오늘과 같은 그런 민족적 감정이나 차별감을 지닌 것 같지는 않고 오직 정치세력의 구획에 따른 대립이 있었을 뿐으로 생각된다. 더구나 이 각 국민의 상당수가 바다를 건너 신세계인 일본 땅에서 서로 섞여 거주하게 되었을 때에 일본 내의 여러 종족들과 더불어 중세 이후에 한일 양족(兩族)이 갖는 그런 이민족 감정은 없었을 것으로 추측된다. (『변용』 139면)

세계 역사상 유례가 드문 개방체제를 구축하고 있던 당제국(唐帝國)이 이러한 교류를 더욱 촉진한 원동력이었다. 당조가 주도한 동아시아 세계에는 북방·서방의 여러 민족들과 더불어 신라인·발해인·일본인이 모두 제약과 차별 없이 관계(官界)와 군대 및 종교·문화계에서 능력대로 활동할 수 있는 체제와 분위기가 조성되어 있었다. 실제로 당·신라·일본의 고승이나 유학승 들이 친밀히 접촉했던 사례들이 허다하다. 한마디로 8, 9세기 당·신라·일본의 상호교류는 '통합된 하나의 통상권(通商圈)'에 가까웠다고 할 수 있다(『논고』 177면). 이와 대조적으로, 천년 전까지 그토록 활발하던 동아시아 삼국의 문화교류가 중세에 들어와서 19세기에 이르기까지 완고히 봉쇄되었다는 것은 사상 유례를 찾기 어려운 이례에 속할 것이다(『변용』 138~39면). 그 결과 신라가 한때 인도에까지 '계림(鷄林)' 즉 계귀지향(鷄貴之鄕, 닭을 존숭하는 나라)으로 알려지고 서아시아까지 사신이 왕래하던 사실은 근세에 내려와서는 수세기 동안 거의 잊혀져버렸다(『변용』 25~26면).

이리하여 고대의 먼 거리 지역과의 활기찬 문화교류는 그 뒤가 끊겨버리고, 점차로 과거의 그러한 시기가 있었다는 사실도 일반의 뇌리에서는 사라졌다. 더구나 주자학의 유교 이념이 굳어져감에 따라 나라 사이의 대외관계에 있어서도 중국 문화 내지 유교 문화를 기준으로 삼아서 계층적이고 차등적인 관계를 설정하게 되었고, 그에 따라 평등한 상호교류라는 관념은 희박해졌다. 또한 국민들의 대외진출이나 외방(外方)으로부터의 문물 도입을 도덕상·이념상으로 바람직하지 못한 일로 생각해서 정책으로 이를 억누르고 배격하였다. 이러한 현상은 특히 조선조 한국에서 가장 심하였다. (『변용』 29~30면)

이러한 상호소원의 천년 역사를 그는 세목화해 한층 더 간명하게 설명기도 한다(『변용』 96~101면). 첫째, 국가적으로나 일반 주민 수준에서나 상호 간의 직접적인 접촉이 적었다. 특히 삼국이 병행적으로 쇄국정책을 엄격하게 시행한 것은 본래 동아시아 삼국 서로에 대해서가 아니라 역외 국가들을 대상으로 한 것이었지만, 결과적으로는 삼국 상호 간의 왕래까지 봉쇄하게 되었다. 그래서 가끔 공적으로 사신이 왕래하는 이외에는 인적·물적 교류가 거의 없이 해안선이 폐쇄된 것이나 마찬가지였다. 둘째, 일상의 생활방식이 다르고 서로에 관한 지견(知見)이나 관심이 결여되어 있었다. 삼국 주민의 일상생활 방식이나 의례 등이 기후와 지리의 차이로 말미암아 다른 것은 당연하나, 오랜 쇄국과 격절의 결과로 그 차이가 더욱 커졌다. 그와 더불어 다른 나라의 동시대 사정이나 주민 생활 등에 관한 지식도 관심도 적었다. 셋째, 동아시아 삼국에서는 한자 사용이 공통적이었음에도 불구하고 의사를 소통할 공통의 구어(口語)가 결여되어 있었다. 한자로 쓰인 중국 문헌이 한일 지식층의 필수적인 교양교재였지만, 그에 정통한 사람도 중국어는 한마디도 못하는 실정이었다.

그렇다면 이런 상호소원 현상은 19세기 후반 개항으로 쇄국체제가 붕괴된 이후 개선되었을까. 이에 대해 그는 상호소원한 상태가 변형된 채 상당 부분 그대로 유지되어왔다고 주장한다. 그것을 세목화하면 첫째, 역내 상호 간에 여전히 무관심하거나 경시하는 태도가 존재한다. 삼국이 개방되어 외교관이 서로 주재하고 주민의 무역·통교·여행도 가능해졌지만 삼국 간에 서로의 동시대 문화나 생활상에 대한 관심과 지식은 여전히 낮다. 이것과 긴밀히 연결된 것으로 둘째, 동아시아에서 공통적으로 나타나는 서구 문물에 대한 지향성이 이웃 아시아에 대한 상호 무관심을 조성했다. 셋째, 전통과의 단절은 동아시아인의 상호소통에 제약을 가져왔다(『변용』101~05면).

물론 이 같은 그의 동아시아 역사상에 대해 이견이 제기될 수 있다. 특히 16~19세기 동아시아에 조공을 매개로 물류와 교역이 이뤄진 지역 네트워크가 존재했다는 점을 부각한 동아시아 교역권론의 다양한 전개는 그가 강조한 '소원의 동아시아 역사상'에 대한 이의제기가 될 수 있다.[14] 이와 다른 맥락에서 제기된 그의 제자 민두기(閔斗基)의 「동아시아의 실체와 그 전망」이라는 글도 흥미로운 시사점을 던지며 그와 대조를 이룬다. 민두기는 상대적으로 "동아시아가 하나의 지리적 인접단위이며 적대적·우호적 관계를 다 같이 포함한 역사적 경험을 긴밀하게 공유하는 장"임을 강조한 편이다.[15] 그는 정치·문화 영역에 걸쳐 역사경험의 공유를 논증하고 있는데, 이 글에서는 한자에 대한 두 사람의 평가만을 예로 들어 대비해보겠다. 민두기는 동아시아인의 문화적 공통경험

---

14 이에 대해 한국 연구자의 시각에서 이뤄진 간결한 정리는 강진아 「16세기~19세기 동아시아무역권의 세계사적 변용」, 백영서 외 『동아시아의 지역질서: 제국을 넘어 공동체로』, 창비 2005 참조.

15 민두기 『시간과의 경쟁』, 연세대출판부 2001, 61면.

의 근거로 한자의 개념 전달기능이 과거는 물론이고 앞으로도 계속 작동할 것으로 전망한다. 즉 그는 전통시대 한자가 국제어로서 수행한 기능을 고병익보다 좀더 강조할 뿐만 아니라 근대에 들어와 한자로 만들어진 근대용어가 동아시아에서 유통되는 현실에 큰 비중을 둔다.

이 견해를 앞에서 살펴본 고병익의 해석과 비교하면 분명 차이가 있는데, 이 자리에서 양자를 놓고 어느 쪽이 더 충실하게 객관적 사실을 반영하느냐고 따지고 드는 일은 그다지 생산적이지 못하다. 중요한 것은 이런 견해를 통해 고병익이 어떤 메시지를 전달하려 했는가를 묻는 일이지 싶다. 그는 동아시아에서 진행되는 지역통합 움직임에 주목하여 그것에 대해 적극 발언하되, 역사학자로서 삼국의 전통적인 소원관계를 감안하여 삼국 통합을 성급하게 추진하기보다는 완만한 협조관계를 유지할 것을 제안한 것이다.

4. 소통의 동아시아 미래사

그는 일찍부터 현실 속에서 추진되는 동아시아 지역통합 움직임에 주목하고 역사학자로서 이 주제에 대해 미래지향적인 시각에서 의견을 개진해왔다. 남북한 분단현실이 엄존하고 중국의 개방이 아직 본격화되기 전인 1985년의 상황에서 "동아시아 몇 나라들의 통합이라는 문제를 문젯거리로 삼는 것조차 잠꼬대 같은 이야기임에는 틀림없다. 그러나 한편 내일을 생각할 적에 이러한 문제들도 일단 생각을 가다듬어둘 필요가 있"다고 발언한 것이 바로 그 증거다(『변용』 114면).

이렇게 지역통합을 긍정적으로 평가하면서도, 그것이 지역 중심의 이기주의와 배타주의에 빠질 수도 있음을 우려한 그이기에 삼국은 통합을 향한 노력에 힘쓰기보다는 완만한 협조관계를 유지하면서 동아시아적 아이덴티티를 추구하기를 권고한다(「회갑 후의 10년기」 122면). 동아시아 삼국의 전통적 소원관계를 논증한 역사학자로서 할 수 있는 주장이라 하겠다. 사실 지역통합을 추진하는 데는 여러가지 요인이 작용한다. 정치학자라면 흔히 거론하는 지리적 인접성, 사회문화적 동질성, 역사상 상호작용의 정도, 다른 지방에 대한 지식, 각 참여 당사국의 기능적 이익 등을 지역통합의 기준 요인으로 열거할 수 있겠고, 실제로 이런 기준에서 측정한다면 이미 동아시아는 "지역통합을 이룩하기에 충분한 요인들을 갖고 있"을지 모른다(『변용』 117면). 하지만 역사학자로서 그는 문화교류라든가 가치관 정립을 통한 정체성 형성에 다른 무엇보다 무게를 둔다.

그는 아시아가 본래 자기 지역을 다른 지역들과 상이한 하나의 단위로 인식한 일은 없었으며, 자기의 정체성을 갖게 된 것은 서양과의 접촉부터임을 인정한다(『변용』 63면). 20세기 전반기 일본 등지에서 아시아주의가 제창된 바 있지만 2차대전 이후에 다시 유행하지 못한 것은 아시아에서 유럽 식민세력이 물러갔기 때문인 동시에 아시아가 하나의 문화 개념으로나 경제단위로 묶이기 어려웠기 때문인 점도 훤히 간파하고 있다(『변용』 66면). 그럼에도 불구하고, 전통적 가치관과 인간윤리를 현대적으로 정립함으로써(「회갑 후의 10년기」 122면) 동아시아인이 독자적 정체성을 형성할 수 있을 것으로 기대한다. 이것은 그가 전통을 문화적 구성물로 파악하는 관점을 가졌기에 나올 수 있는 주장이다. 그에게 전통이란 힘도 되고 짐도 될 수 있으며 고정된 것이 아니라 변화하는 것이요 심지어는 조작도 창조도 될 수 있는 것이다.[16]

더 나아가 그는 "기술과 정보 위주의 탈산업화 사회에 있어서 개인의 자유와 권리를 지상 가치로 내세우는 현재의 정치·사회와 정신적인 병폐, 말하자면 이윤지상주의와 안락지상주의에 맞서 이에 대응하는 문화를 공통으로 생각할 수 있는 곳이" 바로 동아시아이리라고 기대한다 (『변용』 125면). 그리고 종래 흔히 봉건적이고 비합리적이고 퇴영적이며 국가의 이른바 근대화 발전에 저해작용을 해왔다고 지적되어온 동아시아인의 생활태도, "예컨대 가족 가치에 대한 강조, 방종적인 개인 자유에 대한 억제, 갈등 해소에서의 조정 활용, 겸손의 미덕의 강조, 자연법칙과 환경에의 순종 등"이 "이제 시대와 상황이 달라진 현재에서는 다시 검토될 필요가 있다"고 역설한다(『변용』 68면).

이러한 견해는 즉각 유교자본주의론을 연상시킨다. 아닌 게 아니라 그는 1960년대 말 근대화론이 한창이던 상황에서 유교전통을 통틀어 매도하는 풍조에 회의를 느끼고 유교가 한국을 비롯한 동아시아의 역사와 사회 속에서 맡은 기능을 분석하기 시작했으며, 이 과정에서 유교자본주의론의 대표적 주창자로 명성을 쌓게 되는 두 웨이밍, 드 베리 (Wm. Theodore de Bary) 교수 등과 깊은 교분을 맺고 지적 교류를 지속해왔다(「회갑 후의 10년기」 116~19면). 그러나 고병익을 유교자본주의 옹호자로 분류하는 것은 적절치 않다. 그는 이 주제를 역사학자로서 분석했을 뿐 더이상 체계화하여 이데올로기로 만들려 하지 않았다. 그가 유교적 도덕관이 후기산업사회의 문제점에 '유용한 보완제·치유제'가 될 것으로 기대하면서도, 그럴 때 그것이 "반드시 유교라는 명패를 달 것

---

16 이 내용을 처음 다룬 글은 「전통의 의미」,『월간중앙』 1974.7.인데 나중에 고등학교 교재에도 실렸다(「회갑 후의 10년기」 118면).

없이 더 보편적이고 더 시대적합적으로 다듬어"질 것으로 내다본 데서 (『변용』 240~41면) 그의 유교자본주의론에 대한 비판적 태도가 은연중 드러나지 않는가.

오히려 그는 동아시아인 상호 간의 문화교류를 통해 지역적 아이덴티티를 형성하는 길을 중시했다. 그래서 정부보다는 민간과 지방 차원의 문화교류를 효율적으로 촉진할 방도를 찾아야 한다고 강조했고, 더 구체적으로는 문화·학술용어를 공통화한다든가, 미래지향적 마음가짐을 갖게 하기 위해 동아시아 공통의 역사교과서를 삼국이 합의해서 만들 것을 제안하기도 했다(『변용』 122~24면).

이러한 견해는, 그가 동양사에 대해 "우리가 처해 있는 시기와 우리의 위치가 필연적으로 반영되어 들어간" 것이라고 본 데서 이미 드러났듯이, 오늘의 한국의 역할을 세심하게 배려하는 데서 나온 것이다. "중국문화가 중심적인 위치에 있었고 한국과 일본은 그 주변적 또는 위성적 위치를 면할 수 없었"던 전통시대의 문화교류와 달리 "이제는 그러한 중심적 존재가 없어지고 모두가 동등한 위치에 놓이게 된"(『변용』 48~49면) 조건에서 한국은 전에 없이 중요한 역할을 맡게 된다. 문화 영역에서 한국은 "어떤 원리를 받아들였을 적에 끝까지 추구하고 철저하게 준수하는 끈질긴 기질"을 갖고 있으므로(『변용』 49면) "이러한 원칙론적인 철저성의 전통과 기질로써 현대세계의 산업문화를 추구하면서 재생된 전통윤리의 바탕 위에서 한 새로운 문화전통을 구성해나간다면 세계문화에 대한 하나의 본질적인 공헌을 할 수도 있을 것"이라고 그는 전망한다(『변용』 50면). 또한 정치 영역에서도 "남북한이 통일이 된다면 한중일 세 나라는 지역적으로 유력한 연합체를 구성할 수 있음에 틀림없다. 그러나 통일의 기약이 없을 바에는 넓은 지역적 통합(환태평양

등)으로부터 시작해서 점차 동아시아 연합의 구성에 참획하고 거꾸로 이를 통해서 우리의 통일을 지향하는 길을 모색함도 생각함 직한 일"이라고 제안한다(『변용』 119면).

5. 맺음말

학술과 교육행정·언론 영역을 넘나들며 활동했을 뿐만 아니라, 한국과 (동)아시아 여러 사회의 경계를 횡단하며 상호관계의 역사를 자유롭게 분석한 고병익의 동아시아 역사인식에 구체화된 동양사 재구축의 지향 전체를 필자가 지금 총괄적으로 평가하는 것은 역부족이다. 여기서는 해방 이후 한국 동양사학계에서 제기해온 과제들과 연관지어[17] 그가 추구한 동양사학의 의미를 평가해보는 데 그칠 수밖에 없겠다.

그가 제시한 동양사학의 특징의 하나인 '공간적 개방성'은 한국 동양사학계가 해방 이래 줄곧 지향해온 것이기도 하다. 해방 이후 적어도 10년간 동양사학계는 일본 학계의 압도적인 영향을 받으면서도 한국사와의 연관 속에서 동양사를 연구했고, 따라서 한중교섭사 영역에서 적지 않은 연구성과가 생산되었다. 그러나 그후 점차 중국사 자체의 내재적 발전의 탐구로 연구의 중심이 옮겨진 한편, 연구 대상지역이 확대되었다. 1980년대로 들어서면서 동양사학계는 안팎의 요인에 의해 크게 발전했는데, 특히 연구 대상지역의 예를 들면 동양사학계의 성과를 총

---

17 『역사학보』는 제39집(1967)부터 정기적으로 동양사 연구의 「회고와 전망」을 게재해왔다. 이 글에서는 학계 중견 내지 원로 학자들이 집필한 「동양사 총설」들을 분석해 동양사학의 추세를 간략하게 재구성하고자 한다.

괄하는『역사학보』의「회고와 전망」이 1980년대에 들어서 종래의 중국 위주 서술에서 벗어나 일본과 동남아·인도를 각각 별개 영역으로 분리 기술하였고(『역사학보』 108, 1985부터), 1990년대 말부터는 서아시아·중앙아시아까지 독립시키기에 이르렀다(『역사학보』 159, 1999부터). 이런 추세에 비춰보면 그가 주장했고 그 자신 연구자로서 업적을 내어 모범을 보인 공간의 개방성은 이미 학계에 정착되는 추세다. 이에 비해 그의 동양사학의 또다른 특징인 학제 간 연구에 대한 개방성은, 학계에서 간혹 그 필요성이 제기되기도 하지만 아직 크게 수용되지 않는 실정이다.

그밖에 그가 주장한 동양사학 연구의 주체성 및 한국사와 소통하는 (동)아시아사 발상은 한국 동양사학계의 탈식민의 과제와 직결된 것으로 좀더 깊이 검토할 필요가 있다.

사실상 해방 이후 탄생한 한국의 동양사학계에서는 초기부터 "동양사의 연구자들의 문제의식과 연구방법의 결함",[18] 또는 "연구주제에 대한 뚜렷한 문제의식의 부족"[19] 등이 연구의 한계로 지적된 바 있다. 어찌 보면 역사연구자의 기본 자질의 결여일 수밖에 없는 이런 문제점이 되풀이 지적된 이유는 고병익이 강조한 바 "우리가 처해 있는 시기와 우리의 위치가 필연적으로 반영"된 동양사학이라는 목표를 당시 학계가 아직 달성하지 못한 때문이라고 판단된다. 그런데 최근에 이 과제의 중요성이 좀더 새롭고도 구체적인 내용으로 제기되고 있어 주목된다. 초기 한국 동양사 연구의 중심인 중국사 연구가 지나치게 한중관계사에 치중된 것을 극복하기 위해 중국사 자체에 대한 연구를 너무 강조한

---

18 전해종「1969~70년도 한국 사학계의 회고와 전망: 동양사 총설」,『역사학보』 49, 1971, 108~09면.

19 신채식「회고와 전망: 동양사학계 1991~1993: 총설」,『역사학보』 144, 1994, 229면.

나머지 "한국을 의식하지 않는 중국연구, 한국이 빠진 동아시아사를 탐구하는 바람직하지 못한 경향"이 나타났다고 비판되는 것이다. 그리고 그 대안으로 '한국적 시각'의 연구가 제창되기도 한다.[20] 그렇다면 '한국적 시각'이란 도대체 무엇을 뜻하는가? 아직 이 질문이 구체적으로 토론의 쟁점이 된 적은 없다. 그렇지만 넓게는 "한국인의 고유한 역사적 입지와 문화역량"에 기초한 주체적 시각에서 연구 주제와 영역을 선택, 집중하여 외국사에 접근하는 것, 좁게는 "한국 학계의 학문적 유산"을 공유하여 연구하는 것이 '한국적 시각'이라는 주장이[21] 동양사 연구자들 사이에서 쉽게 공감을 얻을 것 같다.

그런데 이처럼 '한국적 시각'을 강조하는 것은, 일본의 동양사학이 "상당 정도 근대일본의 자기의식(自己意識)의 정립이란 의미"를 가졌던 태생적 특성과 그 맥을 같이하는 것이고,[22] 그것은 해방 후 "한국에서는 액터가 바뀌었지만 '동양사'라는 개념은 계승"된 연원과 관계가 있는 것은 아닐까.[23] 한국 동양사학계의 발달사를 표면적으로 보면 그렇게 판단할 수 있을지도 모르나, 그것은 지나치게 단순한 해석이라고 필자는 생각한다. 앞에서 보았듯이 한국의 동양사학은 제국대학에서 조성된 실증적 '사풍'과 더불어 1930년대 조선의 민간지식인들이 주도한 조선학운동의 유산이 착종된 것이기 때문이다. 더 나아가 일본의 동양사학이 국사, 즉 일본사라는 영역이 확립되었기 때문에 일본역사를 제외

---

20 이성규 「한국 역사학계의 회고와 전망, 2000~2001: 동양사 총설」, 『역사학보』 175, 2002, 278면.

21 조병한 「한국 역사학계의 회고와 전망, 2002~2003: 동양사 총설」, 『역사학보』 183, 2004, 208면.

22 吉澤誠一郎 「東洋史學の形成と中國」, 岸本美緒 編, 앞의 책 65면.

23 中見立夫, 앞의 글 65면.

하는 것을 전제로 했던 것과는 달리, 지금 한국적 시각을 제기하는 문제 의식은 고병익이 말한 한국사와 소통하는 (동)아시아사를 전제로 하기 때문이다. 바로 이 점에서 그것은 탈식민의 과제 수행과도 통한다.

여기서 꼭 짚고 넘어가지 않으면 안 될 문제가 있다. 일본의 중국사 연구자가 "일본의 입장에 구애받는 것이 풍부한 지적 탐구의 가능성을 스스로 닫는" 결과를 빚을 수도 있으니 '국외자로서의 입장'을 취하는 게 더 낫지 않을까 하는 문제제기를 한 데서 보듯,[24] '한국적 시각'을 강조하다보면 한국의 동양사 연구자 역시 그와 똑같은 위험에 처할 수 있지 않을까 자문해볼 필요가 있다는 것이다. 만약 지금 한국에서 거론되는 한국적 시각이 민족주의적 발상을 넘어서지 못한 것이라면, 앞의 성찰은 학문적 보편성에 대해 주의를 환기해주는 의의가 있다. 그런데 우리가 지향하는 것은 기존의 초월적(그래서 억압적) 보편성이 아니라 적어도 소통 가능한 보편성이다.[25] 이 시각에서 볼 때 한국적 시각을 제창하는 목소리가 동아시아를 학문적 방법으로서 논의하면서 "한국인의 시각에서 동아시아를 보고, 동아시아적 시각에서 한국을 보는 창구"로 활용하자는 주장과[26] 어우러져 나오고 있어 다행이다.

그러나 '한국적 시각'의 동양사학이든 한국사와 소통하는 (동)아시아사이든, 이런 발상은 그것을 구현할 분과학문의 제도적 개혁까지는 나아가지 못하고 있는 실정이다.[27] 한국 학계 내부에서 '동양'이라는 용

---

24 吉澤誠一郎「中國近現代史をなぜ學ぶのか: または歷史のための辨明」, 田中比呂志·飯島涉 編 『中國近現代史研究のスタンダード』, 東京: 硏文出版 2005, 67면.

25 이에 대해서는 본서 7장 참조.

26 조병한, 앞의 글 199~200면.

27 필자는 본서 5장에서 쇠퇴하는 동양사학의 대안으로 '비판적·역사적 동아시아학'을 구상해본 적이 있다.

어가 아직 그대로 습용되는 것이 "우리의 학문적 낙후성과 분류적 편의성 때문"이라고 반성되고[28] 3분과 비판이 제기되는 데서 드러나듯이, '동양사학'은 지금 내파되고 있다. 그럼에도 불구하고 그것이 21세기 한국에서 엄존하고 있으니 그 이념과 제도의 괴리가 아직 그다지 심각하게 느껴지지 않아서인가.

---

28 김호동 「역사학 2: 오리엔탈리즘 극복의 길」, 김용준 외 『스무살에 선택하는 학문의 길』, 아카넷 2005, 144면.

7장

자국사와 지역사의 소통
동아시아인의 역사서술의 성찰

1. 서론

제50회 전국역사학대회(2007년 6월 1~2일)의 공동주제는 '동북아의 평화와 역사서술: 자국사와 지역사'였다. 이 정도로 한국 역사학계가 '자국사와 지역사'의 관계에 강한 관심을 갖게 된 이유는 무엇일까. 먼저쉽게 짐작할 수 있는 것은 한일 간에 이어 한중 간에서까지 역사분쟁이심각해진 동아시아의 현 상황에 대한 우려이다. 여기에다 그런 위기적상황을 해소하는 방안을 모색하는 과정에서 만들어진 동아시아 공동의역사교과서들이[1] 역사연구자들에게 자국사와 지역사를 연관시키는 역사서술의 가능성을 실감하게 만든 것도 한몫 거들었을 것이다.

---

1 대표적인 것이 한중일삼국공동역사편찬위원회 『미래를 여는 역사』, 한겨레출판사 2005이다. 자세한 내용은 본서 2장 주5 참조.

다만 이 공동의 역사교과서가 동아시아 민간인들이 공동으로 만든 부교재 형태의 것이기에 그에 대한 반향은 우리 사회 일부에 한정되었던 것 같다. 이에 비해 2006년 12월 교육부의 역사교육 강화 방안에 따라 신설된 고등학교 '동아시아사' 과목은 비록 선택과목이지만 정식 교과서인 만큼 한층 더 큰 반응을 불러일으키지 않을 수 없었다.[2] 따라서 역사학계가 이를 진지한 토론의 과제로 삼는 것도 당연하게 여겨진다.

사실, 바람직한 역사학의 세 요소를 대담한 문제제기·실증·참여(commitment)라고 본다면[3] 역사학이 현실문제에 관심을 갖는 것은 자연스러운 일이다. 일반적으로 역사교과서에 실린 내용은 공식적인 지식으로서 사회체제 유지와 밀접한 관련이 있고, 한 사회의 전형적인 지배담론을 반영할 뿐만 아니라, 기성의 학문적 성과를 간추린 형태의 서술방식을 취함으로써 제도권 학문의 주류적 견해를 반영한다. 따라서 역사지식 전파의 핵심 통로인 역사교과서를 포함한 역사교육의 현재적 문제는 학계에서 중시되어야 한다.

또한 역사학계가 역사연구뿐만 아니라 그 교육에도 더 깊게 관심을 가져야 할 좀더 근본적인 원인은 그것이 역사학의 정체성에 관한 물음과 직결된 것이고, 따라서 사학사 영역에 속하기 때문이다. 근대적 학문

---

2 2007년 2월 '동아시아사' 과목 교육과정의 최종 확정된 내용이 고시되어 2012년 1학기부터 적용되었다. 이에 대해 동아시아 역사갈등에 대한 대응이라는 정치적 요구에 따라 서둘러 교과목으로 선택한 것이라고 하여 많은 논란이 제기되기도 했다. 어쨌든 2012년에 안병우 외 『고등학교 동아시아사』, 천재교육; 손승철 외 『고등학교 동아시아사』, 교학사의 2종이 간행되어 교육현장에서 사용되고 있다. 그 내용에 대한 비평은 박근칠 「『동아시아사』 교과서의 기술 내용과 개선 방안: 2012년판 『동아시아사』 전근대 부분을 중심으로」; 유용태 「동아시아 지역사 서술의 현황과 과제: 고등학교 『동아시아사』(2012) 근현대 부분을 중심으로」, 『동북아역사논총』 40, 2013 참조.

3 酒井直樹 編 『ナショナル·ヒストリーを學び捨てる』, 東京: 東京大學出版會 2006, 221면.

안에는 반드시 자기검증의 영역이 있기 마련인데, 그 부분을 역사학에서는 사학사가 담당해왔다고 볼 수 있다. 역사학적 지식의 생산과 전파가 어떤 형태로 이뤄져왔는가를 검증하는 작업은 사학사의 긴요한 과제가 아닐 수 없다.

돌이켜보면 한국에 수용된 근대 역사학이 국사·동양사·서양사 3분과의 틀을 지켜온 이래 3분과 간의 관계는 지속적인 논란의 대상이었고,[4] 특히 역사교육 영역에서는 이 문제가 자국사와 지역사의 관계를 묻는 식으로 논의되는 뜨거운 현재적 쟁점이라고 할 수 있다. 예컨대 1970년대에 절정을 이루었던 민족주의 담론에 힘입어 국사 연구와 교육이 부상한 데 반해 외국사 연구와 세계사 교육이 홀대당한 나머지 국사와 (동양사와 서양사를 합친) 세계사가 분리된 상황에 대한 비판이 거세지면서, 국사와 세계사의 새로운 관계 설정이 과제로 부각되었다. 또한 유럽중심주의적 서술에 치우친 세계사 교과서에 대한 자성의 결과 아시아사 서술의 비중은 꾸준히 높아져왔다. 이러한 추세는 1990년대 이래 지식인사회에서 주도적 담론의 하나가 된 동아시아 담론과 상호작용하면서 동아시아를 하나의 역사단위로 서술하려는 논의를 표출했다.

필자가 보기에 그간 진행되어온 동아시아사에 관한 논의는 크게 두 흐름으로 분류된다. 하나는 '한국사의 확대로서의 동아시아사'이고, 다른 하나는 '국사의 틀을 넘어서는 동아시아사'라 부를 수 있을 것 같다. 이 글에서는 민두기가 일찍이 사용한 용어를 빌려 전자를 '자아확충의

---

4 최갑수 「유럽중심주의의 극복과 대안적 역사상 모색」, 『역사비평』 52, 2000; 본서 5장 참조.

동아시아사'로, 후자를 '자아충실의 동아시아사'(또는 자아성찰의 동아시아사)로 바꿔 부르려고 한다.[5] 그는 동아시아 역사 속에서 우리(민족)가 공헌한 바를 탐색하는 것을 '자아확충'의 기능으로, 우리 자신의 개별성을 동아시아사에서 확인하는 것을 '자아충실'의 기능으로 이름 붙였다. 그런데 그가 말하는 개별성은 곧 '고유성'으로, 가치판단이 개재된 것이 아니라 자기인식의 한 방편일 뿐이라고 전제했다는 점에서 자기성찰의 기능으로 볼 수도 있다.

다음에서는 두 흐름을 각각 비판적으로 검토하고 그 대안으로서 한국사와 동아시아사가 소통하는 '자아 확충과 충실의 동아시아사'를 제안할 것이다. 오해를 없애기 위해 명확히 해둘 점은, 민두기의 문제의식 속에 있는 '자아'란 다분히 한국 민족이나 국민국가를 염두에 둔 용어로 읽히지만, 필자가 제안하는 '자아 확충과 충실의 동아시아사'에서의 자아란 딱히 국민국가만에 한정되지 않고 국가의 역할에서 살릴 것은 살리면서도 국가 본위의 좁은 사유방식을 해체하는 이율배반적 과제 수행의 지적 긴장을 유지하는 다양한 주변적 주체들까지 포괄한다. (이에 대해서는 4절에서 더 논의할 것이다.) 이렇게 규정하는 이유는 이것이 앞의 두 흐름을 넘어서 동아시아사와 한국사의 소통을 중시하는 필자의 문제의식에 더 적합하다고 생각하기 때문이다. 그리고 이러한 '자아 확충과 충실의 동아시아사' 서술을 한층 더 명료하게 하기 위해 '이중적 주변의 눈'이라는 관점을 그 바탕에 깔고자 한다.[6]

필자는 이중적 주변의 눈에 입각한 동아시아사 서술이 한국을 넘어

5 민두기 「동양사와 세계사 교육」, 『역사교육』 19, 1976.
6 백영서 「주변에서 동아시아를 본다는 것」, 정문길 외 엮음 『주변에서 본 동아시아』, 문학과지성사 2004 참조.

적어도 동아시아 지역범위에서라도 널리 인정되고 합의될 수 있기를, 바꿔 말하면 다음에서 설명할 '소통적 보편성'에 도달할 수 있기를 기대한다. 이 글은 소통적 보편성을 지향하는 동아시아사 서술의 가능성을 가늠해보려는 작은 시도이다.

2. '자아확충의 동아시아사' 비판

동아시아 국가 간 역사분쟁에 국사 강화를 대응책으로 내세우는 한국사 연구자들은 종종 만날 수 있지만 국사의 틀을 넘어 동아시아사를 시야에 넣고 논의하는 한국사 연구자는 찾기 힘들다. 설사 그런 연구자들이 있다 해도 대체로 일국사의 관점을 견지하면서 한국사의 확대로서의 동아시아사를 상정하는 경향이 짙다. 이를 단적으로 보여주는 사례로 비교적 일찍 동아시아 담론과 한국사의 관련을 검토한 신용옥의 글이 있다.[7]

그로 하여금 이 새로운 주제에 관심을 갖도록 자극한 것은 동아시아 담론이다. 그런데 그는 동아시아 담론의 기본 시각에 비판적인 입장을 취한다. 그는 지역사적 시각, 즉 동아시아적 시각에서 일국사와 지역사의 관계를 파악하는 데 반발한다. 동아시아적 시각에는 국민국가 단위를 중심으로 하는 사고양식의 전환과 해체를 강조하는 탈근대적 성향이 있다고 진단하면서 그런 입장이 과연 적절한 것인지 묻는 것이다

---

7 신용옥 「동아시아 담론과 한국근현대사 연구」, 한국역사연구회 엮음 『20세기 역사학, 21세기 역사학』, 역사비평사 2000. 이하 면수만 표시한다.

(197면).

> 국민국가를 단위로 하는 문제의식은 그 유효성이 폐기된 것이 아니며 오히려 우리의 경우에는 올바른 준거점이 될 수도 있다. 특히 우리 근대사의 큰 질곡인 분단의 극복과 통일이라는 역사적 과제를 염두에 둘 때 더욱 그렇다. (198면)

이런 이유로 그는 동아시아사의 시각으로부터 한국사로 접근하는 것이 아니라 한국사로부터 동아시아 지역사로 시각을 확대하기를 제안한다(198면). 그리고 일국사적 관점을 억지로 해체하기보다는 "내재적인 발전과 아래로부터 변혁의 측면을 파악하는 데 용이한 일국사적 관점에서 획득된 보편적 가치를 지역사로 확대하는 것이 필요"하다고 역설한다(203면).

이에 대해 필자는 과연 일국적 관점에 서는 것만이 내재적 발전과 아래로부터의 변혁의 측면을 파악하는 데 유용한 것인지도 묻고 싶지만, 그보다 더 궁금한 것은 "일국사적 관점에서 획득된 보편적 가치를 지역사로 확대하는 것"이 도대체 무엇인가 하는 것이다. 그의 문장에서 추출해보건대 한편으로는 "분단으로 상징되는 우리의 '왜곡된 근대성'을 극복하고", 다른 한편으로는 "중국과 일본의 패권주의로 흐를 수 있는 동아시아 담론을 조정해내는 역할을 할 수 있을 것"(203~04면)이라는 대목이 그가 말하고자 하는 '보편적 가치'가 아닐까 싶다.

필자에게는 이런 주장이야말로 '자아 확충'의 기능, 곧 동아시아 역사에서 우리가 공헌한 바를 서술하는 것에 해당하는 듯이 보인다. 이런 주장은 다른 연구자에게서도 반복된다. 역사교육학자 송상헌은 지금 우리 역사교육에서 가장 시급한 일은 한국의 입장에 선 가장 설득력 있고 "뛰어난 동아시아사 담론 구성"이라고 지적하면서 그 이유를 "세계사 교육의 입장에서 동아시아 담론이 필요하고 그것도 한국의 위치가 제대로 자리매김된 동아시아사 담론이 필요한 것은 결국 세계사 속에 한국의 위상을 좀더 정확히 전달할 필요성 때문이다"라고 설명한다.[8]

그런데 그도 잘 알고 있듯이 한·중·일 삼국이 수용할 수 있는 보편적이고 설득력 있고 체계적인 동아시아사를 서술한다는 것은 쉬운 일이 아니다. 그럼에도 불구하고 그는 실질적으로 가능한 방안으로 "중국과 일본의 역사 속에 한국사가 적절하게 위치를 잡는 문제"를 제기하면서 바로 이 점에서 "한국의 역사적 관점이 대단히 중요하"다고 강조한다 (65면).

이런 발언의 저변에는 역사서술상의 아주 중요한 논점이 깔려 있다. 그가 의식했든 안 했든 중국과 일본의 역사 속에 한국사를 적절하게 위치짓겠다는 것은 곧 동아시아사를 (중심국인) 중일 양국의 입장을 축으로 서술하려는 뜻으로 보이며, 그럴 경우 동아시아사 속에서 주변적 존재인 한국의 정체성 문제를 어찌 해석해야 할지 고민해야 한다.

그런데 그 고민을 해결하기 위해 한국사로부터 동아시아 지역사로 시각을 확대하는 서술방식을 택한다면, 대만에서 이미 논란의 대상이 된 '동심원사관(同心圓史觀)'과 별반 다를 바 없지 않을까. 중국사 연구자로서 2007년 당시 민진당정부의 교육부 장관직을 맡고 있던 두 정성(杜正勝)은 중국과 구별되는 대만의 새로운 정체성을 정당화하기 위해

---

8 송상헌 「세계사 교과서 서술에서 동아시아사 담론의 문제」, 『역사교육』 84, 2002, 64면. 이하 면수만 표시한다.

대만을 중심으로 중국, 아시아 및 세계로 점차 확산되는 역사서술을 역사교과서의 설명틀(즉 '동심원사관')로 택했다.[9] 이것은 중국대륙을 위주로 한 '단중심(單中心)'의 역사관을 해체하여 '쌍중심(雙中心)'을 이루겠다는 의도에서 나온 것으로 대만 사회에서 일정한 지지를 얻긴 했지만,[10] 실질적으로는 '중국과 거리두기'(去中國)인 대만 위주의 단중심, 즉 대만민족주의에 불과하다는 비판도 받았다.[11]

---

9 1990년대 중반 이후 논의된 '동심원사관'의 골자는 杜正勝「一個新史觀的誕生」,『新史學之路』, 臺北: 三民書局 2004, 66~78면 참조.

10 우리말로도 번역된 대만사 개설서(『대만: 아름다운 섬 슬픈 역사』 손준식·신미정 옮김, 신구문화사 2003)의 저자 저우 완야오(周婉窈)는 이 동심원사관이 대만의 교육계 인사들에게 대만사의 중요성을 설득하기 위한 '전략적' 고려에서 나온 것으로 해석한다(일본 역사학자 야마무로 신이찌山室信一 교수와의 대담「臺灣から見る東アジアと日本」,『論座』 2007.9, 48면.

11 王晴佳「當代臺灣歷史論述的雙重挑戰」,『思想』2, 2006, 120~21면. 왕 칭자는 이 논문에서 두 정성의 동심원사관이 일본의 二谷貞夫「自國史と世界史」, 比較史·比較歷史教育研究會 編『自國史と世界史: 歷史教育の國際化をもとめて』, 東京: 未來社 1991에서 영향을 받은 듯한데, 그 점을 밝히지 않았다고 지적한다. 그런데 이 글 58면에 '동심원적 확대주의의 세계사상(像)'이라는 용어는 분명 언급되었지만, 그 개념이 제기된 문맥은 좀 다르다고 생각된다. 1982년 여름 일본의『일본사』와『세계사』교과서에서 일본제국주의의 '침략'을 '진출'로 서술한 것에 대해 국제적 비판이 거세지자 이를 성찰하는 과정에서, 단일민족국가의식의 쇄국적인 '자생적·자발적 발전사'를 극복하기 위해 '동심원적 확대주의의 세계사상'이 제기된 것이다. 바꿔 말하면 그것은 "'멀고도 가까운' 아시아를 가깝게 하는 것인데, 세계사적 현실 속에서 일본사적 현실을 발견하는 것과 일본사적 현실 속에서 세계사적 현실을 발견하는 것, 즉 일본사와 세계사의 통일적 파악의 과제에 바짝 다가가는 것이다." 이 점은 니따니 사다오(二谷貞夫)가 자신의 논지 전개의 근거로 제시한 上原專祿「世界史と日本史との統一的把握の問題」(1957),『上原專祿著作集』12, 東京: 評論社 2000에서도 잘 드러나 있다. 우에하라 센로꾸는 서양사·동양사·일본사라는 삼분법 때문에 일본인이 세계사적 인식을 갖지 못하게 만든 역사교육을 비판하면서, 일본의 현실을 깊이 파내려가면 일본사적 현실에 밀착해 당연히 고려하지 않으면 안 되는 세계사적 현실이라는 것이 시야에 들어오게 된다고 역설한 바 있다(163면).

이와 같이 자국사에서 시작해 지역사를 향해 확대, 개방하는 서술방식이 자국에서도 합의되기 쉽지 않다면 그것을 넘어 동아시아 지역범위에서 인정되기는 더더욱 어려울 터이다. 따라서 '소통적 보편성'은 더욱 먼 것이 아닐 수 없다. 그렇다면 이제는 '자아충실(또는 자아성찰)의 동아시아사'로 관심을 옮겨보자. 이 관점을 견지함으로써 자기중심적 역사인식에서 벗어나 자기를 상대화하는 역사서술의 길이 열릴지도 혹 모르기 때문이다.

3. '자아충실 또는 자아성찰의 동아시아사' 비판

'한국사의 확대로서의 동아시아사'론의 대척점에 '국사의 틀을 넘어서는 동아시아사'론이 위치한다. 이 입장을 선명하게 제기한 것이 서양사학자인 김기봉인데, 그의 논의를 제대로 이해하려면 국사라는 역사서술체계를 해체해야 한다는 주장부터 살펴보아야 한다.

그는 "한국 근대 역사학에서 국사는 우리가 민족이라는 가상실재(virtual reality)에 살고 있고 또 앞으로 영원히 살아야 한다는 것을 기억으로 주입하는 매트릭스의 역할을 해왔다"고 단언한다.[12] 따라서 21세기에 적합한 한국사 서술과 역사교육의 새로운 패러다임을 모색해야 할 시점에 도달한 지금 우리가 앞으로 나아가야 할 방향은 국사 해체에서 시작한다. 그 과정은 서로 연결된 두 단계를 거친다. 첫째, 국사라는

---

12 김기봉 『역사를 통한 동아시아 공동체 만들기』, 푸른역사, 2006, 181면. 이하 면수만 표시한다.

명칭을 폐기하고 한국사라는 이름으로 교과서를 다시 서술한다. 이를 통해 한국사를 우리 민족이 걸어온 발자취이자 기록으로 정의할 것이 아니라 현재 한국인으로서의 자기정체성의 재발견을 목표로 해서 서술할 수 있다(이를테면 민족교육에서 시민교육으로). 둘째, 한국사 교육과 세계사 교육을 분리하지 않고 하나로 통합할 수 있는 방안을 모색하여 '세계 속의 한국사'와 '한국 속의 세계사'의 문제의식을 동시에 구현한다(119~20면).

이렇게 국사의 종언을 선언하면서 궁극적인 대안으로 그가 제시하는 것이 한국사와 세계사의 통합임을 알 수 있는데, 그렇다면 동아시아사는 그 속에서 어떤 위치를 차지할까. 국사와 세계사라는 이분법으로 자국사와 타국사를 분리시키는 것이 아니라 한국사와 세계사의 상호관련성을 구현하는 역사교과서 서술과 역사교육이 필요하지만, 막상 '세계 속의 한국사'가 과연 어떻게 서술될 수 있는가 하는 문제에 부닥칠 때 전략적으로 택할 수 있는 것이 그 '중간단계'로서의 동아시아다. 그래서 그는 "기억의 장(場)으로서의 동아시아를 범주로 한 동아시아사를 어떻게 쓸 수 있는지부터 논의해봐야 한다"고 주장한다(197면, 강조는 인용자).

이처럼 그는 탈국사를 위한 대안적 기억의 장으로서 동아시아사의 성립가능성을 타진하고 있는데, 그것은 역설적으로 "동아시아사의 맥락 속에서 한국사의 개체성과 고유한 발전방식을 해명할 수 있는 길을 모색"하는 것이기도 하다(201면). 바로 이 점이야말로 필자가 말하는 '자아충실'로서의 동아시아사와 통할 수 있다 하겠다.

그런데 왜 꼭 중간단계로 동아시아 차원의 역사서술이 필요한가. 그는 한국의 역사학자로서는 드물게 한국에서 제기된 동아시아 담론을 적극적으로 평가하면서[13] 자신의 동아시아론을 전개하는 편이다. 그의 담론은 동아시아라는 지역 개념 규정에서 잘 드러난다. 즉 그는 동아시아는 "역사적 '경험공간'과 미래의 '기대지평'이 융합된 개념"이라고 인식하고 있다(54면). 먼저 미래의 기대지평에 대해 살펴보면, 그것은 "세계화의 도전에 대한 신지역주의적 도전"이자(143면) 탈미국화와 탈민족주의를 통한 동아시아공동체 형성을 의미한다. 그리고 역사적 경험공간이란 "움직이지 않는 구조"(144면)인 "한국사의 장기지속적 구조"(198면) 또는 "한국사를 관통하는 장기지속의 구조"를 가리킨다(141면).

이러한 그의 입론에 대해서는 이러저러한 논란이 있을 수 있겠으나, 여기서는 우리가 동아시아적 시각을 견지해야 할 역사적 근거(곧 경험공간)와 현실적 근거(기대지평)를 그가 제시하고자 한 것이라고 이해하는 데 만족하고, 역사서술 문제에 한정해 좀더 논의를 진행하고 싶다. 국사를 극복할 수 있는 하나의 대안인 동아시아적 관점을 "앞으로 한국 역사학이 붙잡고 씨름해야 할 화두"로 간주하는(141면) 그는 동아시아사를 서술하는 2단계 전략을 제시한다. 즉 먼저 한·중·일의 관계사적 접점을 찾아서 이를 기점으로 상호 역사에 대한 '인식의 공유'를 모색하고, 그 기반 위에서 동아시아라는 공통의 역사지평을 확인함으로써 '문맥의 공유'에 이르는 것이다(141~42면). 그가 말하는 첫 단계는 비교적 익숙한 것이므로 단순한 비교와 병렬적 서술에 그칠 한계에서 벗어나야 좀더 의미있는 서술이 될 것이라는 점만을 지적해두겠다. 그런데

---

13 그는 "동아시아 담론의 장에 소수의 역사학자들만이 참여하고 있는 현실은 오늘날 역사학의 위기가 어디서 비롯되었는지를 깨닫게 한다"라고까지 주장한다(56면).

두번째 단계인 '문맥의 공유'는 동아시아인의 경험의 구조적 연관성을 확인하는 작업이므로 좀더 음미할 가치가 있다. 이에 대해 그는 이렇게 말한다.

> 역사인식의 공유가 가능하기 위해서는 먼저 국민국가의 기억을 넘어설 수 있는 문맥의 공유가 있어야 한다. 이런 문맥의 공유를 성취할 수 있는 역사적 공간이 바로 동아시아사라는 점을 인식하고, 3국의 역사가들은 서로 다른 기억을 통합할 수 있는 구조적 연관성을 찾아내고 그것이 미약하다면 미래지향적으로 새로 만들어가려는 노력을 기울여야 한다. (191면)

바로 이 문맥의 공유, 즉 동아시아사의 구조적 연관성에 대한 강조는 (그의 국사 해체론과 상승작용해) 그가 자국사와 지역사의 통합을 말하지만 실질적으로 자국사를 지역사 속에서 해소하는 것으로 비칠 수 있다. 실제로 "국가사를 해체하여 지역사나 세계사에 묻어버린다면 구체적인 인간 생활의 실상에 부합하지 않는 스토리가 만들어질 가능성이 크다"는 비판에 부닥치기도 한다.[14]

이렇게 된 것은 그가 '문맥의 공유'를 성취할 수 있는 공간을 곧바로 동아시아로 환치했기 때문이 아닐까 싶다. 여기서 그의 '문맥의 공유' 발상의 출처인 미조구찌 유우조(溝口雄三)의 본뜻으로 돌아가보자. 미조구찌가 말하는 문맥의 공유란 인식의 공유를 위한 전제이고, "어떤

---

14 유용태 「다원적 세계사와 아시아, 그리고 동아시아」, 김한종 외 『역사교육과 역사인식』, 책과함께 2005, 339면.

국가나 민족의 문맥에 발 딛고 있는 어떤 문화주체와 다른 어떤 국가나 민족의 문맥에 발 딛고 있는 다른 어떤 문화주체의 사이에서 마찰과 충돌을 뚫고나가면서 또는 마찰과 충돌을 지양하여 새로운 공간이 공유되고 양자에게 공동의 대화공간이 성립되는 것"이다. 물론 이 '공동의 대화공간'을 김기봉이 동아시아로 상정한 것 자체를 문제 삼을 일은 아니다. 단지 미조구찌가 '문맥의 공유'를 통해 강조하고자 한 "역사인식 문제의 문맥 자체의 탈구축"에 대해[15] 그가 좀더 세심한 주의를 기울이지 않은 점을 지적하려는 것이다. 좀더 살펴보자.

미조구찌의 뜻을 달리 표현하면 문맥의 공유는 상대방의 발언을 그것이 근거로 삼는 기반까지 포함하여 모두 이해하려고 애쓰는 노력과, 그러한 노력에 의해 인식된 상대방의 문맥에 의해 이번에는 자신이 근거하는 문맥을 상대화해가는 작업을 끊임없이 되풀이하는 과정이라고 볼 수 있다.[16] 그런데 이 과정에서 시마무라 떼루(島村輝)는 "각각의 문맥에는 타자와는 다른 개별성이 있음과 동시에 상호이해의 가능성을 보여주는 보편성"이 있다는 사실을 깨닫게 된다고 지적한다.[17] 이것은

---

15 溝口雄三『中國の衝撃』, 東京: 東京大學出版會 2004, 65, 80면.

16 이 관점은 역사학계 일부에서 공감을 얻고 있다. 예컨대 "교과서 대화는 상대방의 역사인식을 통해 자신의 내면을 볼 수 있는 기회를 제공해준다. 교과서 대화는 자기중심적인 역사인식을 벗어나 상대화 과정에서 다중심적인 역사관, 복수의 역사를 지향해야 성공할 수 있다"는 발언이나(신주백), "진정한 평화교육은 타자의 폭력성을 비판하는 것을 넘어서서 혹시 자기 내면에도 폭력성이 감추어져 있는 것은 아닌지 성찰하게 될 때 비로소 가능하다"(김성보)는 주장이 있다('동아시아 역사인식 공유를 위한 국제심포지엄'(2006.11.25. 서울) 자료집『역사대화의 경험공유와 동아시아 협력모델 찾기』).

17 島村輝「'居心地の惡さ'に直面するということ: '日中·知の共同體'プロジェクトの經驗から」, '한일, 연대21' 발족기념 심포지엄 '한일, 새로운 미래 구상을 위하여'(2004.11.19. 서

날카로운 통찰이 아닐 수 없다.

 이 통찰에 기대어 김기봉의 문맥의 공유에 대한 이해를 다시 본다면, 그는 각 국가적 문맥의 개별성을 소홀히 다룬 나머지 그에 내재한 보편성도 덜 중시하게 된 것 같다. 달리 말하면, 그는 국민국가에 대한 비판과 불신 때문에 편의적으로 동아시아에 의존한 게 아닐까 하는 의문마저 갖게 된다. 필자는 "탈민족주의야말로 오히려 세계사적 탈근대에 기여할 지역적·민족적 과제를 외면하다가 진정한 탈근대에 무기력할 우려는 없는가"[18] 하고 묻는 입장을 지지하고, 근대세계에서 국민국가가 위치한 복합적·중층적 관계를 중시하는 편이다. 그래서 개별성을 끌어안고 보편성에 도달할 탄력적인 방안이 없을까 고심하다가 자국사와 지역사가 소통되는 '자아 확충과 충실의 동아시아사'에 착목한 것이다.

4. 자아 확충과 충실의 동아시아사

 지금까지 '자아확충의 동아시아사'와 '자아충실의 동아시아사'를 각각 비판적으로 검토한 끝에 그 대안으로서 '자아 확충과 충실의 동아시

울) 발제문. 이 글은 나중에 小森陽一·崔元植·朴裕河·金哲 編著 『東アジア歴史認識論爭のメタヒストリー』, 東京: 靑弓社 2008에 수록되었다(인용문은 40면). 그는 '일중: 지(知)의 공동체'운동에서는 전체적으로 문맥의 개별성과 차이가 강조되는 국면이 많았고 보편성에 대해서는 서양적 인식틀의 취급과도 얽혀서 부정적으로 다루어지는 경향이 있었다고 지적했다. 그렇지만 현실의 구체에 입각하면 개별성보다는 오히려 보편성의 측면에서 다뤄야 할 일도 많다고 한다.

18 유재건 「탈민족주의, 탈근대의 관점에서 본 한국현대사」, 『창작과비평』 135, 2007, 296면.

아사'에 대해 언급했으니, 이제 그 내용을 설명할 차례다. 그런데 그보다 먼저 동아시아사 교과서가 이번에 한국 사회에서 평지돌출 식으로 갑자기 나타난 것이 아님을 확인하기 위해 그 배경을 간략히 정리해두려고 한다.

해방 직후 미군정기(1945~48)에 만들어진 교수요목(教授要目, 1948)에 따르면 세계사 교과(1948)는 '먼 나라의 생활'(중1), '이웃나라의 생활'(중2), '인류문화사'(중4~6)라는 과목으로 구성되었는데, 그 가운데 하나인 『이웃나라의 생활(역사)』이 바로 동아시아사 교과서다. 그 교과서는 '이웃나라의 역사'를 배우는 의의를 다음과 같이 밝혔다.

> 이웃나라 역사를 배우는 본뜻은 우리의 이웃나라인 중국을 비롯하여, 정치적으로 문화적으로 서로 가까운 관계를 가진 여러 나라와 민족의 흥망성쇠와 문화발전의 자취를 상호관계에서 알아보려는 것이다. 그리하여 동양의 민족과 문화가 어떠한 유래를 가졌으며, 어떠한 모양으로 자라나고 움직여왔는가를 해득하려는 것이다. 그리고 이러한 여러 이웃나라의 민족과 문화는 우리와 어떠한 관계를 가졌으며, 이들에 대한 우리 민족의 사명과 문화의 지위가 어떠한 것인가 등을 밝혀보려는 것이다.[19]

이 문장을 통해 '이웃나라'는 중국을 비롯해 우리와 밀접한 관계를 맺은 '여러 나라와 민족'을 가리키며, 그들의 민족과 문화의 역사를 우

---

19 김상기·김일출·김성칠 『이웃나라의 생활(역사)』, 동지사 1949. 겉표지에 '문교부 검정필 중등사회생활과'라고 인쇄되어 있다. 당시 초급중학교는 미국 제도의 영향으로 지리·역사·공민이 통합된 사회생활과(Social Studies)가 학생들에게 사회생활을 이해시키는 교과로 개설되었다.

리와의 관계사에 중점을 둬 서술함으로써 우리의 사명과 지위를 규명하는 데 목적이 있음을 알 수 있다. 이렇듯 한국사와의 관계를 중시했기에 그 「머리말」에 "국사와 관련된 사실은 될수록 상호관계에서 자세히 적어 국사와 이웃나라 역사와의 연관성을 밝히려고 힘썼음"이라고 명확히 밝히고 있다.

『이웃나라의 생활(역사)』이 잠시 교과서로 통용된 이후 또다시 동아시아사가 제작되어 유통된 적은 없고, 국사와 세계사 교과서가 사용되었다. 그런데 1950년대 후반 중국사학자인 이동윤이 유럽 중심의 세계사 교과서를 재구성하자고 요구하면서 '아세아적 세계사'의 필요성을 강조한 적이 있다. 즉 "중국, 중앙아세아, 동남아세아의 역사를 한국 역사와의 긴밀한 연관하에서 재고찰함으로써 귀납적이 아니라 연역적인 방법으로 아세아 중심의 세계사를 학생들에게 인식시키도록 하자는 것"이다. 그런데 이 제안은 유럽중심주의를 벗어나자는 데서 주목되나, 역사교과서 3분과의 하나인 동양사로 회귀할 위험을 안고 있음을 간과할 수 없다. 이러한 점은 그가 "만약 이러한 교과서 편찬에 난관이 있다면 차라리 무의미한 동서양사의 시대 구분적 배합인 세계사를 동양사편, 서양사편으로 구분하여 편찬하는 것이 지도교사의 입장에서나 피교육자의 입장에서나 그 교육적 효과가 우월하다고 생각되기 때문"이라고 한 데서 잘 드러난다.[20]

그후로 동아시아 역사교과서를 독립적으로 편찬하자는 주장이 다시 제기된 적은 없었지만, 한국사를 비롯한 동아시아사의 내재적 발전을 중시한 역사학계의 조류에 힘입어 세계사 교과서에서 아시아사가 확대

---

20 이동윤 「세계사 교육의 당면과제」, 『역사교육』 2, 1957, 13면.

되고 아시아 여러 문화권에 대한 균형있는 서술이 추구되어왔다. 그러다가 최근 중국사학자인 유용태가 "일국사에서 세계사에 이르는 중간 단위의 지역사"인 동아시아사의 필요성을 제기하고 나섰다.[21]

독자적 문명을 가진 지역의 역사가 있을 때 비로소 우리는 국가사나 국가사 위주의 세계사가 간과하기 쉬운 부분을 포착해낼 수 있고, 그 기반을 바탕으로 동아시아와 그 밖의 다른 지역과의 상호관계도 정확히 이해할 수 있다. 그래야 세계사가 유럽중심주의로 흐르지 않고 국가사도 감정적인 자국중심주의로 빠지지 않을 수 있다.[22]

필자는 지역사를 제안하면서도 국가사의 일정한 역할을 인정하는 그의 구상을 자국사와 지역사의 소통의 길, 즉 '자아 확충과 충실의 동아시아사'의 방향을 제시한 것으로 주목한다.

그런데 이 정도의 논의가 이뤄진 단계에서 정부가 동아시아사라는 선택과목 개설 방침을 들고나왔다. 그 소식을 접하고 '한국사와 동아시아사의 화해'를 평소 주장하던 필자로서는 솔직히 말해 한편으로 반가우면서도 다른 한편으로는 당혹스러웠다. 그리고 그 방침을 어떻게 평

---

21 유용태, 앞의 글. 유용태의 제안 이전에 박원호의 주장도 있었음을 처음에는 간과했는데 이제 추가한다. 그는 1987년에「한국 동양사학의 방향: 독자적인 동아시아 역사상의 형성을 위한 제언」이라는 요지를 발표했다(『제30회 전국역사학대회발표요지』(비매품). 그리고 한참 뒤「'동아시아사로서의 한국사' 구성을 위한 재론」,『한국사학보』 35, 2009;「'동아시아사로서의 한국사'를 위한 마지막 제언」,『역사학보』 216, 2012를 공간했다. 그는 관계사와 비교사를 중심으로 동아시아 속의 한국사를 재구성하자고 제안한다.
22 유용태, 앞의 글 339면.

가할 것인지 궁구하지 않을 수 없었다.

'동아시아사 교육과정 시안 개발' 공동연구팀(이하 '개발팀')이 밝힌 바에 따르면[23] 교육부가 이 과목 개설을 위해 교육과정 개발을 추진하는 직접적인 이유는 "동아시아 국가들 간에 조성되고 있는 역사갈등을 해소하고 미래지향적 역사교육을 통해 동아시아 평화와 번영의 기반 마련을 위한 역사인식을 함양하기 위해서"라고 하니, 원칙적으로 필자는 그 입장을 지지한다. 그러나 동시에 지금 정부 주도 아래 동아시아 역사교과서를 편찬하기에는 충분한 조건이 갖춰지지 않았다고 필자는 평가한다. 이렇게 판단하는 이유는 단순히 동아시아사가 하나의 역사로서 정체성을 아직 갖지 못했다고 보기 때문은 아니다. 오히려 필자는 동아시아를 하나의 역사로 묶어낼 수 있는 역사적·현실적 필연성은 어느정도 검토된 상태라고 보는 편이다. 그렇다면 무엇이 문제인가.

우선 역사교과서라는 서술양식 자체가 안고 있는 문제에 대해 살펴보겠다. 근대교과서는 일반적으로 국민 통합을 위해 국민(민족)의식을 고취하는 것이 주된 목적인 제도적 장치라고 설명된다. 그래서 역사교과서의 경우 그 서술양식이 국가별 통사(通史)·통설·종합사일 것이 요청된다. '개발팀'이 작성한 동아시아사 교육과정의 내용체계에도 물론 이 양식이 적용되어 있다. 그런데 이런 시대사 중심의 통사체제로 가다 보면 주제별 내용이 분산되어 정리가 쉽지 않다는 문제가 있다.[24] 그러

<hr />

23 안병우 외 『동아시아사 교육과정 시안 개발』, 교육부의 위촉을 받은 동북아역사재단의 2006년도 학술연구과제 결과보고서.

24 앞의 연구결과보고서에 실린 이수일(아시아평화와 역사교육연대 상임공동대표)의 시안에 대한 토론문에도 같은 지적이 있다. 이 보고서에 따르면 교육과정은 동아시아사를 시간의 흐름에 따라 6개 단원으로 나누고, 각 단원에는 수업을 고려하여 4, 5개 성취요소를 배치하는 방식으로 구성되었다. 단원은 동아시아 지역사 전체의 관점에서

니 이 시안에 기초한 교과서가 '미래의 동아시아 평화와 번영의 기반을 마련하는' 안목과 자세를 기르기 위해 이 과목을 개설한다는 목표를 제대로 충족시킬 수 있을지 의문이 드는 것이다. 자칫하면 학생들에게 인기도 없는 수험용 지식을 강제하는 또 하나의 교과목에 그칠지도 모른다.

그러나 역사교과서식 서술양식에 대해 비판적이라고 해서 새로운 동아시아사 교과서가 편찬되어 교육현장에서 가르쳐지는 것의 의미 자체마저 필자가 부정하는 것은 아니다. 여기서 강조하고 싶은 것은 역사교과서를 허용하는 현행 교육제도의 안과 밖을 넘나들며 개혁을 추진해야 한다는 점이다.[25] 이 관점에서 보면 지금 같은 검인정 교과서정책 아래에서는 서술양식상의 제약으로부터 자유로워지기 힘들다. 따라서 한편으로는 교과서정책을 검인정에서 자유발행제도로 전환하거나 아니면 적어도 검인정에서 자유발행제로 넘어가는 과도적 조치로 낮은 단계의 검인정제를 시행하도록 관계 당국에 압력을 가하면서, 다른 한편으로는 제도 밖에서 대안적 역사교과서(부교재)를 자유롭게 서술하는 다양한 노력을 기울여야 한다. 물론 두 방면의 활동은 상호연동되기 마

커다란 사회변화를 기준으로 시기를 구분하되 엄격한 시대구분을 하지 않고 그 사회변화의 특징적 내용을 골라 주제별로 구성하였다. 1) 동아시아 역사의 시작, 2) 인구 이동과 문화의 교류, 3) 생산력의 발전과 지배층의 교체, 4) 국제질서의 변화와 독자적 전통의 형성, 5) 국민국가의 모색, 6) 오늘날의 동아시아. 이 시안이 확정 공포된 이후 새 교육과정에 따른 '동아시아사' 모형단원을 개발하는 연구진이 활동하고 있다. 그 내용은 신성곤 「한국 '동아시아사' 교과서의 구성과 그 특징」, 동북아역사재단 주최 '동아시아역사교과서 국제학술워크숍'(2007.11.15~16 서울) 자료집 참조. 이후의 경과는 주 2 참조.

25 좀더 상세한 설명은 백영서 「제도의 안과 밖을 넘어서: 동아시아 역사교과서와 교육의 재구성」, 윤내현 외 『동아시아의 지역과 인간』, 지식산업사 2005 참조.

련이다.

　그다음으로 이 서술양식상의 문제와 표리관계에 있는 서술내용상의 문제에 대해 살펴보겠다. 교과서의 역사서술은 국가를 중심으로 한 내용에 치우치기 쉽다. '개발팀'의 시안은 동아시아사가 "한·중·일 3국을 중심으로 한 동아시아 지역의 역사를 하나의 역사단위로 하여 가르치는 과목"이라고 규정하고 있는데, 비록 동아시아를 하나의 역사단위로 한다지만 '한·중·일 3국'을 중심으로 삼고 있기에 그런 우려를 떨쳐버리기 어렵다. 필자는 자국사와 지역사의 소통이 이뤄진 동아시아사는 '이중적 주변의 시각'에서 서술되어야 한다고 본다. 그래야 국가 중심의 역사서술을 극복하고 삼국의 역사에 대해 단순 비교를 넘어 상호연관의 지역사를 서술함으로써 동아시아사 속의 한국의 위치도 올바르게 정립할 수 있을 것이다. 이에 대해 이전에 쓴 글의 한 대목을 인용해보겠다.

　　동아시아 안과 밖의 '이중적 주변의 눈', 즉 서구 중심의 세계사 전개에서 비주체화의 길을 강요당한 동아시아라는 주변의 눈과 동아시아 내부의 위계질서에서 억눌린 주변의 눈을 동시에 가져야 한다고 강조하고 싶다. 이런 '눈'으로 동아시아의 역사를 다시 볼 때, 연대와 갈등의 동아시아 역사의 전모가 또렷이 드러날 것이다. 특히 동아시아 질서의 역사에서 중국(제국)—일본(제국)—미국(제국과 그 하위 파트너 일본)으로 중심이 변화함에 따라 그 각각에 대한 우리의 역사적 기억이 어떻게 변화하면서 중첩되기도 하는지가 복합적으로 서술될 것이다.[26]

---

26 백영서 「동아시아 평화를 앞당기는 소중한 첫걸음: 『미래를 여는 역사』 서평」, 『창작

이 시각을 견지할 때 역사교육에서 '유럽중심성'과 (최근 주의를 끌고 있는) '중국중심성'을 극복할 수 있을 뿐만 아니라 동아시아 지역 외부에 위치하면서도 동아시아에 내재하는 '우리 안의 미국'이라는 존재도 제대로 서술하는 효과를 거둘 수 있다. 아울러 동아시아적 맥락에서 한국사를 다시 보고자 할 때 흔히 부닥치는 한국의 정체성 문제, 즉 동아시아에서 한국이란 무엇인가라는 문제도 해결될 수 있다. 중심-주변의 위계질서의 변천사인 동아시아사에서 한국 같은 주변적 존재의 시각을 통해 위계질서의 연속인 역사세계가 동아시아인의 삶에 어떤 영향을 미쳐왔는지를 총체적으로 파악할 수 있는 것이다.

필자가 말하는 '동아시아 내부의 위계질서에서 억눌린 주변'은 국가만을 의미하지 않고, 국가의 역할에서 살릴 것은 살리면서도 국가 본위의 좁은 사유방식을 해체하는 이율배반적 과제 수행의 지적 긴장을 유지하는 다양한 주체들까지 포괄한다.[27] 따라서 그들의 존재양식을 탐색하면서 역사적 의미를 부여하는 일이 역사서술의 중요한 과제가 아닐 수 없다. 이를 통해 국가 중심의 역사서술을 극복할 길이 열린다.[28]

마지막으로, 이 동아시아사 교과서가 다른 나라 사람들, 적어도 동아

과비평』 129, 2005.

27 특히 국민국가 형성과정에서 주변적 존재로 무시되어온 국가의 틈새에 위치한 무수한 '국가 형태를 지니지 않은' 사회, 그리고 국경을 넘나드는 디아스포라적 존재 들을 중시한다. 그리고 그들이 닦아놓은 자유로운 공간을 자원으로 삼아 동아시아인의 공생과 공동진화의 가능성을 찾고자 한다(백영서 「주변에서 동아시아를 본다는 것」, 정문길 외 엮음, 앞의 책 36면. 『핵심현장에서 동아시아를 다시 묻다』에 재수록되었다).

28 '이중적 주변의 시각'의 유용성에 대한 공감을 표시한 글로는 신주백 「동아시아 역사 만들기」, 『창작과비평』 132, 2006, 367면.

시아인들에게도 이해되고 수용되어야 한다는 점을 강조하고 싶다. 여기서 일찍이 동양사와 한국사 연계의 중요성에 주의를 환기해준 고병익의 다음과 같은 발언을 되새겨보고 싶다.

외국인 특히 역사와 문화에서 친근성이 많은 동아시아의 다른 나라 독자에게, 내용상의 평가와 결론은 다르다 할지라도, 적어도 서술의 정확성과 논리의 합리성으로서 수긍되어야 하는 것이다. 연구단계에서도 그렇고 특히 서술과 평가에 있어서, 동아시아 전체에 걸친 시각을 염두에 둘 때에 주장의 설득력이 높아진다 할 것이다.[29]

이 대목은 바로 동아시아에서 소통의 중요성을 강조한 것이다. 이것을 필자 식으로 바꿔 말하면 역사서술이 '소통적 보편성'을 지향해야 한다는 뜻이 된다. 보편성이 (진리라기보다) 널리 인정되고 합의된 것이라고 본다면, 합의를 얻기 위한 다수의 인정과 승인이 필수적일 것이고 인식주체 간의 소통이 그 전제일 것이 틀림없다.[30] 그런데 현실 속에서는 소통적이지 않은 (따라서 억압적·패권적인) 보편성(uncommunicative universality), 아니면 소통가능성은 있으나 개체로 흩어진 소통적 개별성(communicative individuality)에 해당하는 사례들을 더 자주 대

---

29 고병익 『동아시아문화사논고』 374면.
30 강정인은 보편성이란 시공간을 초월해서 유효한 진리·가치·문화라기보다는 '널리 통용되는, 또한 적용 가능한' 진리·가치·문화라고 이해한다. 그런 뜻에서 그가 말하는 '보편성'(wide applicability)은 그람시(Antonio Gramsci)가 말하는 헤게모니라는 의미와도 통한다. 그렇기 때문에 이성적 토론 못지않게 물리적 힘과 헤게모니의 역할이 중시된다(강정인 「우리 안의 보편성, 조희연, 「우리 안의 보편성: 지적·학문적 주체화로 가는 창」을 중심으로」, 『경제와사회』 72, 2006).

하게 된다. 어떻게 이들을 극복하고 역사서술에서의 소통적 보편성에 도달할 수 있을까.

필자는 앞에서 시마무라 떼루를 인용하면서 각각의 문맥에 있는 개별성과 상호이해의 가능성을 부여하는 보편성을 강조하고 이 점이 '소통적 보편성'의 근거가 됨을 밝힌 바 있다. 요컨대 소통을 가능케 하는 보편적 요소가 개체 안에 있고, 그래서 개체 간의 소통과정에서 생기는 공감과 상상력의 탄력에 힘입어 보편성을 확보할 수 있다는 점을 강조하려는 것이다. 그런데 이 발상이 한국 지식인사회에서도 일정한 공명을 이루고 있음을 이 글을 쓰면서 발견해 반가웠다. 조희연은 "우리의 특수한 쟁점들과 다른 많은 국민국가들의 특수한 사례들을 관통하는 보편적 측면을 통찰하는 노력" 속에서 "우리의 특수한 이슈와 투쟁 속에 내재한 아시아가 공감하는, 세계가 공감하는 보편적 메시지가 전유될 것이다"라고 기대하고 있다.[31] 보편성을 향한 소통과정은 이미 시작된 것이다.

5. 글을 맺으며: 소통적 보편성과 8·15의 집단기억

여기까지 서술하고 나니 혹 이 글에서 말하는 '소통적 보편성'의 의미가 아직도 명확히 잡히지 않는다거나 그에 대해 회의적인 독자가 있을까 염려되어 사족을 달려 한다. 소통적 보편성을 지향하는 동아시아

---

31 조희연 「우리 안의 보편성: 지적·학문적 주체화로 가는 창」, 신정완 외 『우리 안의 보편성』, 한울 2006, 51면. 이것을 강정인은 '준보편성'이라고 해석하지만(강정인, 앞의 글 297~98면), 오히려 나는 보편성을 향한 부단한 소통과정을 부각하고 싶다.

사 서술의 가능성을 실례를 통해 제시해보려는 것이다.

조희연은 종군위안부 문제나 1980년 5월의 광주학살 같은 개별적이고 특수한 사례들을 '제국주의·국가폭력·전쟁과 결합된 성폭력'이나 '국가권력에 의한 집단적 학살행위' 같은 좀더 추상적인 범주로 바꿔 읽는 이른바 '보편적 독해'를 제안하고 있다. 이것은 필자가 말하는 '소통적 보편성'을 드러내는 역사서술의 하나의 예증이 될 수 있다. 여기서 한걸음 더 나아가, 동아시아에서 8·15를 어떻게 집단적으로 기억하고 있는지를 비교분석하는 작업을[32] '이중적 주변의 눈'으로 다시 보려고 한다.

1945년 8월 15일에 대한 동아시아인의 기억은 단일한 것이 아니다. 쉽게 예상할 수 있듯이, 한반도에서는 일제 식민지로부터 '해방'됨을 축하하고 중국에서는 일제침략전쟁에서 '승리'했음을 부각하지만, 일본에서는 2차대전에서의 '패전'과 '종전'으로 기억한다. 그런데 이런 역사적 기억의 차이를 좀더 자세히 들여다보면 각각의 사정은 그렇게 간단치 않다. 8월 15일에 대한 기억은 고정된 것이 아니라 국가 안팎의 여러 집단이 그 기억을 둘러싸고 경쟁하는 과정에서 형성, 변형되었고, 또 앞으로도 그럴 것이다.[33] 따라서 8·15에 대한 다양한 기억의 차이를

---

32 아시아평화와 역사교육연대 편 『한중일 3국의 8·15기억』, 역사비평사 2005; 佐藤卓己·孫安石 등 일본의 공동연구진이 진행 중인 8·15 비교연구 참조. 그들의 연구성과는 佐藤卓己·孫安石 編 『東アジアの終戰記念日』, 東京: 筑摩書房新書 2007에서 볼 수 있다.

33 일본에서는 8월 15일을 '종전기념일'로 부르고 있는데, 그날은 천황의 육성방송만 있었을 뿐이고 9월 2일 항복문서에 조인했으므로 이날을 종전기념일로 삼아야 한다는 주장도 나오고 있다. 중국대륙에서는 9월 3일을 '항일전쟁 승리기념일'로 정했다(2일이 일본이 동맹국과 항복문서를 체결한 날이지만 구소련이 3일을 승리의 날로 정한 것에 중국과 만주가 영향을 받음). 대만에서는 국민당정부가 대만을 일본으로부터 정식 접수한 10월 25일을 공휴일로 지정하고 '광복절'로 기념하다가 2001년부터 공휴일을

낳은 각각의 문맥을 해체하는 작업이 동아시아인들 간에 서로의 개별성을 깊이 이해하고 대화하는 데 도움이 되는 것은 물론이다.

그러나 서로의 문맥을 부단히 상대화하는 작업을 되풀이하다가 각각의 문맥을 등가물로 파악하는 데 그친다면 동아시아사의 위계구조는 은폐되고 말 것이다. 각각의 문맥은 중심-주변의 위계질서 속에 위치한 것이므로 그 구조와 연관지어 서술되어야 한다. 또한 어떤 특정한 날을 종전일로 정할 것인가 등에 매몰될 것이 아니라 8·15에 대한 기억의 개별성을 존중하는 동시에 그것들에 내재하는 보편성, 즉 (일본제국주의를 포함한 일체의) 폭력에서 벗어나 해방과 평화를 희구하는 동아시아 인민의 보편적 바람을 드러내는 역사서술이어야 한다.

이 점을 극명하게 보여주는 것이 동아시아의 위계질서 속에서 중층화된 국가와 사회들 가운데 특히 주변적 위치에 처한 주체들의 발언이 지닌 전복성이다.[34] 필자는 오끼나와에서 간행된 1945년 8월 15일자 신문에서 "갈망의 평화, 점점 도래!!"라는 표제를 처음 목도했을 때 깊은 감동을 받았다.[35] 식민지 조선인과 마찬가지로 오끼나와인도 8월 15일 일본 천황의 항복방송만 듣고도 벌써 폭압적 동아시아사로부터의 전환

취소했다. 대만독립여론의 홍기와 관련이 있을 것이다. 한반도의 남쪽에서는 '광복절'로, 북쪽에서는 '해방기념일'로 불린다.

34 오끼나와의 종전기념일에 대한 논의는 일본의 평화가 갖는 폭력성을, 재일조선인의 8·15 기억은 한반도와 일본의 탈식민·탈냉전의 과제를 다시 한번 수면 위로 부각시킨다(福間良明「沖繩における終戰の變容」; 尹建次「在日からみた8月15日」). 이 두 사람의 발표문은 2007년 한국언론정보학회 봄철 정기학술대회(2007.4.28 서울) 자료집『디지털 미디어에 대한 성찰적 담론』에 소개된 바 있다.

35 「渴望の平和 愈々到來!!」,『ウルマ新報』4, 1945.8.15. 이 자료는 카가와(香川)대학의 후꾸마 요시아끼(福間良明) 교수로부터 소개받았다.

을 감지할 수 있었던 것이다.[36]

바로 여기서 소통적 보편성으로 이끄는 길잡이가 될, 자국사와 지역사가 소통하는 동아시아사의 길이 언뜻 보이지 않는가.

---

36 바로 이 같은 오끼나와와 한국의 역사경험의 공유를 필자는 '핵심현장'이라는 문제의식으로 해석한다. 백영서 『핵심현장에서 동아시아를 다시 묻다』의 「프롤로그」 참조.

8장
한국 중국학의 궤적과 비판적 중국연구

1. 문제의 소재

우리는 왜 학술사에 관심을 갖는가. 아마도 핵심적 이유는 기존 학술 제도와 이념에 대한 성찰이 필요하기 때문이 아닐까 싶다. 이 같은 작업을 하는 사람들이 등장하는 현상은 각자가 수행하는 학술관행에 대해 크든 적든 어느정도 위기의식을 갖고 그 대안을 모색하고 있다는 증거일 것이다.

사실 근대적 분과학문 속에는 자기검증의 영역이 있기 마련이다. 예컨대 역사학에서는 그 역할을 사학사가 담당해왔다. 그런데 지금 한국 학계에서는 이러한 학술사, 특히 한국의 사례가 (한국사학사와 한국문학사 등 극히 일부 주제를 제외하고는) 연구대상으로 그다지 중시되고 있지 않다. 게다가 정규 전공 교과목 편성에서 학술사 관련 과목이 중요한 비중을 차지하고 있지 않다는 사실에서 드러나듯이 교육면에서도 소홀히 다뤄진다. 우리 사회 전반에서 '인문학의 위기'니 '융합학문'이니 하는 논의가 유행할 정도로 기존 학술제도 전반에 대한 비판의 소리가 높은 상황임에도 그러한 실정은 변함없는 것이다.[1]

필자는 한국에서 수행되어온 학술의 역사를 연구하는 일의 중요성을 절감하면서, 이 글에서 필자의 전공영역인 중국사 연구를 포함한 중국학의 궤적을 역사적 맥락에 비춰 추적해보려고 한다. 역사학과 문학 분야에 중점을 둬 분석하되 중국학 전체를 대상으로 잡은 것은, 중국을 제대로 이해하려면 분과횡단적인 통합연구로서의 중국학이 필요하다는 판단 때문이다. 이것이 이 글을 꿰뚫는 첫번째 문제의식이다. 이 점은 중국연구를 가리키는 두개의 용어, 즉 한학(漢學)과 중국학의 용례를 잠깐 훑어보아도 쉽게 알 수 있다.

한자사용권에서 한학은 중국의 언어·문학·역사·철학 등을 연구하는 것, 즉 중국의 고전세계를 연구하는 인문학 위주의 연구를 주로 가리킨다. 영어 sinology의 번역어로서의 한학도 바로 그런 뜻을 갖는다. 이와 달리 중국학은 영어 China studies 또는 Chinese studies의 역어로서 중국의 정치·경제 등 사회과학 중심의 연구, 곧 지역학(area studies)에 속하는 학술분야를 가리킨다. 이처럼 한학과 중국학을 구분해버리면 매우 간편하게 문제가 정리되는 것 같다. 그런데 연구대상인 중국을 두개의 중국, 즉 고전텍스트의 중국과 현실의 중국으로 나누고 그에 대응해 (전통)한학과 (현대)중국학으로 나누는 게 과연 타당한 것일까. 중국의 긴 역사와 문명의 연속성이 중시되는 정황을 고려한다면[2] 그런 구분은

---

1 인문학의 경우가 이러할진대 구미이론에 의존해 근대사회를 연구하는 데 치중하는 사회과학의 여러 분과학문의 경우에 더욱더 심할 것은 두말할 필요도 없다.

2 그 하나의 예가 최근 '민족국가'(nation-state)가 아닌 '문명-국가'(civilization-state)

지나치게 단순한 것임이 바로 드러난다. 우리는 고전중국에서 현실중국으로 흐르는 삶의 유동성을 직시하고 그것을 분절함 없이 학술적 과제로 삼아야 한다. 중국인의 삶(또는 중국인의 다양한 가능성)에 대한 총체적 이해와 감각을 키워주는 연구와 교육이 요구되는 것이다. 더욱이 최근 우리 학술계에 분과학문을 넘어선 통합학문을 지향하는 분위기가 우세한 형편을 고려한다면,[3] 한학과 중국학을 아우르는 통합적 연구자세가 요구되는 것은 당연하다.

다음으로, 중국연구의 역사를 돌아보기 위해 '제도로서의 중국학'과 '운동으로서의 중국학'을 두루 중시하려 한다. 흔히 학술사라 하면 근대 학술제도의 핵심인 대학 안에서 이뤄진 지식의 생산(주로 대가의 학설사學說史)만 주목하기 쉽다. 그러나 운동으로서의 학문이라는 발상을 도입하면 학술사의 대상이 제도 밖에서 이뤄지는 지식의 생산, 전파 및 수용으로 한층 확대되고 그만큼 더 학술사가 풍성해진다. 여기서 말하는 운동으로서의 학문이란 사회운동의 한 영역으로서 사회현실을 변혁하는 데 기여하는 좁은 의미에서의 학술운동만을 의미하지 않는다. 운동을 좀더 넓은 의미의 탈제도로 이해하면, 활동영역이 제도권 안이든 밖이든 관계없이 주류적 학술 담론과 관행을 변화시키려고 하는 탈제도적인 흐름까지 운동으로서의 학문으로 포괄할 수 있다. 그렇기 때문에 제도 밖에서 이뤄지는 지식활동(예컨대 상업화된 지식)이라 하더라

라는 개념으로 중국을 설명하는 관점이다(마틴 자크, 안세민 옮김 『중국이 세계를 지배하면』, 부키 2010 참조).

3 이 같은 통합학술을 필자와 동료들은 '사회인문학'이라 이름 붙이고 그 이념을 실천하기 위해 10년간의 프로젝트를 연세대 국학연구원에서 진행 중이다. 이에 대해서는 본서 1장 참조.

도 주류적 학술 담론과 관행에 대한 비판적 기능을 감당하지 않는 한 운동으로서의 학문이 될 수 없으며, 마찬가지 이유로 제도 안에서도 비판적 학문은 가능한 것이다. 이것이 두번째 문제의식이다. 그러나 필자가 제도로서의 학문과 운동으로서의 학문을 분리하여 이분법적으로 대립하는 것으로 보려는 것은 아니다. 운동 속에서 제도를 보고 제도 속에서 운동을 보는 형태로 제도와 운동의 관계를 한층 더 역동적으로 파악하여 양자의 상호 침투와 충돌을 동태적으로 파악하자는 것이 필자의 기본 취지다.

이 같은 문제의식을 갖는 이유는 학술사 검토를 통해 미래의 중국학을 전망하기 위해서다. 말하자면 과거와 미래의 대화를 시도하는 것인데, 그 미래는 '비판적 중국학'의 창발적 재구성이다. 운동으로서의 중국학은 비판적 중국학이 되기 위한 필요조건이지, 그 자체가 비판적 중국학은 아니다. 그에 대한 좀더 구체적인 모습을 그려보기 위해서는 '비판적'이라는 수식어가 갖는 함의가 무엇인가를 명확히 할 필요가 있다.[4] 여기에서 관건은 무엇을 비판의 대상으로 삼는가이다. 그 대상은 고정된 것이 아니라 역사적 맥락에 따라 유동하는 것이고, 중국이라는 대상과 그것을 보는 인식주체의 관계에 따라 변화한다. 특히 비판적 중

---

4 비판적 중국학이라는 발상을 필자가 처음 제기하는 것은 아니다. 김희교「한국의 비판적 중국담론, 그 실종의 역사」, 『역사비평』 57, 2001과 이에 대한 반론인 이희옥「보론: 한국에서 비판적 중국연구를 한다는 것」, 『중국의 새로운 사회주의 탐색』, 창비 2004가 앞서 존재한다. 이희옥이 말하는 비판적 중국학의 비판대상은 중국의 '현실적 지배권력의 지형도' 내지 '주류적 담론'이다. 최근에는 이남주「중국의 변화를 어떻게 볼 것인가」, 『창작과비평』 157, 2012도 이 문제를 깊이있게 다뤘다. 이에 비해 8장은 (중국 현실 자체보다도) 한국의 제도로서의 중국학을 우선적으로 비판하면서 그 개혁의 가능성을 중국학의 역사에서 찾는 데 더 무게를 둔 학술사 작업이다.

국학이 재구성하려는 동시대의 주류 학술제도와 학술담론의 성격 변화에 따라 다르게 구체화된다고 말할 수 있다.

다음에서 본격적으로 논의되듯이 한국의 중국학의 역사적 궤적을 돌아보면 비판적 중국학의 몇가지 요건이 떠오른다. 우선적으로 근대적 분과학문제도 속에서 분산된 채 수행되는 지식 생산방식에 대한 비판이 요구된다. 따라서 분과횡단적 연구를 지향하는 것은 비판적 중국학의 첫째 요건이다. 그리고 이 요건은 자연스럽게 연구대상을 고전중국과 현실중국으로 분리하는 이분법을 넘어서는 두번째 요건으로 이어진다. 근현대 중국에 대한 관심을 결여한 '중국 없는 중국학'과 '중국 현실을 뒤좇는 중국학'[5]을 동시에 비판의 대상으로 삼아야 한다. 오늘의 중국 현실에 비판적 자세를 견지하기 위해서도 중국 역사와 문화에 대한 심층적 이해는 매우 중요하다. 그리고 이렇게 중국 역사와 문화를 심층적으로 이해하도록 하는 추동력은 현재를 살아가는 사람들의 일상적 삶에서 나오는 것일 터이다.

이 두번째 요건은 다음의 세번째 요건과 결합될 때 비판성이 제대로 발휘된다. 그것은 당대의 중국 현실과 주류적 사유체계에 대해 비판적 거리를 유지하는 동시에 비판적 중국연구를 "우리가 살고 있는 사회(지구적 차원·지역적 차원·일국적 차원)에 대한 인식을 재구성하는 계기"로 삼는 것이다.[6] 그 과정에서 중국과 한국(또는 다른 사회)의 주체 간에 '서로를 비추는 거울'관계가 성립한다.[7] 그러기 위해서 연구자가

---

5 이 두 용어는 溝口雄三『方法としての中國』, 東京: 東京大學出版會, 1990, 135~36면에서 발상을 얻었다.

6 이남주, 앞의 글 181면.

7 이를 '공동주관성(共同主觀性)'이라는 용어로 표현하기도 한다(加々美光行『鏡の中の日

처한 사회의 지배적 사유체계를 중국연구에 그대로 적용하는 태도를 문제 삼는 것은 당연히 요구되는 자세다. 끝으로 중국중심주의의 해체도 빠트릴 수 없는 요건이다. 구미에서 발신하는 '중국위협론'에 휘둘리지 않으면서 중국중심주의를 제대로 극복하기 위해서는 한국을 비롯한 동아시아와 연동해 중국을 바라보는 시각이 유용하다. 특히 필자가 역설한 바 있는 '이중적 주변의 시각'이 하나의 길잡이가 될 수 있다(이에 대해서는 마지막 절에서 더 깊이 다룰 예정이다).

물론 여기서 제시한 비판적 중국학의 네가지 요건은 한국에서 외국학인 중국학을 수행하는 필자의 경험에 일차적으로 기반을 둔 것이다. 그렇지만 그러한 요건을 갖춘 비판적 중국학은 중국의 이웃에 위치한 한국인뿐만 아니라 중국인을 포함한 인간 전체의 총체적 삶을 온전하게 성찰하는 거울로 작동할 수 있다고 믿는다.

이와 같은 문제의식에서 중국연구의 역사를 다시 살펴보노라면[8] 근대 학술제도가 형성된 기점으로 흔히 거론되는 일제치하 제국대학의 지식체계에 머물지 않고 더 거슬러올라가 조선 후기의 학인들이 중국에 대한 지식을 생산한 북학(北學)으로 시야가 자연스럽게 확대된다.

本と中國』, 東京: 日本評論社 2007, 125면).

8 이 글의 범위 밖에 있는 사회과학 분야의 중국연구를 포함한 중국학 전체의 분석은 필자가 경제인문사회연구회에 제출한 『대중국종합연구 협동연구총서 10-03-01』 (https://www.nrcs.re.kr/reference/together) 참조. 이 보고서 작성에는 김하림과 이병한 (연세대 박사과정생)의 도움이 매우 컸다.

2. 북학, 지나학 그리고 한학

1) '흔들린 조공질서'[9]하의 중국 인식과 북학

근대 이전 한국에서 축적된 중국고전 연구는 (근대 이후처럼 타자로서의 외국에 대한 지식이 아니라) 보편적 문명세계의 탐구였기에 '한문'이라는 동아시아 공통 문어문(文語文)으로 쓰인 학술 일반(곧 문文에 대한 탐구)인 동시에, 조선의 통치이념과 긴밀히 연결된 조선역사의 일부로서 그 정치와 문화를 정비하고 변혁하는 것을 목적으로 삼은 실천(경세經世)의 학문이기도 했다. 이런 특징은 한자문화권에 속한 일본과 베트남의 중국연구에서도 정도의 차이는 있으나 공통적으로 찾아볼 수 있는 현상이다. 영어 sinology의 번역어인 한학이 주로 타자인 중국의 언어·문학·역사·철학 등을 연구하는 것과는 선명하게 구별된다.

그런데 18세기 중엽 이후 조선의 일부 지식인들 사이에서는 (고전중국이 아닌) 동시대 중국의 현실을 직접 견문하고서 그로부터 배우려는 새로운 학풍이 일어났다. 그것은 '북학'이라 불리는데,[10] 당시 중국을 지

---

9 동아시아세계를 '흔들린 조공질서'로 설명한 것은 임형택 「17~19세기 동아시아 상황과 연행·연행록」, 『한국실학연구』 20, 2010 참조. 그 변화를 이끈 두 요인은 명청교체와 서세동점 추세였다.

10 북학이라는 용어는 『맹자(孟子)』 「등문공장구(滕文公章句)」 상편에서 기원한다. 허행(許行)의 농가(農家)사상을 비판하는 대목에서 진량(陳良) 같은 남만(南蠻)의 지식인이 유교사상을 북쪽 중국에 가서 배운다는 의미로 사용되었다. 그런데 한국 학계의 연구자들 사이에는 주변부의 처지에서 선진문화를 배우자는 의미를 갖는 '북학'이라는 관형사를, 당시 주류 사조인 '북벌'과 반대되는 혁신성을 상징하는 표제어로 보거나(유봉학) 아니면 북학론이 북벌론을 비판적으로 계승한 사상이라고 보는(김명호) 등 견해 차이가 존재한다(허태용 「'북학사상'을 연구하는 시각의 전개와 재검토」, 『동향과 전망』 14, 2006, 337면).

배한 만주족의 청조를 (한족의 명조인 '중국'에 대비해) '북국(北國)'으로 부른 조선인의 관행에서 연유한 것이다.[11] 이 학풍을 주도한 인사들은 대체로 연경(燕京), 곧 베이징에 다녀온 경험이 있어 기행문들을 남기고, 스스로 보고 들은 청 문화의 우수성을 인식하여 조선의 현실을 개혁하기 위해서는 청조의 문화를 먼저 배워야 한다고 주장했다.

한족의 명조가 멸망한 이후 중화문화(그 핵심인 유교문화)의 정통이 비한족(非漢族)의 조선에서 계승된다는 자부심, 곧 소중화의식이 팽배한 조선의 실정에서 제기되었기에 만주족 청조에서 배운다는 북학은 매우 도드라진다. "발로는 모든 것을 가진 중국 대지를 한번 밟아보지도 못했고, 눈으로는 중국사람 한번 보지도 못한"[12] 조선 선비의 현실조건에 비춰볼 때, 조선의 이용후생(利用厚生)에 필요한 청의 문물을 도입하기 위해 청조라는 현실중국에 대한 지식을 생산한 그들의 학문자세는 오늘날 사회과학자들이 주도하는 중국학과 통하면서, 그와 동시에 중국고전을 새롭게 해석하여 가치관·세계관을 재구성하는 인문학적 작업도 겸했으므로 이 글에서 중시한 통합적 중국연구의 선구, '원체험'이라 할 만하다.

조선 학인들이 중점을 둔 고전연구 영역이 경학을 재해석하는 일이었다는 것은 쉽게 수긍되는 점인데, 중국사의 재해석도 또 하나의 주요 영역이었다. 이적(夷狄) 왕조인 원과 청에 의해 편찬된 『송사(宋史)』와

---

11 명나라를 중국이라 일컬었으며, 청나라 사람들은 중국인이나 화인(華人)으로 부르지 않고 중립적으로 청인·청국인·북인·북국인으로 불렸다(계승범 「조선후기 중화론의 이면과 그 유산」, 인하대 한국학연구소 엮음 『중국 없는 중화』, 인하대출판부 2009, 264면).

12 박제가 지음, 안대회 옮김 『북학의』, 돌베개 2003, 13면의 박지원 서문.

『명사(明史)』의 오류를 바로잡겠다는 의도에서 『송사전(宋史筌)』『자치통감강목신편(資治通鑑綱目新編)』『명기제설(明紀提挈)』 같은 역사서들이 편찬되었다. 그 목적은 역사서를 통해 성리학을 바탕으로 한 조선의 학문과 의리론을 적극적으로 평가하는 것이었다.[13] 쉽게 짐작할 수 있듯이, 중국이 만주족인 청조에 장악되어 번성하는 현실을 지켜보면서 그로부터 배우려는 일부 학인들이 존재함과 동시에 중화문화를 계승한 '유일한 자'로서의 자부심에서 이 같은 학술작업을 주도적으로 추진한 조류도 있었던 것이다.

당시 북학자들이 주자학적 유교질서에서 과연 어느 정도 벗어났는지는 아직 관련 학계의 논란거리인 모양이나,[14] 필자는 이 문제에 깊이 들어갈 능력도 여유도 없다. 단지 이 글의 관심사와 연관지어 본다면, 그들의 중국에 대한 지식생산이 당시 주류 지식인사회에서는 소수의 학술활동이었지만, '흔들린 중화질서'에 대응하면서 주류 학술에 균열을 일으킨 '운동으로서의 학문'이자 중국이라는 거울을 통해 당대 조선사회에 대한 인식을 재구성하는 계기로 삼은 통합적 중국연구였다는 점에서 '비판적 중국연구'의 일부 요건을 갖췄다는 점을 지적하고 싶다. 설사 그들이 청나라의 문물은 본디 중화의 문물인데 청나라가 빼앗은

13 김문식 「〈송사전(宋史筌)〉에 나타난 이덕무의 역사인식」, 한양대 한국학연구소 엮음 『18세기 조선 지식인의 문화의식』, 한양대출판부 2001; 이성규 「『송사전』의 편찬배경과 그 특색: 조선학인의 중국사 편찬에 관한 일연구」, 『진단학보』 49, 1980 참조.
14 조선의 소중화사상은 "단지 중화라는 보편적 문화질서에 스스로를 동참시킴으로써 얻게 되는 성취감의 자기의식화일 뿐이다"라고 보는 견해도 있다(계승범, 앞의 글 246면). 그에 따르면, 조선의 자부심은 중화라는 타자의 권위에 의지하여 가능했던 것에 다름 아니다. 임형택은 숭명반청-조선중화주의-북벌의 허위성과 폐쇄성의 문제점을 비판하면서 '청의 중국'에 현실주의적으로 대응한 움직임이 18세기의 홍대용·박지원을 거쳐 19세기의 정약용·김정희로 이어졌다고 해석한다(임형택, 앞의 글 13, 21면).

것이므로 조선이 중화의 유일한 계승자가 되기 위해서는 그것을 받아들여야 한다는 중화계승의식을 견지했을지 몰라도, 그들의 학술내용 속에는 "화이관 자체를 무의미하게 만들 수 있는 가능성"이 부분적일지라도 포함되었다는 해석도 주목해야 옳겠다.[15]

2) 일본제국질서 속의 지나학과 그 균열

당시까지는 소수에 불과했던 그들이 추진한 새로운 비판적 중국연구의 길은 20세기에 들어와 제도적 학문으로 정착하지 못했다. 19세기 말과 20세기 초 신구 학문이 경쟁하는 시기에 중국경전 탐구를 중심으로 한 기존 학문 대신, 주로 일본으로부터 유입된 신학문의 영향 속에서 중국의 지리와 역사 등이 (보편문명이 아니라) 낙후한 '동양'의 일부로서 지적 관심의 대상이 되긴 했다.[16] 그러나 '북학'의 경향을 계승하는 중국에 대한 학술적 관심은 일제하 경성제국대학을 거점으로 한 '시나가꾸(支那學, 이하 지나학)'에 압도당하고 말았다.

중국에 대한 멸시의 어감을 띤 '지나'의 연구 곧 지나학은 일본 근대 학제에서 연원한 것이다. 따라서 일본제국시대 지나학의 맥락을 간략히라도 정리하고 넘어가지 않을 수 없다.

전통시대 일본의 한학은 조선의 중국연구가 그랬듯이 고전중국을 주된 대상으로 삼되 어디까지나 일본의 정치와 문화를 정비하고 변혁하는 것을 목적으로 하는 실천의 학문이었다. 그런데 메이지유신 이래 일

---

15 허태용 「조선후기 중화의식의 계승과 변용」, 인하대 한국학연구소 엮음 『중국 없는 중화』 317~18면.
16 백영서 「20세기 전반기 동아시아 역사교과서의 아시아관」, 『대동문화연구』 50, 2005, 43~49면.

본 제국대학의 중국 연구자들은 종래의 한학이 유학의 다른 이름일 뿐이고 지나의 것을 지나에서 배우는 것이므로 진정한 학술이 아니라고 지적하면서, 자유로운 학술의 견지에서 중국문화를 분석하고 비판하는 지나연구를 제도화했다.[17] 이 과학적 지나연구에는 두 흐름이 있었으니 하나는 주로 고전어의 문헌자료를 실증적으로 연구하는 '지나학'이고 다른 하나는 근대어로 기록된 문헌이나 동시대 지나의 사물을 연구하는 '지나연구'의 갈래이다. 이 두 흐름은 서로 관련 없이 연구를 수행했을 뿐만 아니라 서로를 멸시하는 경향이 있었다. 제국대학의 문학·역사학·철학 분야에서의 중국연구는 전자에 속한다. 그것은 전통한학의 흐름을 이어받아 고전중국을 주된 대상으로 삼아 과학적 분석을 수행한 것이지, 동시대 중국의 현실을 연구한 것은 아니었다.[18] 한마디로 (국학이나 양학과 대비되는) '일본 한학'은 순수 아카데미즘의 세계에 빠져들어 일본의 현실로부터도 또 당시의 중국 현실로부터도 멀어진 채 과거 고전중국의 문화와 사상을 대상으로 한 학문이었다고 할 수 있다.[19]

이 같은 '일본 한학'에 대해서는 제국대학의 학술계 내부에서 일찍이 비판이 제기되었다. 즉 한학과 구별되는 과학적 중국연구를 위해 각 분과학문에 기초한 중국문화의 전문연구가 제도화되었지만 그 문제점이 드러나고 있으니 그것을 극복하기 위해서는 '옛 지나'와 '현재의 지나' 연구의 종합이 이뤄져야 지나학의 진보가 가능하다는 것이다.[20] 제국일

---

17 津田左右吉「日本における支那學の使命」,『津田左右吉歷史論集』, 東京: 岩波文庫 2006, 190, 192면.

18 吉川幸次郎「支那學問題」,『吉川幸次郎全集』17, 東京: 筑摩書房 1969, 440~41면. 동시대 지나연구는 주로 외국어학교 졸업생에 의해 수행되었다. 그 주요 기구는 만철조사부(滿鐵調査部)나 동아연구소(東亞研究所) 같은 국책연구소였다.

19 加々美光行, 앞의 책 47~49면.

본의 지나학 내부에서 제기된 비판의 지향과 한계를 동시에 보여주는 것이 쿄오또제국대학의 지나학이다. 그것은 동시대 중국에의 관심을 학문적 차원으로 끌어올리려는 지향을 가졌으나, 이 역시 근대화에 실패한 중국을 멸시하고 동시대 중국을 경시하는 경향에서 완전히 탈피하지는 못했다.

이러한 특징은 쿄오또학파의 지나학 성립에 기초를 닦은 나이또오 코난(內藤湖南)이 말한 "지나인을 대신해 지나를 위해 생각한다"는 발언에서 쉽게 간취할 수 있다. 그의 지나학은 중국에 대한 초월적 시각을 의미하는데, 여기에는 두가지 요소가 결합되어 있다. 하나는 정체하는 노대국 중국보다 빠르게 근대국가를 형성하고 구미 제국주의국가 그룹에 진입한 일본이 중국 외부에서 처방을 제시하는 '제국주의적 중국 경영'의 입장에 호응한 학술담론이라는 것이다. 다른 하나는 지나라는 연구대상의 외부 관찰자인 일본인 연구자가 서양의 '과학적 방법'을 활용해 체계적으로 분석한 학술활동이라는 것이다. 이 점을 근대일본의 문헌비판학이 상징적으로 보여준다. 유럽의 한학자가 그러했듯이 일본인 연구자도 외부자의 입장에서 고대중국 문헌을 외국 문헌으로 간주하고 문헌비판의 방법을 통해 그것이 신용할 수 없는 '불확실한 편찬물'이라고 폭로하면서, 다른 한편으로는 신용할 수 있는 텍스트로 재구성(체계화)하는 데 힘썼다. 그것이 바로 근대일본의 지나문헌학 방법론이다. 그리고 그것은 사학·철학·문학 각각의 분야에서 연구가 진행되는 체제였다.[21]

---

20 吉川幸次郎, 앞의 글 455면.

21 子安宣邦『日本近代思想批判: 國知の成立』, 東京: 岩波書店 2003, 특히 104, 111, 145~46면.

이러한 과정을 거쳐 확립된 인문학적 특성을 가진 지나학이[22] 경성제국대학의 학제를 매개로 식민지 조선에 유입되었다. 그로부터 한국의 중국연구는 문학·역사학·철학 등의 근대적 분과학문체계 내에서 분산된 채 수행되었고, 북학을 비롯한 전통적 지식생산의 흐름은 (전통학문 전체를 통틀어 타자화하는 용어인) '한학'으로 통용되면서 점차 유교와 동일시되었다.[23] 그 결과 근대 분과학문에서 배제된 한학은 근대 교육제도 바깥에서, 민간에서 전수되는 유교 교양에 대한 탐구와 교육을 가리키는 것으로 그 성격이 변했다.

그렇다고 해서 당시 중국에 대한 지식생산의 장에서 '조선 한학'의 의의를 무시해도 좋은지는 다시 따져볼 필요가 있다. 제도로서의 학문인 지나학의 입장에서 보면 한학은 근대적 분과학문체계에서 벗어나 '과학'을 등한시한, 따라서 경쟁력 없는 학술행위에 지나지 않을 것이다. 그러나 비판적 중국학이라는 기준에서 다시 보면 조선 민족문화의 정체성을 지키는 방편으로서 그 원천이라 할 보편문명인 고전중국을 제국대학 바깥에서 새롭게 해석하고 널리 보급한 일부 한학자들의 성과는 인정되어야 한다. 예를 들면 문사철에 박통한 백과전서적 학인 정인보(鄭寅普)는 분과학문에 얽매이지 않고서도 고증방법론이나 언어학적 해석 등 전통적 학문방법과 근대학문의 접합가능성을 보여줄 뿐만 아니라, 사익(私益)과 중화주의에 얽매인 주자학자들을 비판하고 양명

---

22 여기서 필자가 말하는 지나학은 쿄오또제국대학의 학술만을 가리키는 것이 아니라 전통한학의 성격이 짙은 토오꾜오제국대학을 포함해 일본제국기에 수행된 중국학 전체를 의미한다.

23 김진균 「한학과 한국한문학의 사이, 근대한문학」, 『국제어문』 51, 2011, 143면. 조선왕조시대의 '한학'이라는 어휘는 성리학 중심의 송학에 대비되는 훈고학을 지칭하는 것이며, 또는 역관 선발시험 때 한어 전공자를 선발하기 위한 과목의 명칭이었을 뿐이다.

학의 정신을 드러냄으로써 국권회복이라는 조선민족의 과제를 해결코
자 했다. 필자는 그의 조선학운동의 일환으로서의 중국고전 연구를 비
판적 중국학의 한 갈래로 볼 수 있지 않을까 궁리 중이다.[24]

사실, 한학에 반영된 중국 인식은 당시 한국인에게 상당히 친숙한 교
양이라 할 만한 것이었다. 한국인 학생이 경성제대 지나문학과에 처음
지원할 때에는 지나문학이 외국문학이라고 생각하지 않았다고 한다.
입학 당초에는 지나문학이 대학제도 안에 위치한 한학 비슷한 것으로
받아들여졌다는 회고담은[25] 시사하는 바가 크다.

그러나 그들이 입학 이후 점차 한학과 (외국문학이 된) 지나문학을
구분하게 되었다는 사실에서 확연히 드러나듯이, '비과학적' 한학과 구
별되는 '과학적' 중국연구가 경성제국대학의 학제 안에서 근대적 학문
으로 구축되었고, 학생들의 학문관을 규정했다. 이것이 제도로서의 지
나학이다. 여기서 수행된 중국연구의 대상·이념·방법론 등은 기본적으
로 일본 본토 제국대학의 지나학의 틀을 가져온 것으로 봐도 무방할 것
이다.

1924년에 설립된 경성제국대학에서 지나학은 지나문학과와 동양사
학과 같은 분과학문의 형태로 수행되었다. 근대적 분과주의를 도구로
한학에서 분리된 문학·역사·철학 영역을 각각 대상으로 삼는 과학적
연구가 이뤄진 최초의 장이 형성된 것이다.

지나학의 일부인 역사 영역은 동양사학 강좌에서 다뤄졌다. 일본 대

---

24 '조선 한학'은 당시 일반적으로 지식인의 교양으로 습득되었지만, 위당(爲堂) 정인보
(鄭寅普) 같은 한학자의 사례가 예외적인 것만은 아니라고 생각한다. 그런 학인들의 학
술성과가 앞으로 더 발굴되면 식민지 시기 학술사가 더 풍성해질 것이다.
25 김태준「외국문학전공의 변(辯)(6): 신문학의 번역소개」, 『동아일보』 1939.11.10.

류정책의 전개와 밀접하게 연계된 동양사학은 중화질서로 상상되어온 종래의 역사를 해체하고 제국사의 일부로서 동양사를 새롭게 창안하는 것이 주된 특징이다. 이 새로운 학문영역에서는 지나를 '천하'가 아니라 동양의 일부로 파악함과 더불어 지나의 주변인 발해·만주·거란·서역 등의 역사를 지나사와 대등하게 주요한 연구대상으로 삼았다. 이런 학풍은 역사 강좌뿐만 아니라 외교·윤리학·미술·문학 등 다양한 영역에서도 나타났다. 또다른 특징은 현재진행형의 역사보다 이미 완결된 과거 역사에 대한 실증적 연구경향이 강하다는 것이다. 이러한 특징은 강좌제를 운영하는 지도교수의 영향 아래 작성된 조선인 졸업생들의 졸업논문에 자연스럽게 깊은 영향을 미쳤다. 그렇다고 해서 경성제대 지나학이 제국정부가 요구하는 정책과제를 연구하지 않았다는 뜻은 아니다. 1938년부터 본격화된 북진정책에 동원되어 만주와 몽골에 대한 지식을 생산하고 전파하는 데 힘을 쏟았다. 구체적으로 만몽문화연구회(1932년 설립, 1938년에 대륙문화연구회로 확대 개편) 같은 기구를 통해 만주와 몽골의 조사·연구를 적극 진행하는 한편, 일반대중에게 북진정책의 기초작업으로 대륙문화를 이해시키기 위해 대륙문화강좌를 여는 등 '대륙에 있는 유일의 제국대학'답게[26] 다양한 활동을 전개했다.

그러나 국책대학이라는 성격이 일방적으로 교육에 적용된 것은 아니었다. 극히 제한적이지만 동양사 전공의 조선인 학생 가운데에서 제도로서의 지나학에 작은 틈새를 만들 가능성이 생겨났던 것은 아닌가 추측해볼 수 있다. 한 졸업생은 지나사에 나타난 주변 이민족(만이융적蠻夷戎狄)의 방위(方位)와 기원에 대한 졸업논문의 일부를 조선인 졸업생

---

26 사설 「대륙문화강좌 개최의 의의: 신동아 건설의 기초공사」, 『매일신보』 1939.8.13.

들이 창간한 학술지 『신흥』 5호(1931.7)에 발표하면서, 지나의 '주위 여러 민족' 가운데 조선민족이 독자적 기원을 가졌다고 주장하였다.[27] 지나와 그 주변이라는 주제 자체는 경성제대 동양사학의 학풍에 속하나 조선민족의 기원의 독자성에 착안한 것은 조선인의 주체성을 탐구한 연구로 볼 수 있겠다.

그러나 이것은 (곧 다음에서 논의되듯이) 지나문학 전공자들이 제도로서의 지나학에 균열을 일으킨 정도에는 미치지 못한다. 동양사 전공자들은 중국의 동시대 문제에 관심을 보인다거나 자신들만의 학술공간을 확보하기 위해 대외활동을 벌이지도 않았다. 왜 그랬을까. 그 이유를 조선인에게 동양사학의 의미가 애매한 데서 찾는 시각도 있다. 즉 그들 의식 속의 동양사학은 "'국사학'이라는 권력과 잠재적 '국사학'=조선사학이라는 상상 사이의 중간지점에 있었다"는 것이다. 그들은 식민지 시기의 국가학인 국사학(곧 일본사학)과 (독립국가를 추구하기에) 잠재적 국(가)사학이라 할 수 있는 조선사학 사이에서 갈등한 것이다.[28]

동양사학과와 달리 지나문학과에서는 비판적 중국연구의 가능성을 발견할 수 있다. 먼저 눈에 띄는 것은, 1929년 이후 지나문학과 강의에서 현대지나문예의 계보를 강의하는 등 '현대중국 연구'의 '실험'을 한 카라시마 타께시(辛島驍)의 시도이다. 고전지나 연구를 지나학으로 규정했던 제국대학의 학술풍토에 비춰볼 때 이것은 분명 제국대학 지나학의 지향과 대립하는 것이다.[29] 지나문학강좌가 동시대 중국을 대상으

---

27 1931년 3회 졸업생 엄무현(嚴武鉉)의 졸업논문 「동양사상에서 흉노민족의 흥망성쇠에 대하여(東洋史上に於ける匈奴民族の興亡盛衰に就いて)」이다.

28 박광현 「식민지 조선에서 동양사학은 어떻게 형성되었는가?」 도면회·윤해동 엮음 『역사학의 세기』, 휴머니스트 2009, 234, 243면.

로 했다는 점에서 경성제대 지나문학과에서는 일본 제국대학의 아카데미즘과 분명 다른 면이 엿보인다.

이 사실을 필자는 제국대학 안의 제도로서의 지나학의 균열의 증거로 중시한다. 그러나 교수인 카라시마의 '실험'을 본격적인 비판적 중국연구로 보기에는 미흡한 점이 있다. 동시대 일본 본토의 제국대학 바깥에서 중국문학연구회(1934~43)가 잡지 『중국문학(中國文學)』을 거점으로[30] 제국대학의 지나학을 비판하며 전개한 지식생산과 카라시마가 현대지나를 연구하는 태도는 서로 달랐기 때문이다. 카라시마는 현대지나문학을 탐구했다는 점에서 제도로서의 지나학과 어느정도 거리를 두었지만, 그것을 추구하는 과정에서 문학이라는 보편적 경험에 더 큰 비중을 둔 나머지 중국이라는 현실에서는 오히려 멀어졌던 것이다. 따라서 "1930년대 현대지나와의 긴장을 놓아버린 카라시마의 지나문학 논리는 39년 무렵부터 대동아 신질서의 국민문학 논리로 쉽게 전환"되어버렸다는 지적은 설득력이 있다.[31]

일본인 교수 카라시마의 이러한 학술적 궤적에 비교할 때, 경성제대 지나문학과의 한국인 학생 가운데 운동으로서의 중국학으로 더 나아간 사람들이 나타났다는 것은 흥미롭다. 그들은 카라시마의 학술적 '실험'과 1930년대 『개조(改造)』나 『문예(文藝)』 등 본토 잡지에 실린 일본 좌

---

29 천진 「식민지 조선의 지나문학과의 운명」, 『중국현대문학』 54, 2011, 328면.

30 토오꾜오제대 지나문학과 졸업생인 타께우찌 요시미(竹內好)·타께다 타이준(武田泰淳) 등 중국 현대문학 번역자 및 연구자가 중심이 되어 1934년 3월에 결성한 이 연구회는 전전(戰前)에 이미 지나가 아닌 '중국'이라는 명칭을 쓸 정도로 현실비판적 경향이 강했다. 그들의 동인지 『중국문학월보(中國文學月報)』는 1940년부터 『중국문학』으로 개편되었고, 1943년 10월 연구회의 자진해산과 함께 폐간되었다.

31 천진, 앞의 글 332면.

파 지식인들의 평론에 영향 받아 한학에서 벗어나 중국문학을 외국문학(곧 국민문학)으로서 파악하고, 고전문학과 현대중국문학을 연결시켜 파악하였다. 물론 그들도 중국을 타자화하는 제국대학이라는 제도로서의 학문의 틀 안에서 식민지 조선의 '외국문학으로서의 지나문학'을 추구하였다. 그러나 이 타자화 과정은 제도로서의 학문과는 다른 지향을 가졌던 것 같다. 고전중국을 과학적 방법(문헌실증과 맑스주의)으로 체계화함과 동시에 현대중국의 문학운동에 착안하여 '지나'를 재발견하는 과정은 조선문학사를 체계화하는 작업으로 이어졌다. 그 대표적 인물인 경성제대 지나문학과 졸업생 김태준(金台俊)은 중국문학 연구에서 획득한 문제의식과 연구방법을 활용해 제도 밖의 교양지나 일간지 등 매체를 통해 '과학적 조선연구'를 주창하였다. 그로써 그 작업이 조선 현실의 변혁에 이론적 무기로 작용할 것으로 기대했던 것이다. '과학(성)'으로 표방된 학술의 전문성(학술성)을 공유했다는 점에서 제국대학의 아카데미즘과 기반이 같지만, 경성제대라는 제도 밖에서 미디어를 통해 한글로 학술활동을 전개하고 고전중국과 현대중국에 동시적으로 관심을 가졌을 뿐만 아니라 조선문화를 주체적으로 재구성하고 조선 현실의 변혁에 보탬이 될 학문을 추구한 것은 비판적 중국연구의 요건을 상당히 갖춘 셈이다.[32] 이 흐름은 해방 이후 냉전의 영향 때문에 한반도의 남북 어느 쪽에서도 중국학으로 계승, 발전되지는 못했지만 비판적 중국연구의 계보를 세우는 데 매우 의미있는 자원이라 하겠다.

---

32 여기서 깊이 다루지 못했지만 일본의 퇴영적이고 국수적인 국학과 구별되는 중국의 '진보적 국학'의 흐름을 긍정적으로 평가한 김태준과 신남철(申南徹)의 국학운동에 대한 언급에서 간접적으로 식민지 시기 비판적 중국연구의 가능성을 읽을 수 있다(정종현 「단군, 조선학 그리고 과학」, 『한국학연구』 28, 2012, 338~39면 참조).

다른 한편, 제도 밖에서도 중국에 대한 지식을 생산하는 흐름이 있었다. 지나학처럼 고전중국을 연구한 것이 아니라 주로 동시대 중국에 대한 보도와 논평 형식의 글이 언론인과 학자 들에 의해 활발하게 발표되었다. 20세기 전반기 중국에 대한 이러한 문장들은 일간지와 대중교양지에 실렸기에 비록 과학적 학술논문의 형식을 갖추지 않았지만 대중과의 소통이 용이한 또 하나의 지식생산의 사례로 간주해야 할 것이다.[33] 『동아일보』와 『조선일보』 같은 일간지 중국 특파원의 문장이나 각종 잡지에 실린 동시대 중국 시사문제에 대한 평론[34] 그리고 동시대 중국문학계의 동향과 작품 등을 한국에 소개하는 글들이 여기에 속한다.[35] 그것들은 똑같이 제국주의적 압박을 받고 있던 식민지 지식인의 중국에 대한 강한 연대감으로 해석될 수 있었기에, 대중의 중국 인식에 훨씬 큰 영향을 미쳤을 것으로 추정된다. 이것 역시 비판적 중국연구의 귀중한 자산이 아닐 수 없다.

마찬가지로 제도 밖에 존재했으나 제도로서의 학문의 틀을 준수한 흐름으로 조선연구를 위한 종합학회인 진단학회(1934년 5월 설립)가 있다. 그 기관지인 조선어학술지 『진단학보』는 "조선 및 근린 문화의 연

---

[33] 한기형이 제기한 '미디어 아카데미즘'이라는 개념은 이 영역을 부각하고 있다(한기형 「미디어 아카데미아, 『개벽』과 식민지 민간학술」, 성균관대 동아시아학술원 동계학술 워크숍(2012.2.16) 자료집 『한국 근대학술사의 구도』 수록).

[34] 이 그룹에 속하는 지식인들에 대한 연구성과 소개는 白永瑞 「韓國の中國認識と中國研究」, 『シリーズ20世紀中國史』 4, 東京: 東京大學出版會 2009, 98~99면.

[35] 경성제대 바깥에서 중국문학에 대한 지식을 생산하고 전파한 그룹이 있다. 그들은 그러한 활동을 하게 된 계기가 중국 대학에 다녔거나 혹은 중국을 방문해 중국 현대문학을 직접 접한 경험으로부터 촉발되었다는 특징을 보인다. 해방 이후 중국 현대문학에 대한 글을 활발히 발표한 김광주(金光洲), 이용규, 윤영춘(尹永春), 송지영(宋志英) 등이 모두 1920, 30년대에 중국에서 유학한 경험이 있다는 사실이 이를 방증한다.

구"를 목표로 삼았다. 진단학회는 그 활동 영역이 경성제대 밖에 있었고 일부 맑스주의자들도 참여했지만, 학문방법론이나 구성원의 출신학교로 보아 "아카데미즘 출신의 전문학도이자 새로운 학문세대라는 공유감각"을 가진 제도로서의 학문에 가까웠다고 볼 수 있다. 기본적으로 "순수학문을 표방하며 체제내적 지향을 보여준 학자들을 중심으로 한 학술단체"였던 것이다.[36] 그런데 아쉽게도 『진단학보』에 발표된 중국에 관한 글은 극히 적다. 더욱이 동시대 중국에 관한 관심은 (앞에서 본 제도 밖의 움직임과 달리) 전혀 보이지 않는다. 조선인 연구자로서 "자기의 주체적 확인이 아직 완전하게 되지 않았기 때문에, '밖'의 탐구는 불가능하지는 않아도 대단히 어려웠기 때문일 것이다."[37] 그러나 조선 및 그 이웃 문화의 연구를 목표로 삼고 실증적 연구방법을 강조한 진단학회의 주요 구성원들은 해방 이후 새로이 설립된 한국의 대학 안에서 중국학 연구를 주도할 수 있는 위치를 차지했다.

3. 해방 이후 중국학의 궤적과 주요 특징: 인문학 분야

1) 해방 직후 제도 안팎의 중국연구

1945년 8월 해방된 이후 1948년 남북한에 각각의 정부가 건립되어 분단체제가 형성되기까지의 짧은 기간(이른바 '해방공간')은 탈식민과 건국의 과제를 둘러싸고 여러 정치세력이 경쟁하던 창조적 혼란기였

---

36 정종현, 앞의 글 341~42면.
37 민두기 「韓國における中國史研究の展開」, 『東アジア世界史探究』, 東京: 汲古書院 1986, 41면.

다. 따라서 중국 관련 지식의 생산도 이 시대적 상황과 연관되지 않을 수 없었다.

먼저 제도로서의 중국학의 흐름부터 살펴보겠다. 해방 이후 세워진 다수의 한국 대학들이 경성제국대학의 학제를 모태로 삼음에 따라 일본 제국대학의 학제가 상당 부분 계승되어 중국에 관한 지식생산에 영향을 미쳤다. 특히 역사학의 경우, 3분과(서양사·동양사·국사)체제의 일부로서 동양사학 범주가 이후에도 거의 그대로 존속된다. 그만큼 일본 학술제도의 영향이 컸다는 뜻이다. 특히 제국대학 출신자들이 교육계와 학술계를 주도했기에 제국대학의 학풍 극복(이른바 '식민잔재 청산')은 1960년대 이래 학술계의 주요 과제가 되었다.

그런데 여기서 우리가 결코 간과해선 안 될 중요한 사실이 있다. 해방 직후 한국의 동양사학이 제국대학의 실증적 학풍과 더불어 1930년대 경성제대라는 제도 바깥에서 진행된 조선학운동의 유산도 일정 부분 계승했다고 평가된다는 점이다.[38] 바로 이 특성에 주목할 때, 대체로 제도 안에서 탈식민화의 노력이 어느정도 기울여지는 가운데 꾸준히 독자적인 중국(사) 연구를 진척시켜온 한국 학계의 면모가 제대로 이해될 것이다.

그러나 이 시기는 학술제도가 안정되지 못하였기에 제도로서의 중국학 역시 본격적으로 연구성과를 축적하기 어려웠다. "진단학회에 관계하던 분들이 중심이 되어 만든"[39] 서울대학교 동양사학과의 기틀을 닦

---

38 윤남한 「동양사 연구의 회고와 과제」, 『역사학보』 68, 1975, 107면. 그는 동양사학이 조선학운동(주로 진단학회의 활동)의 유산을 계승했는데, 그 연구 대상지역이 일본 동양사학의 주축이었던 만선사학과 중복된다고 지적한다.

39 고병익 『선비와 지식인』, 문음사 1985, 129면. 1946년 2월 서울로 올라와서 당시 '경성

은 김상기(金庠基)가 그때 간행한 『동방문화교류사논고』(1948)에 압축되어 있듯이, 당시 동양사는 "한국사란 축에서 '동방문화'를 이해"하는 것, 달리 말하면 각 민족이 주체적 능동성을 갖고 "상호교류하며 발전하는 '동방제국(東方諸國)'의 문화와 그 계통"을 이해하는 것을 주된 관심사로 삼은 단계이다.[40]

이에 비해 제도 밖에서는 동시대 중국에 대한 탐구가 비교적 활발하게 이뤄졌다. 아직 동아시아에 냉전질서가 확립되기 전인 이 시기 중국 국민당과 공산당이 건국의 방향을 둘러싸고 경쟁하던 내전 상황에 대해 좌우익 대립을 겪던 한반도의 동시대 지식인층이 예민하게 관심을 가진 것은 자연스러운 현상이었다. 현대중국(특히 중국공산당)에 관한 번역물이 다수 소개되고 중국의 추이에 대한 깊이있는 평론들이 좌파와 중도파의 여러 신문·잡지에서 중요한 비중을 차지했다. 중국 사회의 혁명적 격동을 한반도 운명과 연결시켜 제각기의 정치적 입장에서 적극적으로 평가, 전망하는 분위기가 고조되었다.[41] 이런 글들은 동시대 한국인의 중국 인식에 일정한 영향을 주었을 것으로 보인다.

2) 냉전기(1953~89) 제도와 운동으로서의 중국학: 민두기와 리영희

그러나 1948년 이후, 특히 한국전쟁(1950~53)을 겪고 나서 한반도가 분단되고 미국과 소련이 주도하는 냉전질서가 위세를 떨친 시대적 환

대학'(서울대학교의 이전 명칭) 동양사학과에 편입시험을 친 고병익은 그 이유를 훗날 이렇게 설명했다. 이에 대한 상세한 설명은 본서 6장 참조.

40 이성규 「김상기(金庠基)」, 한국사 시민강좌 편집위원회 『한국사 시민강좌』 31, 일조각 2002, 184~85면.

41 최종일 「냉전체제 형성기(1945~48) 한국인의 중국 인식: 신천지를 중심으로」, 연세대 대학원 석사학위논문 2012.

경 속에서 해방공간에서 활기를 보였던 운동으로서의 중국학이 한국(남한)에서 위축된 것은 물론이고, 대학제도 안의 중국학도 식민지 유산과 냉전문화가 결합된 이데올로기(반공주의)에 크게 제약당한 여건 속에서 연구가 진행되었다.[42]

그 결과 좌파문학에 대한 논의가 전면적으로 금지된 가운데 중국문학계 전반은 고전문학 위주의 학풍이 1950,60년대를 주도했다. 특히 중국 현대문학은 아예 금기시되거나, 관심의 대상이 된다고 해도 반공주의적 입장이 기본적으로 전제된 상태로 연구가 진행되었다. 중국사 영역에서도, 중화인민공화국을 '중공'으로 국민당정권이 지배하는 대만을 '자유중국'으로 불렀던 데에서 잘 드러나듯이, 20세기 중국을 학문적 연구대상으로 균형있게 분석하는 것 자체가 어려웠다. 소수의 연구성과가 있지만 대만에서 재구성한 국민당사관에 의존하여 해석된 경우가 대부분이었다.[43] 냉전기 한국의 중국연구는 대체로 일제 학술제도의 유산인 문헌 중심의 실증주의 연구방법이 냉전문화를 공유한 대만의 실증적 학풍의 유입으로 더욱 강화되었다.

그런데 1950년대 말기가 되면 구미 및 대만과의 학술교류가 시작되고 일본으로부터의 학술정보도 조금씩 들어온 데 힘입어 한중관계사와는 차원을 달리하는 중국사 자체의 연구가 조금씩 시작된다. 더욱이

---

42 이 글에서는 분단된 한반도의 남쪽인 한국의 중국연구만을 다루고 있다. 북한의 중국연구가 있었을 법하나 이에 대해서는 정보가 없어 대상에서 제외하였다. 다만 냉전기 북한 지식인의 중국여행기를 분석한 연구가 간접적으로 도움이 된다(정문상 「냉전기 북한의 중국 인식: 한국전쟁 후 중국 방문기를 중심으로」, 『우리어문연구』 40, 2011 참조).

43 그 시기 거의 유일한 중국현대사 연구자는 김준엽(金俊燁)이었다. 그에 대해서는 정문상 「김준엽의 근현대 중국론과 동아시아 냉전」, 『역사비평』 87, 2009 참조.

1960년 4·19혁명을 거치면서 한국사 연구에서 민족주의사관이 대두하는 것과 연동되어 중국사 연구에서도 중국사를 내재적 발전론의 시각에서 파악하는 경향이 어려운 여건 속에서도 나타났다.

이 시기 제도로서의 중국학의 특징은 연구자들을 세대별로 구분지어 보면 좀더 명료하게 드러난다.

중국문학의 경우 1980년대 초까지 대만 출신 연구자가 주류를 이루었는데, 그들을 '1세대'로 부를 수 있다.[44] 당시는 대만 유학이 성했고 그에 따라 대만 학풍이 유입되어 연구방법과 주제 선정 등에 크게 영향을 미쳤는데, 이것은 지금까지도 일정 부분 지속되고 있는 실정이다. 여기에서 대만 학풍이란 주로 훈고(訓詁)와 문헌 중심의 실증주의적 연구방법 및 사회현실과의 거리두기가 그 핵심이라고 지적할 수 있다.

연구자의 학위취득국의 변화와 그에 따른 학풍의 변화가 연구동향에 반영되는 경향이 강했던 중국문학 영역과 달리, 중국사 분야는 국내 박사학위 취득자의 비율이 월등하게 높을 뿐 아니라 유학 경험이 전체 연

---

44 전형준은 중국 현대문학 연구자들을 세대별로 구분하면서 한국전쟁 이전의 연구자를 제1세대, 1970년대에 연구를 시작한 연구자를 제2세대, 1980년대에 활동하기 시작한 연구자를 제3세대로 규정한다(전형준 「중문학: 현대문학」, 대한민국학술원 엮음 『한국의 학술연구: 인문·사회과학편』 2, 대한민국학술원 2001, 121면). 그런데 필자는 1980,90년대 이후의 세대를 강조할 뿐만 아니라 중국사를 포함한 중국학 연구자 전체를 대상으로 세대를 구별하기 위해 유학대상국을 주요 기준으로 삼아 재규정했다. 그래서 전형준이 말한 제1, 2세대를 합쳐 제1세대로, 제3세대를 제2세대로, 1980년대 후반에서 90년대에 걸쳐 1, 2세대의 지도하에 학문적 훈련을 받거나 중화인민공화국에서 학위를 받고 돌아온 유학생들로 구성된 연구자들을 제3세대로 부른다. 이 글에서 중국문학 연구 서술에 주로 참조한 글은 전형준의 글 이외에 임춘성 「한국에서의 중국 근현대문학 연구의 현황과 과제」, 『중국학보』 38, 1997; 임대근 「'곤혹'스러운 중국문화연구」, 『현대중국연구』 11-2, 2010 등이다.

구자 분포에서 큰 의미를 갖는다고 보기 어렵다. 그러나 세대별 차이는 중국사 연구에서도 나타난다.

중국사 연구의 '제1세대'라고 하면 식민지 시기에 학문적 훈련을 받은 세대와 해방 직후 국내 대학에서 수학한 연구자들을 합쳐 말한다.[45] 그들은 대개 고증과 사실 규명을 기조로 한중관계사를 연구하는 한편, 점차 근대화론에 입각한 중국연구를 수행하였다.

이러한 학문경향을 전형적으로 보여주었기에 '중국사 담론'[46] 또는 '연구의 표준모델'[47]을 제시했다고까지 평가되는 인물이 민두기(閔斗基, 1932~2000)다. 따라서 그의 학문적 성취를 이 글의 문제의식인 비판적 중국학의 각도에서 재평가하는 것은 냉전기 중국학의 궤적의 특징을 추출하는 지름길이 될 것이다. 또한 오늘의 제도 안의 중국학을 성찰하는 데도 효과적인 핵심 사례일 뿐만 아니라 뒤에 언급할 제도 밖의 중국 연구자인 리영희와의 비교를 위해서도 긴요하다.

앞에서 제시했듯이 비판적 중국학의 첫째 요건은 근대적 분과학문제도에 대한 비판, 즉 분과횡단적 연구를 지향하는 것이다. 그런데 냉전기 민두기는 학자로서의 전문적 문제해결능력(곧 전문성)을 갖추기 위한 분과학문의 훈련을 강조했고, 역사학자로서 개념의 정확성에 따른 분석과 사료의 실증에 입각한 가치중립적이고 객관적인 연구태도를 중시했다. 이런 자세는 식민지 시기 제도로서의 학문으로부터 계승되어 냉

---

45 하세봉 「우리들의 자화상: 최근 한국의 중국 근현대사 연구」, 『한국사학사학보』 21, 2010.

46 임상범 「민두기 사학의 일면: 한 중국사학자의 '중국사담론'」, 『동양사학연구』 107, 2009.

47 하세봉, 앞의 글 96~98면.

전기에 더한층 강화된 것으로, 한국 중국학계의 주류적 학풍을 대표했다. 그래서 종종 그는 '실증주의자'로 평가되기도 한다. 그러나 그는 실증 자체를 학문의 목적으로 삼은 적이 없고, 개별적 사실의 구체적 양상의 인과관계를 규명해 일반화·종합화하고자, 즉 "시대적 성격과 사회적 구조 혹은 시대상"을 구축하고자 했다.[48] 이 점에서 볼 때 그가 실증주의자는 아니었지만 냉전기 주류적 학문제도와 이념에 충실했고 또 그것을 주도적으로 이끈 것은 분명하다. 그는 연구자들로 하여금 학문적 엄격성과 철저한 사료 분석을 견지하게 했고, 그러한 학문적 훈련 아래서 정치현실과 거리를 두고 학문의 독립성과 자율성을 중시하는 연구자들이 배출되는 학문 재생산체계, 달리 말하면 제도로서의 중국(사)학이 정착될 수 있었다.

그렇다면 그는 연구대상을 고전중국과 현실중국으로 분리하는 당시 주류 학계의 이분법적 담론에도 동조했는가. '과거의 세련된 중국'과 '비도덕적이고 무식한 공산당'이 점령한 중공, 달리 말하면 과거의 인문학적 중국과 현실의 정치적 중국이라는 대비가 지배적이던[49] 냉전기 중국학계에서 민두기가 '전통의 근대적 변모'란 관점을 제기한 것은 돋보인다. 그것은 중국 전통과 근대의 상관성을 일생 일관되게 탐구한 그의 핵심 개념이다. 근대화과정에 작동한 '전통'에 대해 강조하는 그의 관점은 중국근대사를 내재적 발전에 따라 파악하고 중국인의 주체적 역할을 중시한 역사관으로 이어진다. 그렇기 때문에 지배담론인 근대화론에 입각한 '반공냉전형 중공 인식'에 매몰되지 않았고, 더 나아가

48 배경한 「민두기 선생의 중국근현대사 연구와 그 계승 방향」, 『중국현대사연구』 9, 2000, 98면.
49 김주현 「『사상계』 동양담론 분석」, 『현대문학의 연구』 46, 2012, 447면.

"중국의 공산화는 근대화의 또다른 길"임을 문화대혁명 초반에 이미 주장할 수 있었다.[50] 물론 그는 객관적 연구를 위해서 역사연구자가 "시간의 풍화"를 거친 시기를 연구대상으로 삼아야 한다고 역설했고, 동시대 중국 현실에 대한 연구와 거리를 두었다. 그러나 그 자신이 현실중국에 대한 (본격적 학술논문이 아닌) 사론이나 비평적 에세이를 종종 발표해 자신의 견해를 표명했다는 사실을 간과해서는 안 된다.

바로 이 같은 학문자세는 연구자와 연구대상 사이에 일정한 거리를 두기 위해 그가 애용한 비유인 '역사의 창'과 연결된다. 역사연구자는 안과 밖을 연결하는 통로이자 밖으로부터 안을 지켜주는 역할을 하는 '창' 안에서 바깥을 보는 태도를 취해야 한다는 것이다. 이런 자세를 가졌기에 전후(특히 문화대혁명기) 일본의 중국학자들이 중국의 현실을 추종한 이른바 '현실밀착사관'을 날카롭게 비판할 수 있었다. 또한 그는 학문이 '예언자적 해답'을 주거나 즉각적인 '현실적 효용'을 줄 수 있다고도 보지 않았고, 학문의 독립성과 자율성을 평생 역설했다. 그렇다고 해서 그가 중국이나 한국의 현실에 대해 발언하지 않는 실증주의자였던 것은 아니다. 다만 개입하는 방식이 간접적이랄까 우회적이었을 뿐이다. 그것은 그가 역사연구자로서의 학술적 글쓰기와 시민으로서의 저널리즘적 글쓰기를 구별하고 후자를 통해 현실에 대해 우회적으로 발언하는 방식을 취한 데서 잘 드러난다. 그의 저널리즘적 글쓰기

---

50 이에 대한 상세한 논의는 정문상 「'중공'과 '중국' 사이에서: 1950~1970년대 대중매체상의 중국 관계 논설을 통해 보는 한국인의 중국 인식」, 『동북아역사논총』 33, 2011, 70~72면 참조. 민두기의 근대화에 대한 관점은, 중국공산당을 근대화로부터 일탈된 것으로 보는 김준엽(정문상 「김준엽의 근현대 중국론과 동아시아 냉전」, 『역사비평』 87, 2009, 245~47면)이나 소련과 중공도 근대화를 이루어가고 있다고 보는 것에 반대한 전해종의 관점(임상범, 앞의 글 348면)과 구별된다.

가 전자에 비해 훨씬 더 가독성이 높다는 점도[51] 그가 나름으로 한국 사회와의 소통을 염두에 둔 증거가 되겠다.

또한 그는 중국중심주의에 대해 1970년대부터 이미 경계했다. 중화사상을 중국인의 자기중심사상·자기우월성·중국세계론 등을 골자로 하는 것으로 규정하고 그것이 당시 중국(곧 중공)에 '부분적으로 관류하고 있음'을 지적하였다.[52] 그리고 "지금 중국에 통일되고 강력하고 안정된 정권이 수립"된 것으로 본다면 지난날의 중화주의가 다시 고개를 들 수 있을지도 모른다고 경계할 수 있겠지만 당장은 그리 심각한 상황은 아니라고 조심스럽게 주의를 환기했던 것이다.[53]

연구대상과의 거리를 둘 것을 일관되게 역설한 그가 중국이라는 연구대상과 비판적 거리를 유지하는 것은 너무나 당연하다. 그런데 이에 그치지 않고, 만년의 그는 그간 몰두해온 중국사 연구를 동아시아사로 넓혀 재조명함으로써 중국사를 상대화함과 동시에 한국인의 역사적 경험에 기반을 둔 독자적 중국사 연구의 시각을 적극 모색한 바 있다.[54]

이렇게 보면 냉전이라는 역사적 상황에서 그가 수행한 중국학은 비판적 중국연구의 요건을 일부는 갖춘 셈이다. 그러므로 그를 '실증주의자'로 간주하고 역사적 사실에 대한 엄격한 고증과 더불어 자신의 현실적·정치적 관심을 배제한 채 객관적 관점의 유지를 강조했다는 점만 부

---

51 임상범, 앞의 글 374면에서 민두기의 학술논문에 대한 강조가 후학들에게 문장의 가독성과 흥미 결핍에 대한 자기변명으로 이용된다고 지적한다.

52 민두기 「중국의 전통적 정치사상의 특질」(1972), 『중국근대사론』, 지식산업사 1976, 90, 92면.

53 민두기 「풍속의 문화」(1973), 『역사의 창』, 지식산업사 1976, 30면.

54 鄭文祥 「閔斗基教授(1932~2000)の中國近現代史研究とその歷史像」, 『近きに在りて』, 44·45합병호, 2004, 15면.

각하는 '오해'[55]를 범한다면 이는 그의 학문태도를 탈역사화하고 '주문(呪文)'화하는 행위에 지나지 않는다.[56] 그런데 그런 후과(後果)가 발생한 것은 일차적으로는 그가 전문연구자로서의 학술적 글쓰기와 시민으로서의 저널리즘적 글쓰기를 분리하되 둘 다를 수행한 데서 기인한다. 이 같은 분리는 분명 냉전이라는 시대상황의 산물인 그의 중국학의 한계로 지적될 수 있고, '비판적 계승'의 대상이 될지도 모른다.[57] 이런 뜻에서 그의 학문세계는 제도권 안에서 수행된 비판적 중국학의 가능성과 한계를 동시에 보여준다. 이 점은 "한국현대사의 성격을 제3세계적 콘텍스트 속에서 파악하는" 새로운 동기를 갖고 중국현대사 연구에 관심 갖게 된[58] 젊은 연구자들, 곧 제2세대를 그가 포용하되 어디까지나 학술적 기율을 굳게 지키는 한도 안에서였다는 사실에서 잘 드러난다.

그렇다면 제2세대란 누구인가. 이들은 1970, 80년대에 들어오면서 학계에서 활동을 시작한다. 중국문학의 경우 80년대 중반 이후에 국내 대학 출신의 소장연구자들이 대두했는데 그들이 '제2세대'였으며, 중국사의 경우 70년대 후반에서 80년대에 걸쳐 중국현대사 연구에 투신하기 시작한 이들을 '제2세대' 학자군으로 부를 수 있다. 2세대 학자들의 경우는 한국의 대학체제가 체계적 틀을 갖추는 중이던 70, 80년대에 학문적 훈련을 받았으며, 70년대부터 연구자의 수적 증가에 힘입어 형성되었다. 70년대 중반 이후 문헌 수입통로가 확대되고 복사기술이 활용되면서 서울 중심에서 벗어나 지방으로 중국사 연구가 확대되었다.[59]

---

55 김형종「고 민두기 선생의 학문적 업적」, 『동양사학연구』 74, 2001, 263면.
56 임상범, 앞의 글 372면.
57 배경한, 앞의 글 98면.
58 민두기「韓國における中國史研究の展開」, 50면.

이를 배경으로 이들이 활발하게 연구성과를 축적함으로써 중국학 연구의 양적 증대가 가시화되기 시작했다. 이렇게 연구의 저변이 확대된 결과, 1980년대는 특히 중국 현대문학 연구와 중국현대사 연구 모두에서 획기적인 발전을 이룩한 시기가 되었다.

이런 변화에는 1971년 이른바 '닉슨쇼크'로 상징되는, 미중화해가 가져온 냉전의 균열이라는 외부적 요인이 작용했다. 그 사건을 계기로 한국에서도 중국에 대한 관심이 사회적으로 높아졌다. 단적인 예가 1970년대 초 주요 대학의 중문학과 신설이다(고려대 중문학과 1972년, 연세대 중문학과 1974년). 이것은 제도로서의 중국학의 발전에 분명 기여했다. 그러나 국제정세의 변화라는 요인보다 더 깊이 영향을 미친 것은 70년대 이래의 한국 민주화운동의 열기이다. 그때까지 분단상황에서 극도로 위축되었던 학문과 사상의 자유가 민주화운동 차원에서 조금씩 확보되어갔고, 그 여파가 대학제도 안에도 스며들었다. 물론 그로 인해 학원 안에서 세대 간 갈등이 빚어지기도 했지만, 그동안 학문적 연구대상에서 배제되어왔던 좌파문학이 긍정적 혹은 객관적 검토대상으로 부각되면서 중국 현대문학의 개방적 연구가 시작되었고, 중국현대사에 대한 관심도 그 어느 때보다 더 높아졌다. 특히 이 시기는 현실참여적 연구가 활발하게 모색된 때로 특징지을 수 있는데, 1980년대를 전후로 진행된 한국 사회 각 부문의 변화, 특히 학생운동과 노동운동, 민주화운동의 진전 속에서 한국 사회의 변혁이라는 과제 수행에 기여하겠다는 사명을 가진 현대중국(즉 중국혁명) 연구가 대학 안팎에서 진행

---

59 이용범 「회고와 전망: 동양사총설」, 『역사학보』 84, 1979, 104~06면; 함홍근 「동양사 연구의 회고와 전망」, 『이화사학연구』 22, 1995, 294면.

되었다.

이것은 해방 직후 제도 밖에서 이뤄진 운동으로서의 중국연구의 흐름이 한국전쟁의 참화를 겪고 완전히 소멸한 것이 아니라 복류하다가 1970, 80년대 변혁운동의 과정에서 되살아난 것으로 볼 수 있다. 이 무렵 젊은 중국학 연구자가 대거 등장한 것에는 한국이 직면하고 있던 시대적 과제를 해결해가는 데 참조할 '거울'로서 중국혁명을 이해하려는 의식적 노력이 강하게 투영되어 있었던 것이다.

이렇게 대학 안에서 이뤄지는 중국학에 균열을 일으키며 그 틈새에서 운동으로서의 중국학이 대두하게 된 데는 대학 밖의 저널과 출판에 의한 지적 활동의 공이 컸다. 주로 중국 현실에 대한 소개와 논평 형식의 글들이 때로는 합법적 공간에서 때로는 비합법적 공간에서 (이른바 불온서적의 형태로) 끈질기게 전파되었다. 이것을 운동으로서의 중국학이라고 부를 수 있을 것이다. 여기에서 주도적 역할을 한 인물이 중국학자 리영희(李泳禧, 1929~2010)이다.

냉전기 주류적 학문제도에서 생산되는 중국에 관한 지식이 도그마에서 벗어나지 못해 '진정한' 학문으로 성립하기 어렵다고 비판한 리영희는 자신의 글을 '가설'로, 자신의 역할을 중국문제에 관한 '해설자'로 규정했다. 이것은 언론인 출신인 그에게 분과학문의 전문성이 결여되어 있음을 자인한 것이 아니라, 반공주의에 입각한 당시의 주류적 분과학문에서 생산되는 중국 논의야말로 실제는 '가설'임을 에둘러서 폭로하는 수사법으로 이해해야 옳다.[60] 그러하기에 그는 논문형 글쓰기가

60 박자영 「동아시아에서 사회주의 인민의 표상 정치: 1970년대 한국에서의 중국 인민 논의, 리영희의 경우」, 『중국어문학논집』 47, 2007, 339면.

아니라 루쉰(魯迅)의 잡감문(雜感文)과 통하는 간결하면서도 톡 쏘는 정론(政論)을 겸한 글쓰기를 구사했고, 폭넓은 사회적 반향을 얻었다. 그러나 분과학문제도 안에서 중국을 연구하고 가르친 것이 아니기에 자신의 작업의 재생산체계를 확립할 수는 없었다.

그가 탐구한 대상은 주로 현실중국이지만, 그렇다고 해서 고전중국과 현실중국을 분리하는 이분법적 담론을 긍정한 것은 아니다. 그는 중국대륙의 현실을 제대로 이해하려면 적어도 근대화 백년사를 거슬러올라가 이해해야 한다고 주장했고, 중국 근대화과정의 특징을 전통과 외래사상의 결합(예컨대 전통과 결합된 맑스주의) 및 물질주의와 정신주의의 길항으로 파악했다. 그에게 전통과 현대의 연속성은 중국이 서방과 다른 '중국적 특성'의 발전모델을 추구하는 증거가 되었다.

이렇듯 고전중국과 현실중국을 연속적인 것으로 인식하면서도 그가 현실중국에 특별히 주목한 이유는 냉전과 반공의식에 사로잡혀 중국을 바라보는 데 길들여진 한국인, "조건반사의 토끼"를 비판하기 위해서였다. 또한 바로 근대화과정에서 모순을 노출하고 있는 분단한국의 현실을 비판하기 위한 참조틀로 중국에 기대를 걸었기 때문이기도 하다. 1970,80년대 중국과 베트남의 혁명을 "인류의 새로운 실험"으로 제시한 그의 작업은 반공이라는 '우상'에 길들여진 지식청년들에게 인식의 전환을 일으켰다. 즉 그는 그 세대 지식청년 내부에 "가장 원초적 자아의 사회적 기억"을 심어주었던 것이다.[61] 그만큼 '즉각적 효과'가 있었던 셈이다. 그렇지만 당시 상황에서 미국이라는 우상과 그곳에서 수입된 주류 담론 및 한국 현실을 강렬하게 비판한 데 비해, 중국 현실과 비

---

61 같은 글 352면.

판적 거리를 유지하지는 않았다. 더욱이, 중국을 우리가 사는 사회에 대한 인식을 재구성하는 계기로 삼았지만 중국과 한국의 주체 간에 서로를 비추는 거울(곧 '공동주관성')의 관계가 작동하도록 적극 노력하는데까지는 이르지 못했다. 중국은 한국에만 작용하는 일면적 거울이었던 것이다.

이런 한계는 그가 중국중심주의에 덜 민감했다는 데서도 나타난다. 1970년대 중반 중국에 소수민족 문제가 남아 있음을 인정하면서도 그들이 "신사회 속에서의 개화과정을 통해 초민족적 통일국가에의 지향을 어느정도 조화시켜나가고 있는 것같이 보인다"고 한 해설은[62] 다분히 당시 중국 관변의 입장을 반복한 느낌이다. 냉전기 서방에 의해 봉쇄된 중국에 대해 호전적이고 위협적인 이미지가 지배적이었던 당시 한국에서 중국(중심주의)에 대한 비판은 '반공냉전형 중공 인식'을 강화하기 십상이었을 것이다. 또한 중국이 제3세계론을 제창하면서 피압박 민족들과의 연대를 강조하던 시기였음도 잊어서는 안 된다. 그러나 그 같은 시대적 맥락을 감안하더라도 그가 단기적 현실에 나타난 문제를 중·장기적 맥락과 연결해 파악하지 못한 점은 지적되어야 한다.

어쨌든 그는 중국에 대한 총체적 인식을 제시하거나 여러 각도에서 접근하는 방법론을 제시하기보다 중국을 보는 냉전적 사고, 즉 그가 말한 '우상'에 도전하는 실천이성으로서 치열하게 글을 썼고, 중국연구와 한국 현실변혁의 실천적 지향을 결합했다. 그래서 제도 밖의 '교사'가 되었고, 비판적 중국연구의 중요한 특징인 운동성을 체현한 그는 후학들로부터 비판적 중국연구의 '출발점'으로[63] 평가받게 되는 것이다.

---

62 李泳禧「중공 내의 소수민족은 동화될 것인가」,『신동아』1974. 2, 246면.

이 같은 운동으로서의 학문에 적극적으로 호응한 소장연구자들은 1980년을 전후한 시점부터 대학원에 정착된 공동학습과 토론문화를 기반으로 제도권 영역을 벗어나 새로운 학회·연구회·연구소 등을 결성하고 독자적 학술지를 간행하여 과학적 이론을 정립했으며 학술의 운동화를 꾀하는 등, 사회운동의 일부로서의 '학술운동'을 여러 분과학문영역에서 전개했다. 제2세대 중국 연구자들의 일부는 여기에 적극 동조했고 그렇지 않은 연구자라 하더라도 그 자장 속에 있었다. 앞에서 말한 좁은 의미의 운동으로서의 중국학이라는 지향은 그 세대의 공통경험이라 할 수 있다.

3) 탈냉전기(1989~현재) 중국학의 다원화

그런데 탈냉전기에 들어서 운동으로서의 중국학은 약화되었다. 1980년대 졸업정원제의 시행으로 대학 정원이 급격히 증가해 교수 수요가 늘어난 상황에서 제2세대 연구자 가운데는 비교적 빠른 시기에 전임교수로서 제도권에 진입하는 사람들이 늘어났다. 그들에게 주어진 과제는 대학(및 학회)이라는 제도 안에서 운동으로서의 중국학의 핵심인 비판성을 계속 유지하며 그 제도를 재구축할 수 있는가였다. 그런데 결과적으로 1990년대에 들어서면서 그들의 비판성은 상당한 정도로 희석되어갔다.

그것을 학문의 제도화에 따른 불가피한 댓가라고 본다면 너무나 단순한 평가이다. 그보다 더 중요한 이유는 제도의 안과 밖이라는 경계

---

63 이남주, 앞의 글 181면. 그밖에 김도희 「한국의 중국 연구: 시각과 쟁점」, 『동아연구』 50호, 2006, 86면; 김희교, 앞의 글 262면.

가 전처럼 명료하지 않게 된 시대적 상황에서 찾아야 할 것이다. 여기에 1989~91년 사회주의 진영의 붕괴라는 세계사적 흐름과 1978년 이래 중국의 개혁개방의 급속한 추진, 국내 정치의 민주화(87년체제)라는 국내외적 상황 변화가 얽혀 작동했다. 이러한 새로운 상황에 대응하여 제도 안에서 운동성을 유지하면서 비판적 중국연구를 수행하기 위해서는 연구자들이 무엇을 비판의 대상으로 삼을 것인지 진지하게 점검하는 작업이 우선적으로 요구되었다.

그 작업을 감당할 주체는 냉전시기 후반에 활동한 제2세대와 새로이 합류한 '제3세대'였다. 제3세대는 1980년대 후반에서 90년대에 걸쳐 1, 2세대의 지도하에 학문적 훈련을 받은 그룹과 중화인민공화국에서 학위를 받고 돌아온 유학생들로 구성된다. 대체로 그들은 1980년대 학생운동과 민주화투쟁을 지켜본 사람들이었으며, 운동에 직접 관여하지 않았다 해도 자신의 연구를 학술운동의 일환으로 보는 경향이 아직 남아 있는 세대라 하겠다. 그들은 1992년 중국과의 수교 이후 중국에 진출해 아예 학위를 얻든 아니면 연수과정을 밟든 중국 현지에서의 연구·체류경험을 가진 사람들이 다수란 점에서 그전 세대와 구별된다.

제2세대와 제3세대는 중국과의 국교수립을 계기로 중국 학계와 긴밀한 교류를 추진하면서 개방적으로 연구과제를 설정하고, 민주화 이후 안정된 대학제도 속에서 다양한 연구성과를 축적했다. 주체적 연구를 모색하면서 다양한 학술의제를 추구하던 1990년대를 거쳐 2000년대에 들어선 한국의 중국학계는 다른 나라 학계와 마찬가지로 점차 탈정치적 성격을 띠며 더욱더 다양한 시각에서 연구를 진행하고 있다. 그러한 학문 조류의 특징들을 비판적 중국연구의 요건이라는 각도에서 재조명해보자.

먼저 분과학문제도에 관련된 특징을 살펴보면, 중국사학계의 경우 한층 더 역력한데, 1세대로부터 계승되어온 실증주의에 대한 관행적 집착이 강하다. 그 덕에 상당한 학술성과를 쌓아올린 것으로 평가된다. 그러나 동시에 이러한 경향이 연구주체인 연구자의 역사해석의 입지를 좁히고 이론적 입장을 적극적으로 개진하지 못하게 할 뿐 아니라 더 나아가서 다른 학술분야와의 원활한 상호작용을 가로막고 대중과의 소통까지도 불가능하게 하는 요인으로 작용하고 있지 않은가 하는 우려가 학계 내부에서 거론되고 있다.[64] 중국사 영역과 달리 중국문학 영역에서는 실증주의를 학문권력으로 비판하는 움직임이 1990년대 들어와 출현했다. 또한 논문중심주의를 비판하면서 "논리적이면서도 감각성을 살린"글쓰기에 대한 고민도 중국 현대문학 영역에서 먼저 제기되었다.[65] 그것은 중국학과 사회(대중) 간의 소통 문제를 진지한 토론의 주제로 삼기 시작한 명확한 증거다.

---

64 실증주의와 중국학의 관계에 대한 민두기와 정재서의 다른 입장에서의 대화는 정재서 『제3의 동양학을 위하여』, 민음사 2010, 52~54면; 임상범, 앞의 글 370~72면. 실증과 실증주의의 구별에 대한 논의는 한국(내지 동아시아) 근대 학술사의 독특한 맥락에서 이해되어야 한다. 사실 문헌고증의 엄밀성을 의미하는 실증(적 방법)은 연구자라면 누구나 긍정한다. 그와 달리 실증주의는 지금까지 두가지 차원에서 비판을 받아왔다. 첫째는 일제강점기 과학의 두 축의 하나인 실증주의에 대해 또다른 축인 맑스주의로부터 가해진 비판이다. 실증에 방향을 제시하는 과학적 체계가 부족해 자료 천착에 매몰될 뿐 전체로서의 사회상에 접근하지 못한다고 공격되었다. 두번째는 최근 포스트모더니즘으로부터 가해지는 비판이다. 객관적인 과거 사실의 재현으로서의 역사라는 인식론 자체를 문제 삼는 것이다.

65 김근 「중국학, 무엇을 위한 학문인가」, 『中國語文學誌』 7-1, 2000, 30면. 그는 논문적 글쓰기를 언문불일치라고 비판하면서 언문일치의 글쓰기를 대안으로 제시한다. 비슷한 주장은 정재서, 앞의 책 41면에서도 볼 수 있다. 중국사 연구자의 비슷한 문제제기는 하세봉, 앞의 글 103~04면 참조.

과거의 연구경향을 비판적으로 재구성하면서 새로운 연구방법론을 모색하는 과정에서 그 대안으로 주목받고 있는 새로운 경향 중 하나가 바로 분과횡단적 연구를 지향하는 중국문화 연구이다. 중문학에 비해 많은 수는 아니지만 현대사 영역에서도 일부 연구자들이 탈근대의 관점을 연구에 적극 적용하려는 움직임을 보이는 가운데 '문화사'라는 새로운 연구영역을 개척하고 있다.

그러나 전체적으로 보면 중국연구는 아직 개별 전공주제에 치중하는 경향이 강하고 또 학과체제에 갇혀 있다. 현대문학과 현대사 연구가 제도적 학문으로서 괄목하게 발전하면 할수록 고전중국 연구와 현대중국 연구 사이의 거리는 그 전문성 때문에 오히려 더 벌어지는 것 같다. 그를 넘어선 분과횡단적 연구와 새로운 연구틀의 필요성을 학계에서 공통적으로 인식하고 있음에도 제대로 실천되지 못하고 있는 실정이다. 그런데 현대사 영역에서는 종래의 금구인 1949년 이후를 연구대상으로 삼기 시작했을 뿐만 아니라, 2000년대 이후 세계사적 변화에 따라 전통(또는 전근대)과 근대를 단순히 이분법적으로 해석하지 않고 양자의 혼합 내지 전통의 근대적 변모를 적극 파악하려는 구체적인 연구가 활발하게 진행되고 있다. 또한 현대문학 영역에서도 '근대성/현대성'(modernity)을 다각도로 성찰하기에 이르렀다. 이러한 새로운 움직임이 연구대상을 고전중국과 현실중국으로 분리해온 관행을 넘어설 추진력으로 얼마나 작동할 수 있을지는 좀더 지켜봐야 할 것이다.

그다음으로 탈냉전기의 연구자들이 당대의 중국 현실에 대한 비판적 거리를 유지하는 동시에 중국을 우리가 살고 있는 사회현실에 대한 인식을 재구성하는 계기로 삼고 있는지를 따져볼 차례다.

앞서 지적한 바와 같이 1980년대 중·후반에 주류를 이루었던 좌파문학과 혁명사에 대한 긍정적 관심은 90년대에 들어 급격하게 퇴조하기 시작했다. 이러한 변화는 1980년대의 다소 편향적이던 관심에서 벗어나 중국 현실과 비판적 거리를 확보할 수 있게 되었다는 점에서 일면 긍정적이다. 그러나 1980년대의 중국 현대문학과 현대사 연구에 담겼던 시대적 과제를 학술적 과제로 삼는다는 실천적 의미가 충분하게 점검되지 못한 채 방기되어버린 것은 아닌지 다시금 생각해볼 필요가 있다. 이 점에서 1980년대 중반부터 현대사연구 영역에서 공산당과 국민당이라는 20세기 중국의 정치적 '중심'으로부터 거리를 유지하려는 '제3의 시각'(국민당사와 공산당사라는 두개의 당사黨史중심 역사관으로부터의 탈피)이 중국현대사를 이해하는 새로운 분석틀로 제시된 바 있는데,[66] 그 문제의식은 대국굴기하는 오늘의 중국을 낳은 혁명경험을 긴 역사적 시야에서 점검하기 위한 자원으로서 새로운 시대상황에서 적극 재검토해볼 가치가 있다.

이제까지에서 보듯 당대 중국 현실에 대해 비판적 자세를 취하는 요건은 상당히 갖춘 셈인 데 비해, 중국을 우리가 살고 있는 사회현실을 비판적으로 인식하는 방법으로 삼는 자세는 찾아보기 힘들다. 더욱이 연구과정에서 중국과 한국의 주체 간에 서로 비춰보는 거울관계가 작동하도록 노력하는 데에는 훨씬 더 못 미친다 하겠다. 어떤 연구자가 연구 대상 또는 소재를 선택할 때 그가 처한 사회현실에서 촉발된 문제의식이 전혀 작동하지 않는다는 뜻이 아니라, 그것을 의식적으로 논의하거나 중요한 연구태도로 간주하는 풍토가 미약하다는 뜻이다. 바로 이 점 때문에 비판적 중국연구의 실종이 거론되기도 한다.

---

66 이에 대해서는 白永瑞「韓國の中國認識と中國硏究」103~04면 참조.

이에 비해 중국중심주의에 대한 비판은 아주 활발한 편이다. 역사학 영역에서 중국대륙 중심의 역사서술에서 벗어나 그것을 상대화하려는 시도는 크게 두가지 범주에서 이뤄지고 있다. 그 하나가 동북공정이 알려진 2004년 이후 중국대륙 중심의 중국사 서술을 비판적으로 해체하기 위해 중화민족 담론이나 중국 변경지역과 소수민족에 대한 학문적 관심이 높아진 것이라면, 다른 하나는 중국사 자체를 상대화하려는 연구가 '동아시아적 시각'에 입각해 진행되고 있는 것이다. 현대문학 분야에서도 유사한 경향이 나타났다. 대만과 홍콩 문학이 주목되고 동아 3국 문화가 비교연구되며 '동아시아적 시각'이 도입되었다. 이보다 더 중요한 것은, 한국인의 중국 인식의 역사적 계보를 추적하는 작업이 활발하게 이루어지고 있다는 사실이다. 그것은 대개 20세기 한국인이 남긴 사료를 분석하고 동시대 한국인의 인식에 반영된 중국의 현실을 재현하는 방식으로 연구되었다. 이것이 한국인의 경험과 사료를 특권화하거나 일국사의 틀에 얽매이지 않고 중국과 한국의 주체 간에 서로를 참조하는 방향으로 논의된다면 비판적 중국연구에 크게 기여할 것이다.

이와 같이 2000년대 이후에 문화연구 등 새로운 연구 관점 및 방법론에 입각해 다양하고 폭넓은 주제들이 연구되고 있는 것은 긍정적으로 평가할 현상이다. 이는 한편으로 그만큼 우리 사회현실이 복잡해졌다는 이야기다. 그 복잡한 현실에 대한 학문적 대응이 연구 소재나 시각의 다원화에 그친다면 문제다.[67] 다양하고 세분화된 연구성과를 효과적

---

67 이 같은 현상에 대한 우려 자체는 동양사학계에 내부에서도 나온 바 있다. 동양사 연구가 포스트모더니즘의 영향으로 거시적 이론들이 효력을 잃은 상황에서 "학계가 공유할 수 있는 쟁점과 초점이 희미해졌다"거나(김택민 「회고와 전망: 동양사 총설」, 『역

으로 정리, 종합하기 위해서도 그 다양한 소재와 시각의 상호 연관관계와 그것을 초래한 현실적 맥락에 대한 치열한 성찰이 요구된다. 이 글에서 제기하는 '비판적 중국연구'는 그 성찰의 근거를 제공할 것이다.

4. 맺음말: 비판적 중국연구의 과제

서두에 밝혔듯이 이 글의 목표는 운동으로서의 중국학을 동력으로 삼아 제도의 안팎을 넘나드는 비판적 중국연구의 (불)가능성을 전망하는 것이다. 그러한 전망을 확보하기 위해 한국 중국학의 계보를 인문학 영역을 위주로 살펴보았다. 그 과정에서 조선 후기 북학의 형성에서 일제강점기 지나학을 거쳐 해방 이후 중국연구에 이르기까지 제도로서의 중국학과 운동으로서의 중국학이 상호 경쟁하고 침투하는 동태적 과정을 통해 우리의 중국에 대한 지식을 축적해왔음을 확인할 수 있었다. 그리고 그 일부로서 비판적 중국연구가 변화하는 시대상황에 대응해 단속적이나마 이어져왔음도 밝혔다.

이제는 비판적 중국연구가 나아가야 할 길을 전망할 차례가 되었다. 그 길이 서두에 제출한 네가지 요건을 좀더 충실히 구현하는 것임은 두말할 필요도 없다. 먼저, 분과횡단적 연구를 지향하는 과제는 계속 요구될 것이다. 이것은 고전중국에서 현실중국으로 이어지는 중국인의 삶의 유동성을 총체적으로 이해하기 위해서는 당연한 요구다. 그러나 그

사학보』199, 2008, 198면), 세분화된 각 영역의 수많은 연구성과에 대한 정리와 종합이 미흡하다고 보았다(송정수 「회고와 전망: 동양사 총설」, 『역사학보』 207, 2010, 91면).

에 부응하는 방법이 반드시 대학이라는 제도 안에 비판적 중국학이 또 하나의 분과학문으로 정착하거나, 아니면 그 반대로 분과학문제도를 청산하는 데로 귀결되어야 하는 것은 아니다. 비판적 중국연구는 연구의 태도이자 접근방법이므로 기존 분과학문체계의 틀 안에서도 수행할 수 있으며, 또한 일정한 분야에서의 기율·훈련을 거쳐야 한다. 그렇지 않으면 아무리 창의적인 학문을 추구한다 하더라도 상상력을 발휘하는 일에 그치고, '거짓지식을 생산'할 위험에 빠지기 쉽다.

비판적 중국연구를 수행하는 연구자가 저러한 위험에 빠지지 않고 분과학문의 강점을 살리는 동시에 그 한계를 넘어서기 위해서는 각자가 처한 현실생활에 뿌리내려 그로부터 촉발된 사회의제를 학술의제로 바꾸려는 열정, 곧 '마음 깊은 곳에서 우러나오는 삶에의 흥미'가 연구를 이끄는 추동력이 되어야 한다. 그렇다고 해서 시사 문제를 해설하고 단기적 예측으로 시사평론을 하자는 것은 물론 아니다. 단기적 문제와 중기적 문제를 어떻게 장기적 맥락과 연결시키느냐 하는 과제, 달리 말하면 시사 문제에서 사상적 과제를 찾아내는 과제를 감당하자는 것이다. 특히 한국의 연구자라면 중국에 관한 연구에 종사하면서도 그의 문제의식을 시종 한국의 사상자원에 뿌리내림과 동시에 한국 사상의 탐색에도 기여해야 한다.[68] 그럴 때라야 비로소 중국과 한국의 주체 간에 서로를 비추는 거울('공동주관성')의 관계가 성립할 것이다.

그 과정에서 새로운 글쓰기 형식은 자연스럽게 그 모습이 드러날 것이다. 여기서 말하는 새로운 글쓰기란 전문적 학술논문이냐 대중적 글

---

68 필자와 유사한 주장은 孫歌 『主體彌散的空間: 亞洲論述之兩難』, 南昌: 江西教育出版社 2002, 234, 239면; 양일모 「'사상'을 찾아가는 여정」, 『일본비평』 6, 2012, 47면; 이남주, 앞의 글 196~97면에서도 찾아볼 수 있다.

쓰기냐의 양자택일의 문제로 단순화할 쟁점이 아니다. 그것은 학술의 공공성, 지식 생산과 전파의 공공성의 문제다.[69] 즉 중국학 연구자가 전문지식을 발신하면서 동시에 그것을 수신하는 대중을 위해 매개하는 역할에도 예민하게 관심을 갖는 것이다.[70] 이런 점을 연구자가 의식적으로 환기하면 글쓰기가 달라지고, 글쓰기가 달라지는 만큼 연구태도가 변화한다.

끝으로, 서두에서 제기한 비판적 중국연구가 갖춰야 할 조건들의 바탕이 될 인식틀의 두가지 방향에 대해 논의해보고 싶다. 이것은 한국의 중국 연구자가 독자적 시각을 확보하는 데는 물론이고 한국이라는 장소성에 기반을 두면서도 보편적 호응을 얻을 수 있는 성과를 외부에 발신하는 데도 기여하리라고 기대된다.

첫째는 주변의 시각에 대한 점검이다. 중화세계로 불리는 전통시대의 중국뿐만 아니라 G2로 불릴 정도로 강대국이 된 오늘의 중국을 제

---

69 이런 점에서 새로운 글쓰기를 '하향평준화 내지 전문연구의 포기' 요구(이성규 「한국 역사학계의 회고와 전망: 동양사 총설」, 282면)라고만 단정하는 것은 일면적이다.

70 이 글에서는 공공성을 시민사회에서의 열린 소통공간이라는 의미 정도로 사용하고자 한다. 소통공간으로서의 공공성은 일차적으로 사람들 사이의 공통의 문제에 대한 열린 관심에 기반을 두고 언어활동을 매개로 타자와 소통하는 공공권, 즉 담론의 공간을 의미한다. 이와 관련해 바바 키미히꼬(馬場公彦)가 일본인의 중국 인식의 형성과정을 하나의 하천으로 비유한 것이 주목된다. 정보원인 중국이라는 큰 호수가 있는데 그 상류는 학술권(1차 정보를 생산하는 중국학자·지역연구자·저널리스트), 중류는 지식공공권(1차 정보에 의거해 논제를 정하고 국민의 여론형성을 위해 공론을 제시하는 것, 즉 종합잡지 등 논단에 참여하는 공공지식인) 및 그것을 받아들여 여론을 형성하는 하류로 구성된다(馬場公彦 「戰後日本の對中國認識—雜誌メディアを中心に」, 동북아역사재단/동아시아사연구포럼 공동주관 국제회의 '동아시아문화 속의 중국'(2012.11.2~3 서울) 자료집, 259면) 흥미로운 아이디어인데 상·중·하류라는 비유가 위계적인 것 같아 필자는 그것을 바꾸어 잠정적으로 발신-매개(또는 중계)-수신으로 표현해보았다.

대로 구명하는 작업을 수행하기 위해서는 주변의 시각이 필수적이라고 판단된다. 주변의 시각이라는 발상 자체는 요즈음 별로 낯설지 않아서 여기저기서 종종 만날 수 있을 정도이다. 그 일부를 비판적으로 검토하면서 필자의 문제의식과 어떻게 다른지 밝혀보겠다.

중국대륙에서 왕성하게 활동하는 중국사 연구자 거 자오광(葛兆光)도 '주변에서 본 중국'(從周邊看中國)이라는 시각을 적극적으로 내세우고 있다.[71] 그의 관점을 이해하기 위해서는 먼저 그가 중국의 자아인식을 중심으로 중국사를 세 시기로 구분하는 논의를 간략히 소개할 필요가 있다. 그에 따르면 중국은 1단계인 '자아중심적 상상시대', 즉 자기를 비춰볼 타자라는 거울이 하나도 없는 시대를 거쳐, 제2단계인 '하나의 거울만 있는 시대', 즉 거대한 타자인 서구가 존재하는 시대를 통과한 뒤, 이제는 제3단계인 '다양한 거울에 자신을 비춰보는 시대'로 들어와 있다. 그래서 주변 각 지역에 존재하는 여러 타자의 중국 인식으로부터 과거와 오늘의 중국을 다시 보는 일이 중요해졌다는 것이다.

여기서 그가 말하는 주변이란 일본·한국·베트남·인도·몽골 등을 주로 가리킨다. 중국과 서구의 차이를 비교하면 단지 대략적인 특징만이 드러날 뿐이다. 그러나 차이가 적거나 심지어 하나의 문화전통을 공유하는 주변 여러 나라와 비교하면 세부의 차이를 진정으로 인식할 수 있고 '중국적인' 것이 무엇인지 확실히 인식할 수 있기에 주변의 관점이 요구된다. 특히 중국 연구자가 '주변'을 대면하게 되면 과거에 중시하지 않던 역사자료와 주변의 각종 언어가 새로운 영역과 공구(工具)를 제

---

71 葛兆光『宅玆中國: 重建有關 '中國'的歷史論述』, 北京: 中華書局 2011. 본문에서 인용한 곳은 279~80, 285, 292, 295면이다.

공하니, 그로써 학술의 '새로운 성장의 계기'를 이루게 된다. 또한 중국인이 부단히 변화해온 '역사중국'을 '주변'의 반응을 통해 관찰한다면 사실상 '현실중국' 자체에 대해 새로운 인식을 얻게 되기도 한다.

그런데 그의 주변의 시각이 기본적으로 중국이라는 국가에 중점을 두고 있음을 우리는 간파해야 한다. 그는 "우리가 제창하는 '주변에서 중국을 본다'는 것은 결국 중국사에 초점을 맞춘 것이다. '중국'이란 근세에 형성된 문명공간이자 현대에 이미 틀이 정해진 정치국가가 변함없이 문화와 정치 영역에서 강력하게 존재하고 있는 상황에서 중국이란 민족국가를 중심으로 삼는 역사연구는 여전히 그 나름의 의미가 있다"고 역설한다. 이와 더불어, 중국사 연구자로서 그는 1930년대에 푸 쓰녠 (傅斯年)에 의해 추구된 바 있는 '과학적 동방학의 정통'을 오늘날 중국에서 다시 세우려고 한다.

이렇게 요약한 내용만으로도 그가 내세우는 '주변'의 시각이란 지리적 의미의 주변 국가와 민족 들을 통해 중국을 좀더 다양하게 해석하자는 데 그칠 뿐임을 곧 알아차릴 수 있다. 그러한 그에게 중심-주변의 위계질서가 만든 구체적 실상에 대한 비판적 인식, 더 나아가 그것을 (이론적이든 실천적이든) 극복하려는 변혁적 지향을 기대하는 것은 지금으로서는 무리라 하겠다.

거 자오광과 마찬가지로 주변의 시각을 내세우지만 중심-주변의 위계질서를 변혁하는 데까지 관심이 미치지 못하기는 대만의 황 쥔제(黃俊傑)도 마찬가지다. 대만에서 동아시아적 관점을 강조하는 그는 중화중심주의를 비판의 대상으로 삼고 "중심-주변 간에 존재하는 종속원칙"을 인식하고 있다는 점에서는 필자의 문제의식과 통하나, "문화일원론과 정치일원론을 넘어서 동아시아 문화의 다원성, 각 지역의 문화가 공통성과 함께 특수성이 있음"을 발견하는 데 그치고 있다.[72] 다원성을 구성하는 요소들이 균등한 것이 결코 아니고 그 사이에 위계질서가 존재함에도 불구하고 그 점을 간과하고 있는 것 같다.

이보다 더 심각한 문제는, 이 두 사람이 제기하는 주변의 관점에서 주변이란 주로 중국이라는 중심의 지리적 주변을 의미한다는 점이다. 이와 달리 필자가 일찍이 제안한 바 있는 주변의 시각은 '이중적 주변'의 시각이다.[73] 그것은 서구 중심의 세계사 전개에서 비주체화의 길을 강요당한 동아시아라는 주변의 눈과 동아시아 내부의 위계질서에서 억눌린 주변의 눈이 동시에 필요하다는 문제의식이다. 앞에서 검토한 두 사람의 주변의 시각은 주로 후자에 해당하나, 세계사 차원의 중심-주변의 '위계질서'의 존재를 간과한 나머지 비판성이 약화되는 결과를 빚고 만다. 그러다보니 세계사의 주변으로서의 동아시아에 대한 관심도 결여되기 십상이다.

필자는 이 측면을 다시 한번 강조하면서 비판적 중국연구가 새로운 사유의 공간을 열기 위해 고려해야 할 두번째 방향인 '지구지역학'의 중요성을 상기하고 싶다. 지구지역학은 지방적인 것, 지역적인 것 및 지구적인 것을 하나의 차원으로 결합하는 시각이자 방법인 동시에 연구영역을 규정하는 것이다.[74] 이제까지 필자는 세 차원을 동시에 파악하되 지방적인 것과 지역적인 것이 지구적인 것에 작용하는 측면을 우선적으로 중시해왔는데, 이 글에서는 지구적 차원, 곧 지구적 시각의 중요

---

72 黃俊傑 「做爲區域史的東亞文化交流史: 問題意識與研究主題」, 『臺大歷史學報』 43, 2009, 196~97면.

73 백영서 「주변에서 동아시아를 본다는 것」, 정문길 외 엮음, 앞의 책 참조.

74 필자의 신조어인 지구지역학에 대한 좀더 상세한 논의는 본서 3장 76~77면 참조.

성을 좀더 강조하려고 한다.

　지구지역학의 관점에서 지구적 차원 내지 시각을 강조하는 것은 '이중적 주변'의 시각과 긴밀히 연결되어 있다. 최근 이 문제의식이 조금씩 공유되기 시작하는 듯하다. 일례를 들면, 지구사(global history)의 중요성을 역설하는 조지형은 필자가 말한 '주변'이 "지역적 개념이기도 하지만 무엇보다도 비판적 자기성찰의 자리"라고 적확하게 짚어내면서, 지구사를 구체적으로 연구하고 서술하는 데 필요한 방식의 하나로 주변의 시각을 통해 역사를 비판적으로 성찰하자고 제안한다. 그럴 때 국가나 제국 같은 개념을 사회문화적 구성물로 파악하고 이를 해체하면서 '주변'에서 전체를 바라보는 것이 가능해진다는 주장이다.[75]

　이처럼 지구사 개념을 도입함으로써 지구적인 것과 지역적인 것의 상호의존성에 주목하고 구미중심주의와 모더니티를 뛰어넘기 위한 방법론을 시사받는 것은 '이중적 주변'의 시각을 확충하는 데 매우 유용하다. 그런데 지구사가 대안적이고 복수적인 근대성 논의로 귀결되고 만다면 그다지 설득력을 갖지 못할 것이다. 왜냐하면 딜릭(Arif Dirlik)이 지적하듯이 그럴 때 그 대안들은 "바로 자본의 세계화와 이에 결부된 유럽적(현재는 보다 미국적) 근대성의 세계화에 따른, 하나의 주제곡이 수반하는 변주곡에 지나지 않기 때문이다."[76] 바로 이 지점에서 전지구적 시각에 변혁적 지향성을 부여하는 '운동으로서의 세계문학' 담론이 주목된다. 우리 문단과 영문학계에서 논의 중인 이 개념은 주변에 의한 중심의 전복과 변혁의 해체 담론과 단단히 연결된 것이기 때문이다.

---

75 조지형·김용우 엮음『지구사의 도전』, 서해문집 2010, 110~11면.
76 같은 책 161면.

여기서 말하는 세계문학은 세계에 존재하는 문학 전부를 포괄하는 의미의 '세계의 문학'(literature of the world)도 아니고, 또한 어떤 고정된 고전들로 구성된 체계(예를 들면 세계문학전집 같은 발상)나 추상적 이상으로서의 이념도 아니다. 그것은 "각 민족어/지역어로 이룩한 창조적 성과들을 국가의 경계를 넘어서 공유함으로써 공동으로 근대성의 폐해" 곧 "세계 자본주의의 위기에 맞서" 인류의 삶을 더욱 인간답게 만들어가기 위해 세계문학에 기대를 거는 '하나의 국제운동이자 실천'을 의미한다.[77] 유럽과 북미가 중심이 된 세계적 문학공간의 불평등 구조, 일종의 '문학의 세계공화국'을 탈중심화하여 "다극화된 연방공화국 내지 '공화국들의 연합'이라는 한층 건전한 모습"의 문학공간을 확보하자는 것이 '운동으로서의 세계문학' 기획이고, 그 일환이 운동성 개념이 내포된 '동아시아 지역문학'의 건설이다.[78]

자본주의에 더 잘 적응하면서도 그것을 극복할 수 있는 능력이 있는 지역이 동아시아다. 특히 지금 중국이 경제적으로 약진하면서 자본주의를 더 잘 발전시키는 동시에 그 위기 또한 더 잘 드러내고 있기 때문에 동아시아라는 지역은 이제 지구적 차원에서 문제적이다. 따라서 자본주의의 위기에 맞서는 '동아시아 지역문학'은 지역 차원의 실천인 동시에 지구적 실천의 중요한 고리를 형성한다. 모든 장소를 넘어서야 더욱 보편적이 될 터인 세계문학을 이야기하면서도 문학의 지역성을 강조하는, 일종의 패러독스처럼 보일 수 있는 저 논의는[79] 바로 지구지역

---

77 김영희·유희석 엮음 『세계문학론』, 창비 2010, 특히 16, 17, 21면 참조.
78 백낙청 「세계화와 문학」, 『안과밖』 29, 2010, 33면.
79 동아시아라는 토포스를 강조하는 세계문학이라는 역설은 세계문학의 실천과 운동성에 대한 고민으로부터 비롯된다고 적확하게 파악한 진은영은 "동아시아는 공간성을

학의 문제의식과 통하지 않는가.[80] 지구적 차원에서 G2로 부상한 오늘의 중국의 역할을 ── 신자유주의질서를 극복하고 대안적 발전모델을 추구할 수 있을지를 포함하여 ── 지구적·지역적·일국적(및 지방적) 차원에서 동시에 비판적으로 파악하기 위해서 지구지역학의 시각이 적실한 것임을 '운동으로서의 세계문학' 논의를 검토함으로써 새삼 깨닫게 된다.

이상에서 점검해본 인식틀의 두가지 방향, 이중적 주변의 시각과 지구지역학을 염두에 두고 한국의 중국 연구자가 제도의 안팎을 넘나들면서 지식을 생산하고 전파하는 작업에 한층 더 성찰적으로 임할 때 비판적 중국연구의 모습이 더 구체화될 것이다. 근대성의 폐해를 극복하는 데 '운동으로서의 세계문학'이 유용하듯이, 운동성을 동력으로 삼은 비판적 중국연구가 연구자에게 우리 사회와 중국에 대한 인식을 재구성하는 계기를 제공한다면, 그 보편성이 확산되면서 학술제도를 변혁할 힘을 얻게 될 것이다.

비판적 중국연구를 수행하는 일은 이미 오래전 조선의 학인들이 현실중국에 대한 지식을 생산하는 동시에 중국 고전을 새롭게 해석하여 기성의 가치관·세계관을 재구성하는 인문학적 작업도 겸했던 유산, 일

지닌 개념이면서도 확정적 공간성을 넘어서는 아토포스적 개념"이라고 핵심을 찌른다 (진은영 「동아시아문학의 토포스와 아토포스: 상하이 토론회를 참가하고」, 『창작과비평』 156, 2012, 322면).

80 지구적 시각을 도입하는 것이 필자가 종래 주창해온 동아시아적 시각과 충돌하는 것이 아닌가 하는 우려도 있을지 모르겠다. 그러나 최근 해외 학계에서 지구화의 문맥 속에서 동아시아가 논의되기 시작한 사실과, 동아시아적 특색과 배치되지 않는 지구화를 지향하는 움직임을 글로컬리즘의 범주에서 논의할 만하다고 보는 견해를 떠올린다면 그 같은 우려는 사라질 것이다(강진아 「세계체제와 국민국가의 회색지대: 동아시아론의 성과와 한계」, 『인문연구』 57, 2009, 129면 참조).

제강점기 고전중국을 과학적 방법으로 체계화함과 동시에 현대중국의 문학운동에 착안하여 중국을 재발견하면서 그를 거울 삼아 조선을 주체적으로 해석하는 작업을 수행했던 성과, 그리고 냉전기 제도의 안팎에서 선학이 힘겹게 축적한 중국 탐색의 경험이 오늘 여기에서 새로운 모습의 중국연구로 되살아나는 것이기도 하다.

이렇듯 한국 중국학의 궤적에 닿아 있는 비판적 중국연구는 한국 학계와 사회를 위해서는 물론이고 더 나아가 중국인을 포함한 전체 인간의 삶을 더욱 인간답게 만드는 인문학 본연의 이념에 충실할 수 있다. 이 글은 그러한 중국연구로의 변화에 마음 깊은 곳으로부터 헌신하자는 한국의 연구자의 다짐인 셈이다.

3부

사회인문학을
묻다

신자유주의시대 학문의 소명과 사회인문학*

오해로 시작된 이해와 교류의 시작

백영서 오늘 이렇게 쑨 거** 교수님과 대담을 진행하게 되어 매우 기쁘게 생각합니다. 제가 기억하기로 쑨 거 교수님을 2001년 2월 일본 카나가와(神奈川)대학에서 열린 동아시아 시각에 관한 국제학술회의에서 처음 만났는데, 그전엔 만난 적이 없었지요?

쑨 거 잘 기억나지 않는데, 그때 처음 만났을 수도 있겠네요.

---

* 연세대학교 국학연구원 인문한국사업단의 초청으로 내한한 중국 사회과학원 문학연구소 쑨 거 교수가 2010년 7월 20일(화) 제9차 사회인문학 워크숍에서 '사회인문학의 과제와 곤경'이란 제목으로 강연했다. 이 대담은 그 다음날인 7월 21일 오전 10시~오후 12시 30분에 연세대학교 알렌관 회의실에서 이뤄진 것이다. 대화는 중국어로 진행했고, 중문 원고는 셰 슈메이(謝秀梅)가 정리한 뒤 두 사람이 수정하여 확정했으며, 이주해(李珠海)가 한글로 옮겼다.

** 쑨 거(孫歌): 중국 사회과학원 문학연구소 교수.

백영서 　아, 생각났습니다. 그전에 베이징에서 만난 적이 있지요?

쑨 거 　백 교수님 일행이 『두수(讀書)』 잡지사에 방문하셨던 때인가
요? 그건 1990년대였던 걸로 기억합니다.

백영서 　그렇습니다. 아마도 1998년이었을 거예요. 하지만 그땐 깊은
대화를 나눌 기회가 없었습니다.

쑨 거 　맞아요, 그땐 지금처럼 이렇게 앉아서 대화를 나누지 못했어
요. 많은 사람이 참석한 회의석상이었으니까요.

백영서 　그러니 정식으로 쑨 교수님과 교류하기 시작한 것은 2001년
2월 일본 요꼬하마(橫濱)에서 있었던 국제학술회의 때부터였다고 볼 수
있겠네요. 그후 2004년에 천 광싱(陳光興) 교수와 함께 포스트동아시아
문제를 논의하던 좌담회에서 뵈었으니,[1] 오늘은 우리 두 사람이 대담을
나누는 세번째 자리가 되겠군요.

쑨 거 　그사이에도 몇번 만났습니다. 2003년에 창비에서 한국 소설가
황석영(黃晳暎) 씨의 기념 문집을 출간할 때 백 교수님께서 제게 그의
소설에 대한 평론을 써달라고 부탁하신 적이 있어요.[2] 기억하기로, 제가
10년 넘게 문학평론을 써본 적이 없어 자신이 없다고 했더니, 백 교수님
께서 황석영의 소설 한권을 부쳐줄 테니 느낀 바가 있으면 쓰고 없으면
그만두어도 좋다고 하셨어요. 백 교수님의 그런 태도에 저는 깊은 인상
을 받았습니다. '아, 이 사람은 정말 남을 이끌어가는 능력이 있구나!'

---

1 좌담회의 토론내용 전문은 孫歌·白永瑞·陳光興 編 『ポスト〈東アジア〉』, 東京: 作品社
2006에 실려 있다.
2 쑨 거 교수는 일본어판 황석영 소설집 『客地』(東京: 岩波書店 1986)와 중국어판 『當代世
界小說家讀本: 黃晳暎』(臺北: 光復書局 1987)을 읽고 2003년 창비에서 출간한 『황석영 문
학의 세계』(최원식·임홍배 엮음)에 「극한상황에서의 정치감각」을 발표했다.

라고 생각했어요.(웃음)

그 소설을 읽고서 저는 굉장한 흥미를 느꼈습니다. 아주 큰 충격을 받았다고 할까요? 저는 그때 '한국의 소설은 사실 한국의 정치학이다. 그 안에는 중국에서 아직까지 자각하지 못하고 있는 성숙한 정치적 사고가 들어 있다. 따라서 창비에서 하고 있는 많은 작업들 또한 문학을 통해 정치를 비춰내는 것이다'라고 생각하게 되었습니다. 그리고 아주 기쁜 마음으로 평론을 썼지요. 이건 우리 셋이 같이 책을 펴내기 전의 일이에요. 또 백 교수님 일행이 두수에 오셨을 때도 아주 인상 깊었습니다. 저는 그때 한국인의 일 처리 방식이 일본인과는 매우 다르다는 것을 느꼈습니다. 일본 지식인과 중국 지식인들 간의 접촉은 한국보다 훨씬 일찍 시작되었고 광범위합니다. 일본의 지식인들은 일본학을 비롯해 각자의 영역을 연구하는 중국 학자들과 모두 교류하고 있습니다. 하지만 그들은 여러분처럼 곧바로 베이징에서 자신들이 구상한 바에 따라 좌담회를 열지는 않지요. 당시 나는 '한국의 지식인들은 단도직입적이라, 문제의 중요한 대목에 곧장 진입해 어떻게 동아시아를 토론해야 하는가를 묻는구나'라고 느꼈습니다.

백영서 개인적으로 비교적 인상 깊었던 것은 일본 토오꾜오에서 만났을 때였습니다. 그때 모두 함께 하꼬네(箱根) 온천에 가서 하루 묵었는데, 기억하십니까?

쑨 거 네, 기억합니다.

백영서 함께 맥주를 마시면서 이야기를 나누었는데, 당시 논의했던 문제의 모든 맥락이 다 기억나지는 않습니다만, 제일 기억에 남는 건 그때 『두수』에 발표한 저의 논문 「세기의 교차점에서 동아시아를 다시 생각하다」(世紀之交再思東亞, 『讀書』, 1999년 8월호)에 대해 토론하면서 제가 쑨 교수님의 중국에 대한 시각을 비평했더니, 쑨 교수님께서 한국인은 중국인의 감정을 잘 이해하지 못하는데, 주된 요인은 나라의 규모가 다르기 때문이라고 답하셨던 일입니다. 한국은 작은 나라다, 하지만 중국은 역사도 길고 땅덩이도 넓다, 규모의 차이는 중요한 요소이기 때문에 한국인은 중국을 제대로 이해하기 어렵다고 하셨지요. 그때 저는 그런 식의 대답이 마음에 들지 않았습니다. '이거야말로 대국주의 아닌가?'라고 생각했지요. 귀국 후 선생님이 쓴 많은 글을 읽고 나서, 왜 그렇게 '규모의 차이'를 강조했는지 이해할 수 있었습니다. 하지만 그런 말을 처음 들었을 때는, 솔직히 말해 그다지 유쾌하지 않았습니다.(웃음)

쑨 거 그렇습니다. 어떤 기분인지 상상할 수 있습니다. 왜냐하면 그러한 말은 표면적으로 분명 대국주의적으로 보이기 때문입니다. 구분하기가 어렵지요. 그래서 저는 말하면서도 속으로 백 교수님께서 혹 오해하시지 않을까 조금 근심을 했었습니다. 하지만 오해는 곧 이해의 시작이며, 저는 이것이 바로 진정한 교류라고 생각합니다. 우리는 그때 『두수』에 실린 글에 대해 토론하면서 서로 비평하기도 했지요.

백영서 맞습니다. 그래서 저는 지금까지도 강의할 때 그 예를 인용하곤 하지요. 이거야말로 진정으로 서로를 이해하는 방법이기 때문입니다. 먼저 서로의 차이를 발견하고 이어 서로의 차이 속에 들어가본 다음 이를 이해하는 것이 진정한 소통의 방법이라고 생각합니다.

쑨 거 생각해보니 요 몇년 동안 우리는 여러가지 방식을 통해 많은 교류를 나누었네요.

거짓된 '학과 뛰어넘기'와 진정한 탈분과학문

백영서 그렇습니다. 타이베이, 중국, 일본 혹은 한국 등지에서 많은 교류를 나누었습니다. 자, 그럼 오늘의 주제로 들어가 볼까요? 우선 선생님을 학술회의에 모신 이유부터 말씀드리고자 합니다. 이번 회의의 주제는 사회인문학이었습니다. 연세대학교 국학연구원 인문한국사업단은 2008년부터 '21세기 실학으로서의 사회인문학'이라는 주제로 10년간 연구 프로젝트를 진행하고 있습니다. 2010년 11월로 제3년차에 진입합니다. 사회인문학이 비록 '사회'와 '인문학'이라는 두 단어로 조합된 용어지만 단순히 사회과학과 인문학의 결합을 의미하지는 않습니다. 우리 구상은 인문학의 사회성을 회복함으로써 인문학 본연의 '통합인문학'(humanities as a comprehensive discipline)적 성격을 회복하자는 것입니다. 다시 말해 통합적 학문으로서의 인문학의 본질을 회복하고자 합니다.

저 개인적으로는 선생님의 연구활동을 비교적 많이 이해하고 있는 편인데, 선생님이 그간 연구해오신 과정이나 연구내용이야말로 사회인문학의 가장 훌륭한 실천 모델이 아닌가 생각합니다. 어제 강연에서도 언급하셨듯이, 선생님의 본래 전공은 중국문학이었고, 2000년 이전에는 비교문학을 연구했으며, 2000년 이후에는 분과의 벽을 초월해 일본에 가서 정치사상사를 연구하셨습니다. 동시에 현실사회의 문제를 연구주제로 삼으셨는데, 저는 이것이 바로 사회인문학의 진정한 실례라고 생각합니다. 때문에 여러분과 더불어 사회인문학과 관련된 여러 문제를 토론해주십사 특별히 초청했던 것입니다.

쑨 거 저의 연구에 대해 이렇게 깊이 이해해주시니 정말 감사합니다. 요 몇년간 저는 정말 그랬습니다. 특정 영역 혹은 특정 학과라는 인식에 제한받지 않고 지냈습니다. 저는 문제를 추적하고 또 효과적으로 해결해가는 과정에서 모종의 방법론 혹은 그에 상응하는 학술적 자원을 찾아야만 했습니다. 때문에 다른 분과학문영역으로 들어가지 않을 수가 없었지요. 물론 다른 학과로 들어가는 과정에서 아주 큰 어려움을 겪기도 했습니다. 다른 학과에서 학술자원을 찾을 때, 그 학과 고유의 훈련을 받아본 경험이 없기 때문에 거기서 사용하는 토론방식을 차용해 내가 당면한 문제를 나만의 이해방식이나 논리로 다시 연역하고 해석하기 일쑤였죠. 이 방식은 매우 위험해요. 역사적 맥락 없이 다른 학과의 자원을 사용하다가는 그 학과에서 일찌감치 제기된 바 있는 문제를 새로운 문제처럼 제기한다든가, 심지어는 가짜 문제를 제기할 가능성도 있기 때문입니다. 이런 상황을 방지하기 위해서 후에 제 작업을 기본적으로 정치사상사 연구로만 한정지었어요. 그리고 지금까지도 의식적으로 또 선택적으로 스스로를 위해 '보충수업'을 하고 있어요. 정치학과 사상사의 고전 텍스트를 읽는 거죠. 그렇게 하면 가짜 문제를 토론하는 지경은 어느정도 면할 수 있습니다.

선생님도 마찬가지시겠지요. 사회인문학을 논할 때 자각적으로 역사학을 근거로 삼을 것입니다. 장기적인 역사의 시각에서 본다면 사실 지금처럼 정밀하게 분과를 나누고 절대화한 것은 불과 전후(戰後) 반세기 남짓한 동안에 벌어진 일일 뿐입니다. 그전에는, 비록 분과가 일찌감치 생겨나긴 했지만, 학과 사이의 자원의 공유라든지 지식의 유동은 지금보다 훨씬 상황이 좋았습니다. 때문에 역사를 깊이 되짚어보면, 역사적으로 해당 학과의 학술자원이 다른 학과와 서로 통해왔다는 사실을 발견할 것입니다. 이에 저는 일종의 위기감을 느꼈습니다. 획일적으로 구분되어 있는 오늘날의 학과제도는 분명 심각한 문제입니다. 그러나 사실 이른바 '학과 뛰어넘기'라는 것 역시 어쩌면 아주 거짓된 학술행위일지 모릅니다. 왜냐하면 우리는 오늘날 세분화된 학과 사이의 눈에 보이는 울타리만 없애려 할 뿐이기 때문입니다. 하지만 우리에게 그 학과의 근원까지 깊이 파고들어갈 능력이 있는 것은 아닙니다. 우리의 사고를 막는 진정한 요인은 일개 학과의 내부적 사고행위가 아니라, 학과를 핑계 삼아 진행하는 진부한 학술생산일 것입니다. 형식적으로만 분과의 한계를 깨뜨리고 진부한 사고형태를 바꾸지 않는다면, 그런 '학과 뛰어넘기'는 학술생산에 아무런 도움이 되지 못할 것입니다.

저는 일종의 역설을 느낍니다. 하나의 학과에서 심도있는 학술생산을 할 능력이 있는 학자라면 반드시 학과를 뛰어넘을 능력이 있을 것입니다. 반대로, 학과를 뛰어넘는 행위가 지식에 대한 확신과 축적의 부족으로 인해 거짓문제와 거짓지식을 생산하는 지경에 이르렀다면, 분과 깨뜨리기라는 목적을 달성할 수 없을뿐더러 학과의 분화로 인해 생겨나는 가장 해로운 부분, 즉 학과 간에 서로 통하는 기본 문제를 가려버린 채 서로 다른 학과의 표상을 '학과 뛰어넘기'라는 이름으로 간단히 합쳐버리는 행위만을 강화할 뿐입니다. 만약 다른 학과에서 자원을 차용해야 한다면, 해당 학과의 역사적 맥락을 이해해야만 합니다. 그 학과에서 가장 중요시하는 과제가 무엇인가를 이해해야만 합니다. 저는 처음 문학이라는 학과를 뛰어넘을 때 다른 학과로 들어간다는 것이 얼마나 어려운 일인지 상상하지 못했습니다. 직접 들어가 본 후에야, 학과를 뛰어넘는 연구를 하되 정말 가치있는 학문을 하려면 반드시 그 학과의 역사적 계승 맥락을 이해해야만 한다는 것을 깨달았습니다.

한 사람이 동시에 여러개의 분과를 넘나들기란 쉬운 일이 아닙니다.

많은 학과의 상황들을 이해해야 하기 때문에 거짓된 학문을 하게 되기 십상이지요. 사실 엄격히 말하자면 저는 문학이라는 하나의 분과 안에서 제가 받았던 훈련을 일종의 학술적 상상력으로 전환하고, 이러한 상상력을 정치사상사라는 또다른 분과의 논의에 응용하고 있을 뿐입니다. 또한 이러한 논의와 해당 학과에서 가장 생명력을 지니고 있는 부분을 서로 연관지으려고 노력합니다. 정치사상사의 가장 큰 잠재력은 바로 이것이 정치학과 통할 뿐만 아니라 동시에 역사학과도 통한다는 점입니다. 그러나 사상사이기 때문에 관념적 성격이 비교적 강합니다. 바로 이 점 때문에 정치사상사는 정치학 및 역사학의 중요한 요소들을 동시에 학술적 시야 안에 가져다놓을 수 있지요. 이러한 논의과정에서 저는 문학의 상상력을 저의 논리 연역과 사료 독해에 집어넣습니다. 이는 단순히 정치학 혹은 역사학만 연구하는 사람들의 관심사와 분명 차이점이 있습니다.

백영서 '학과 뛰어넘기'가 안고 있는 문제점을 날카롭게 지적하셨는데, 그건 우리가 충분히 주의해야 할 점이지요. 우리가 탈분과학문적 연구를 지향하지만, 이는 연구의 태도이자 접근방법이므로 기존 분과학문 편제의 틀 안에서도 수행할 수 있고, 일정한 분야에서의 기율과 훈련을 거쳐야 한다고 봅니다. 그렇지 않으면 우리가 아무리 창의적인 학문을 추구한다 하더라도 상상력을 발휘하는 데 그치기 쉽고, 선생님 지적대로 '거짓지식을 생산'할 위험에 빠지기 때문이지요. 그래서 저는 역사학이라는 분과학문의 강점을 살리는 동시에 그 한계를 넘어서는 이중의 과제에 관심을 갖습니다. 역사학의 강점이라고 하면 흔히 사료를 엄밀하게 읽는 것, 이른바 '문헌비판'을 하는 고증을 떠올립니다만, 그것은 인문학의 기본일 뿐입니다. 저는 역사학 분과에서 훈련받고 연구해오면서 역사학은 근본적으로 해체주의와 통한다고 생각합니다. 모든 대상을 고정된 것으로 보지 않고 맥락화하는 감각을 키워주기 때문이지요. 모든 사물이 시간의 흐름 속에서 변하며 모든 것이 어떤 상황에 속한 인간의 매순간의 선택에 의해 형성된 것으로 의식하고, 이런 태도를 몸에 익히는 것입니다. 이러한 역사감각을 갖게 되면 사물들의 연관 관계를 구조적이고 총체적으로 파악하는 데 도움이 됩니다. 그래서 저는 학생들에게 사료의 바다를 헤엄치되 거기에 빠지지 말고 수영법을 익히면서 바다의 깊이와 풍향 등 전체를 깨달으라고 가르칩니다.

이것은 선생님이 방금 문학적 상상력을 선생님의 연구과정 속에 집어넣는다고 하신 것과도 통합니다. 이와 관련해 선생님이 타께우찌 요시미(竹内好) 혹은 다른 일본 사상가들을 연구할 때, 문학적 상상력이라는 시각을 어떻게 이용해서 연구하시는지 예를 들어 설명해주실 수 있습니까?

쑨 거 아마도 타께우찌 요시미가 가장 좋은 예가 될 것 같군요. 나는 타께우찌 요시미야말로 정치사상사의 연구대상이어야 한다고 늘 여겨왔습니다. 하지만 정치사상사를 연구하는 학자들은 그를 정면에서 다루지 않습니다. 그가 정치학의 규범에 따라 저술하지 않았기 때문입니다. 그는 기본적으로 문학적 방식을 이용해 중대한 사상 문제나 사회 문제를 논의했지요. 그래서 일본에서는 문학평론가로 통합니다. 비록 문학평론가이긴 하지만, 그의 사상활동 중의 핵심 문제는 바로 정치사상사의 기본 과제들이었습니다. 그가 늘 중점 문제로 다루었던 것은 어떻게 하면 동시대사 속으로 들어갈 수 있을까, 동시대사 속에 들어가는 과정에서 개인이 역사와 사회의 발전방향에 조금이라도 영향을 끼칠 가능성은 없을까 하는 문제들이었기 때문입니다. 이는 역사학의 문제인 동시에 정치학의 문제입니다.

타께우찌가 가장 활발히 활동했던 시대를 보면 전반부는 전쟁시기였고 후반부는 전후 재건기였기 때문에, 그가 제기했던 문제들은 매우 중대하고 관건이 되는 것들이라 할 수 있습니다. 우리가 만약 정확한 정치적 기준에 따라 평가하려 한다면, 우선 타께우찌가 자신이 처한 시대상황에 대해 내린 판단이 정확했는지 그렇지 못했는지에 관해 물어야 할 것입니다. 사실 대부분의 학자들은 타께우찌에 대해 엄격한 태도를 취하면서, 그의 정치적 판단은 정확하지 않았다고 평가합니다. 심지어 그를 파시스트라고 부르는 사람도 있습니다. 그러나 만약 우리가 어떤 상황에서 실천에 입각해 역사가 무엇인가를 묻는다면, 역사란 것이 우리들 몸 밖에 있어서 사람들 눈에 보이는 물건일까요? 그보다는 유동적인, 형체를 빚어낼 수 없는 일종의 상황이 아닐까요? 일종의 상황이라면, 우리는 입장을 바꿔놓고 생각해보아야 합니다. 우리가 동시대사 속으로 들어가려 할 때, 언제나 정확한 판단만을 내릴 수 있을 거라고 보장할 수 있겠습니까? 뒤집어 말해서 이른바 정확한 판단이라는 것이 역사 바깥에 존재할 가능성이 있겠습니까?

이와 같은 문제들은 반드시 어떤 방식을 찾아내 토론해야만 합니다. 하지만 정치학이나 역사학의 영역에서는 해당 학과의 훈련 속에서 이러한 문제에 부딪힐 기회가 거의 없습니다. 그래서 저는 학과의 기존 모형을 탈피해 이러한 문제에 정면으로 부딪쳐보자고 결심했습니다. 우리 자신에게 이것은 매우 중요한 문제이기 때문입니다. 오늘날 사회에서 우리가 정확하다고 여기는 것들이 정말로 사회 발전의 수요와 방향에 부합하는지 아닌지, 우리가 어떻게 판단할 수 있겠습니까?

왜 탈분과 학문활동을 수행하게 되었나

백영서 저는 선생님이 타께우찌 요시미를 연구한 논문을 읽을 때마다 선생님에게 정말로 감사해야 할 사람은 바로 타께우찌 자신이라고 생각했습니다. 타께우찌는 선생님의 연구 덕분에 재평가받을 수 있었으니까요. 선생님은 중국인이지 일본인이 아닙니다. 중국인이 일본의 사상가를 새롭게 발굴해 동아시아 공동의 지식자산으로 만든 것은 매우 뜻깊은 일이라 생각합니다. 한가지 여쭙고 싶은데, 선생님이 문학 연구에서 다른 영역으로 전환하게 된 동기는 무엇입니까?

쑨 거 우선은 사회상황이었지요. 중국사회는 1980년대부터 지금까지 끊임없이 극렬한 변화를 겪고 있습니다. 중국사회에서 생활하는 한 사람의 보통 시민으로서 저 역시 동시대사를 이해하고 싶었습니다. 저로 하여금 문학연구에서 걸어나오게 한 가장 큰 계기라면, 사회변화를 제대로 인식할 수 있도록 도와주는 효과적인 도구를 찾고 싶다는 열망이었을 겁니다. 지금 이 사회에 이와 같은 변화들이 발생하고 있는데 나는 이를 어떻게 이해하고 분석할 것인가? 국내외 지식인들이 여러가지 설을 내놓았습니다. 예를 들어 어떤 사람은 중국은 이미 자본주의사회가 되었으며, 모든 시장경제는 자본주의 글로벌화의 일환이라고 말합니다. 이와 같은 해석은 일리가 있어 보입니다. 하지만 또 어떤 사람은 중국 사회주의 시기의 제도·사상·문화유산이 사회 전환기에 처한 지금도 여전히 작용하고 있다고 말합니다. 이 두가지 해석 사이에 겹치는 부분이 있습니다만, 저는 이러한 논의 속에 더욱 중요한 부분이 빠져 있다고 생각합니다. 이것은 하나의 커다란 결론일 뿐이어서, 우리가 실제로 일상에서 당면하는 복잡한 상황들에 대처하는 데에는 아무런 도움을 주지 못하기 때문입니다.

예를 들어, 오늘날 중국사회는 양극화와 관료체제의 부패 문제가 사회적 모순을 빚어내고 있는 듯 보입니다. 그러나 문제의 관건이 무엇인가? 어떻게 하면 인지할 수 있는가? 이것은 과연 피할 수 있는 것인가? 어떻게 하면 피할 수 있는가? 등을 따져물어야 합니다. 중국의 민중이 끊임없이 자발적으로 형성해온 민주 메커니즘, 민중이 주체가 되어 민주를 표출하는 방식은 서양의 민주제 혹은 시민사회 모형과는 다릅니다. 우리는 쉬이 기존 관념으로 오늘날 중국사회의 현상을 보려고 합니다. 그러다보니 표준에 부합하지 않는 듯한 현상들은 버려지고 맙니다. 혹은 과도기 현상에 불과하니 신경쓸 필요 없다는 취급을 받습니다. 그리하여 저는 좀더 효과적인 인식론을 찾아야 한다고 생각했습니다. 이것이 바로 제가 다른 학과의 학문을 공부하게 된 계기였지요. 저는 처음에는 제가 사용하고 있는 자원이 어떤 학과에서 왔는지 그리 주의하지 않았습니다. 제가 비교적 관심을 기울인 것은 이런 논의가 당면한 과제들을 해결하는 데 도움이 될 수 있는가 하는 문제였습니다. 이것이 최초의 동기였죠. 이러한 과정 속에서 또다른 지식습관이 점차 형성되었습니다. 즉 지식에 관한 문제들을 되묻기 시작한 것이었죠. 이건 정확하게 설명해내기가 힘들군요.

우리는 보통 습관적으로 지식 문제와 사상 문제를 대립시키곤 합니다. 지식을 정태(靜態)의 성격이 있고 고정할 수 있는 기성품으로 간주하는 것과는 다르게 사상은 유동적인 것, 현실에 대한 긴장감이 충만한 정신활동으로 간주하지요. 하지만 제가 이해하기론, 정말 효과적이고 생명력 있는 사상활동이라면 동시에 지식을 생산할 수 있어야 합니다.

이와 같은 지식은 일종의 학술이라고 부를 수도 있겠는데, 이 학술은 반드시 깊이있는 긴장감이 있어야 합니다. 제가 학술적 토론을 계속해나갈 수 있었던 힘은 아마도 지식에 대한 일종의 호기심일 겁니다. 예를 들어, 중국문학에서 일본 사상사 연구로 전향했을 때도 저는 그다지 고민하지 않았습니다. 학과체제 안에서라면 일본사상사를 연구해서는 안 되었죠. 저는 중국문학연구소에 몸담고 있었으니까요. 저는 일본의 중국학에서는 중국의 고전희곡을 어떻게 연구하는가를 연구하다가 일본 사상사에 흥미를 느끼게 되었습니다. 이 과제를 진행하는 과정에서 일본의 중국학자들이 중국의 고전희곡을 연구하면서 보여준 '사상적 측면에서의 해석'에 흥미를 느꼈습니다. 그래서 저 또한 그 부분에 주목하게 되었죠.

나중에 일본의 중국고전 연구에서 벗어나면서, 저는 일본인이 자국의 사상사를 연구할 때는 더욱더 재미난 토론을 많이 진행하고 있음을 알게 되었습니다. 그들의 토론은 저의 현실에 대한 관심과 직접 닿아 있었습니다. 그래서 저는 본래의 전공에서 갈수록 멀어지게 되었지만, 무슨 학과로 들어가야 좋을지는 생각하지 못했습니다. 물론 나중에는 일본 정치사상사 영역으로 들어가 일본에서 정치학 박사학위를 받았지만요. 이와 같은 과정 속에서, 저는 하나의 문제를 발견했습니다. 이는 오랜 시간 동안 저를 곤혹스럽게 만든 문제이기도 합니다. 제 나이 또래가 된 중국의 학자들에게는 오랜 시간 잠재된 본능이 있습니다. 즉 정치는 추악한 것이다, 정치는 현실의 이익과 권리를 위해 투쟁하는 것이다, 자신의 몸을 깨끗이 보존하고자 한다면 정치로부터 멀리 떨어져야 한다는 잠재된 본능 말이죠. 저 또한 이러한 분위기 속에서 자랐습니다.

백영서 선생님의 설명을 듣고 나니 또다른 질문이 생깁니다. 선생님이 이처럼 연구영역을 바꿀 수 있었던 것은 혹 중국의 학술제도와 관련이 있지 않습니까? 저 자신의 예를 들어보면, 저는 역사학과 교수로서 교수 모집에 지원할 당시 전공을 중국근현대사라고 기재했습니다. 만약 제가 연구영역을 바꾼다면, 분명 동료들이 부담스러워할 것입니다. 선생님은 중국 사회과학원의 중국문학연구소에 소속되어 있는데, 본래의 중국문학에서 벗어나 연구영역을 전환할 때 혹 비난을 받지는 않았나요? 이러한 문제들을 어떻게 처리하셨지요?

쑨 거   물론 비난받았지요. 저는 1990년대부터 일본사상사 연구를 시작했는데, 그건 곧 자신을 버리는 것을 의미했습니다. 그건 제가 학과 내부로부터 변두리로 배제되었음을 의미하니까요. 그때 연구소의 책임자는 저를 보호하려는 차원에서 저를 말리면서, 제 뜻대로 할 경우 연구소의 승진 문제건 프로젝트건 모든 자격을 박탈당할 거라고 말했어요. 또 영원히 교수가 될 수 없을 거라고도 말했죠. 하지만 당시 저는 일본사상사 연구에 대한 열정이 너무도 강렬했고, 하면 할수록 재미있었기 때문에 고민하기 시작했어요. 제도를 위해 흥미를 희생할 것이냐? 아니면 흥미를 위해 외부에서 제도적으로 보장해준 '앞길'을 희생할 것이냐? 결국 저는 앞길을 희생하는 편이 낫다고 여겨 연구소 측에 "교수는 되지 않아도 좋다. 그냥 파면시키지만 말아달라"고 말했어요.(웃음) 그러고는 제가 하고 싶은 연구를 계속하기로 맘을 먹었지요. 이러한 결정으로 실제로는 손해를 봤습니다. 그러나 후에 시대가 변하면서 학계의 분위기도 달라졌습니다.

지금은 학과를 넘나드는 것이 어느정도는 제도화되었고, 제도적으로도 학과를 넘나드는 연구를 승인해주고 있습니다. 제가 연구소 내에 그야말로 명실상부한 '정치사상연구실' 혹은 '사상사연구센터'를 세우지 못하기 때문에 비록 제도적으로는 공간을 가지고 있지 못하지만, 어쨌든 나만의 연구를 진행하면서 숨길 필요는 없습니다. 저는 현재 비교문학연구실에 있는데, 제가 실제로 하고 있는 연구와 관계가 없지 않습니다. 저는 연구소의 호의에 감사하고 있습니다. 그들은 나를 용인해주었고, 또 교수가 되게 해주었습니다. 게다가 저는 학생도 지도하고 있습니다. 지금의 학술 발전 정도라면, 저의 학생들은 비록 명분상의 전공은 문학이지만 사상사를 연구할 수 있을 것입니다.

백영서 제 경험을 예로 들자면, 저는 서울대학교 동양사학과의 선배격인 교수로부터 비판을 받은 적이 있는데, 저더러 사상가의 역할을 하느라 순수학문 영역에서는 벗어났다고 했습니다. 그분이 저를 그처럼 비난하신 이유는 바로 한국 학술제도의 역사적 맥락에서 찾아야만 할 것입니다. 서울대학교의 전신은 경성제국대학입니다. 일본 제국대학의 분위기는 실증적인 학문에 편향되어 있었으며, 현실의 변화는 그다지 중시하지 않았습니다. 방금 선생님은 생명력 있는 사상활동과 지식생산을 겸하는 것의 중요성을 강조했는데, 일본 제국대학의 학술경향 하에서 경성제국대학은 사상에 관심을 갖지 않고 정태적인 지식생산에 치중했지요. 이렇게 유동하는 현실을 중시하지 않는 전통은 오늘날 서울대학교의 일부 학과에까지 영향을 미치고 있습니다. 특히 제 출신학과인 동양사학과는 더더욱 실증적인 학술전통을 중시하면서 순수학문적인 실증주의 연구에 자부심을 갖고 있습니다. 그 덕에 상당한 연구성과를 축적해온 것도 사실이지요.

이러한 분위기에서 저의 연구방향은 학술제도권 내부의 비판을 받은 것입니다. 그런데 저는 교수인 동시에 대학제도권 바깥에서 계간지 『창작과비평』의 편집일을 줄곧 맡아왔으며, 지금은 주간으로 있습니다.

기억하기론 제가 막 대학에 입학하던 1972년에 학교에서 우리의 장래희망을 조사한 적이 있었습니다. 당시 저는 조사표에 '대학교수'라고 기입했습니다. 그후 1974년에 저는 학생운동에 참가했다가 10개월 남짓 감옥살이를 했습니다. 출옥 후 당시 박정희정권이 재입학을 허가하지 않았기에 어느 출판사에서 일하다가 창작과비평사로 옮겨갔던 것입니다.

벌써 30년이 지났군요. 이것은 학술제도권 바깥에서의 경험인데, 바로 이러한 경험이 있었기 때문에 생활과 학문의 연계를 시도하는 사회인문학에 제가 더 공감하는지도 모르겠습니다. 하지만 한편으로 제도권 안팎의 경험이 모두 있기 때문에 제도권 안팎에 대한 개인적 인식 사이에 충돌이 생기기도 합니다. 지금은 제법 나이를 먹어서인지 인식의 충돌이 비교적 완화되기는 했습니다만, 한동안 실증적 순수학문 연구와 사상 및 지식의 연동 사이에서 비교적 심각한 충돌을 겪었습니다. 상당히 융합되었다고 해도, 지금도 어느정도 내재적 긴장을 경험하긴 합니다.

쑨 거   하지만 저는 선생님의 저작을 읽으면서 그러한 충돌을 감지하지 못했습니다. 만약 선생님이 창비 일과 기타 사회적 실천으로 인해 사상적 긴장감을 얻지 못했다면, 선생님은 학술을 통해 결코 그러한 문제를 논의하지 않았을 것입니다. 선생님의 논문 중에 한국인의 동양 인식을 논의하면서 한국의 사회구성에 대해 언급한 글이 있는데, 한국인이 화교 등 외래 민족을 무시하는 현상을 매우 학술적인 시각에서 분석하셨던 것으로 기억합니다. 또한 역사 문제에 관해 수많은 논의를 하셨지요. 저는 선생님의 문제의식 자체에 매우 강렬한 내재적 긴장감이 있기 때문에, 사료를 이용해 세밀한 고증과 추론을 진행하더라도 내재적 긴장감 없는 전문가들이 생산해낸 지식과는 그 질량 면에서 현격히 다른 것이라고 생각합니다.

저는 개인적으로 사상 없는 지식은 고증을 위한 고증, 지식을 위한 지식 같은 정신유희로 전락하기 십상이라고 생각합니다. 때문에 질적으로 뛰어난 고증의 배후에는 반드시 사상이 있기 마련이지요. 다만 그 사상이란, 지금 우리가 이해하고 있는 것처럼 협소한 의미의 현실성만을 의미하지는 않습니다. 즉 진정 가치있는 학술은 사람의 지혜를 열어줄 수 있어야 합니다. 이 점은 선생님의 정체성이 충돌하는 내부에서 긴밀히 결합되어 있을 것이라 생각합니다. 제 느낌이 정확한지 아닌지 알 수 없지만, 선생님이 모순을 느끼신 것은 혹시 한국 학계의 외재적 분열과 관련되어 있지 않습니까? 한국 학술계의 표면적 분열은 지금도 첨예하지요?

생활과 학술의 결합, 중범위 이론의 가능성

백영서 그렇습니다. 그건 분명 한국 학계의 외재적 분열과 관계되어 있습니다. 그래서 저는 이것을 제 연구주제로 삼았습니다. 즉 '제도로서의 학문'과 '운동으로서의 학문'이라는 시각에서 20세기 동아시아 역사학의 역사를 탐구하려는 것이지요.[3]

자, 이제 어제 강연 중 사회인문학에 관한 부분으로 돌아갔으면 하는

---

3 이 방면의 논의는 부분적으로 본서 5장에 수록되었다. 중문판의 경우 白永瑞「"東洋史學"的誕生與衰退: 東亞學術制度的傳播與變形」, 『臺灣社會研究』59, 2005로 실렸다.

데요. 선생님은 어제 강연에서 생활과 학문이 동떨어져 있는 문제를 언급하면서, 어떻게 하면 생활과 학문을 연결할 수 있는가 하는 점을 강조하셨습니다. 또한 경험이론이라는 개념을 제시하셨는데, 저는 선생님의 의견에 전폭적으로 동의하는 바이며, 기본적으로 우리가 추진하고 있는 사회인문학의 방향과 일치한다고 생각합니다. 다만, 경험이론이란 그저 하나의 단어일 뿐이며, 사실은 이를 어떻게 이론화할 것인가 하는 점이 중요한 문제일 것입니다. 막스 베버 같은 서양의 대이론을 원하진 않지만, 중범위의 이론은 필요합니다. 대륙의 학자 양 녠췬(楊念群)이 이미 중범위 이론(theories of the middle range)에 관한 책을 출판하기도 했죠. 경험이론을 어떻게 중범위 이론으로 완성할 것인가, 이를 어떻게 생각하시는지요.

쑨 거 그건 제가 가장 관심을 두고 있는 문제이기도 합니다. 양 녠췬은 가장 관건이 되는 문제를 잘 잡아냈습니다. 저는 이 문제가 겨냥하고 있는 것은 지금 우리들의 인식론에 대한 오해라고 생각합니다. 예를 들어 우리는 경험이라고 하면 늘 직관적이고, 감성적이고, 볼 수 있고, 일시적인 것으로 생각합니다. 또 이론이라고 하면 늘 경험으로부터 추출해내야 하고, 형이상학적인 특징을 가지고 있어야 한다고 생각합니다. 따라서 이론은 여행을 할 수 있지만, 경험은 여행을 할 수 없습니다. 저는 이것이 바로 인식론에 대한 가장 큰 오해라고 생각합니다. 왜냐하면 그렇게 되면 경험도 이론도 모두 고정된 것이 되어버리기 때문이지요. 만약 경험과 이론을 결합하려 한다면, 경험은 일종의 이론행위가 되고 이론은 곧 경험성을 지니게 되어, 상황을 향해 개방되어 있어야 합니다. 양자를 하나로 보기 위해서는 반드시 인식론상의 조정이 필요합니다.

지금의 동아시아에서 이론은 기본적으로 서양 이론에 대한 수정을 통해서 탄생했음을 우리는 알고 있습니다. 간단하게 서양 이론을 전용하던 시기는 이미 지나갔습니다. 지금 동아시아 학자들의 작업방식을 보면 기본적으로 서양 이론을 수정하여 그중 가장 핵심적인 술어를 사용하거나, 혹은 스스로 서양 이론과 관련된 개념을 발명해내 논리의 통합과 연역의 추상세계를 새롭게 세웁니다. 이와 같은 대이론의 작업도 물론 가치 있지만, 이 방식이 이론의 유일한 형식이 된다면 복잡한 현실에 직면해 이를 분석하는 능력은 장차 부족해질 것입니다. 그래서 저는 경험이론은 반드시 현실의 복잡성에 대응할 수 있어야 한다고 생각합니다. 이러한 복잡성은 '대이론'으로 해석할 수 없기 때문입니다.

이 복잡성에 관해서는 우리 주변에서 아주 많은 예를 찾아낼 수 있습니다. 예를 들어 타께우찌 요시미는 1942년에 정치적으로 상당히 부정확한 텍스트를 발표했는데, 바로 「대동아전쟁과 우리들의 결의」라는 글로, 태평양전쟁을 지지하는 선언이었습니다. 만약에 대이론 혹은 생활의 감각에서 출발한다면 중국이나 한국은 모두 일본 침략전쟁의 피해자이기 때문에 전쟁을 지지하는 선언에 본능적으로 적대감을 가질 것입니다. 이것이 틀렸다고는 말할 수 없습니다. 대이론의 측면에서 보아도, 전쟁을 지지하겠다는 선택은 잘못된 것임을 우리는 알고 있습니다. 그러니 어떤 입장에서 출발하든 우리는 이 문장의 선언적 성격을 부정해야 마땅합니다. 하지만 부정 자체로는 그 안의 복잡한 문제를 해결할 수 없습니다. 그 문제란, 일본의 지식인을 포함해 전쟁에 휘말려들어간 모든 일본인이 정말로 원해서 기꺼이 전쟁에 참여한 것일까 하는 점입니다. 만약 기꺼이 원해서 참여한 것이 아니라면, 그들이 전쟁에 휘말려들어간 이유가 정말로 그저 자유롭지 못해서, 선택의 여지가 없어서였을까요? 모종의 주체적 의지가 부자유한 형식을 통해 표현되었던 것은 아닐까요?

　타께우찌 요시미의 선언문에 적혀 있는 구체적인 내용 또한 우리가 상상하는 전쟁 지지와 상당한 차이가 있습니다. 그는 왜 전쟁 지지라는 방식을 선택해 이 같은 주장을 펼친 것일까요? 이때 만약 경험이론의 통찰력이 없다면 이러한 문제들은 곧 무시되고 말 것이고, 정치적으로 정확한 비판만 해주면 이 문제는 곧 해결되리라고 여겨질 것입니다. 하지만 정말 그렇다면 역사란 너무도 명백하고 너무도 간단한 것이 되어버려서 역사연구를 할 필요조차 없을 것입니다. 또다른 문제는, 비록 지금은 평화로운 시대라 각자 서로 다른 정도의 민주적 권리를 지니고 있지만, 일상생활 속에서 과연 우리 모두에게 선택의 자유가 있는가 하는 점입니다. 선택이 자유롭지 못한 상황에서 주체적으로 현실에 개입하고 싶다면 어떤 선택을 해야만 할까? 이런 문제들은 이론 분석을 통해 정리해야만 합니다. 이는 현대 사회에서 개체의 생존방식, 사고방식과 직접 관련되어 있기 때문입니다.

　역사는 복잡한 것이어서 우리는 풍부하게 사고해야만 하지요. 이런 의미에서 저는 아까 선생님이 제기한 문제에 답하고 싶은데, 선생님은 경험이론은 하나의 개념이 되어서는 안 된다, 이를 이용해 우리가 당면한 상황 속의 관건이 되는 부분을 해석하고 이론의 형태를 갖추도록 해야 한다고 하셨습니다. 그러나 일반 사람들은 직관적인 경험과 대이론을 대립시키는 것에 익숙해져 있어서 이러한 입장을 확립하기란 쉽지 않습니다. 양 녠췬은 오래도록 호소해왔고, 그의 중범위 이론은 건설적인 측면도 있습니다. 양 녠췬 자신 또한 실천을 통해 경험이론을 세우려 합니다. 많은 사람들이 노력하고 있지만 보편적인 공감대 형성에는 시간이 필요합니다.

인용의 빈도수가 아니라 통찰력의 보편성이 중요하다

　백영서　제가 생각하기에 여기에는 학문의 성격과 관련된 세가지 수준의 논의가 필요한 것 같습니다. 예를 들어 베네딕트 앤더슨(Benedict Anderson)의 『상상의 공동체』나 에드워드 싸이드(Edward Said)의 『오리엔탈리즘』이 늘 인용되곤 하지만, 이것이 곧 학문의 목적일까요? 바꿔 말해서, 전세계 사람들에게 자주 인용되는 것이 곧 학문의 목적인가 이 말입니다. 비록 많이 인용된다고는 하지만 그저 몇개의 개념만이 판에 박힌 듯 인용되는 것에 불과하지 않습니까? 우리는 중범위 이론을 사고할 때 반드시 학문의 목적 문제를 함께 고려해야 한다고 생각합니다. 또 하나는 실용성 문제입니다. 학문이 실용적 기능을 갖추어야 하는가? 예를 들어 학문이 정부나 기업 혹은 사회의 수요에 부응해야 하는가 하는 문제 말입니다. 그다음은 이론을 어떻게 일반화하느냐 하는 문제입니다. 이 세가지 문제에 대해 선생님의 견해를 듣고 싶습니다.

　쑨 거　피인용이라는 기준은 현재 학계의 제도화된 평가기준이기도 합니다. 우리는 늘 평가표를 작성할 때마다 피인용 상황을 기입해야만 하지요. 저는 개인적으로 피인용 정도를 학문의 목적이나 기준으로 삼는 것은 매우 황당한 일이라고 생각합니다. 학문의 목적은 인류의 정신활동에 대한 공헌이어야 합니다. 궁극적으로는 역사에 대한 공헌이겠죠. 정신적인 측면에서 보자면 인류와 다른 동물의 차이는 인류에게는 역사의식이 있지만 다른 동물에게는 없다는 점일 겁니다. 우리 지식인들에게 있어 역사란, 인류 바깥에 존재하는 실체가 아니라 부단한 창조와 전승 속에서 우여곡절을 겪으며 지속되어온 정신활동과 객관적 상황의 상호작용 과정입니다. 우리는 그 가운데 한 부분일 뿐입니다. 역사에 공헌한다는 것은 후세 사람들로 하여금 우리를 기억하게 한다는 뜻이 아닙니다. 어떤 개체도 그럴 만한 가치가 없습니다. 만약 지성활동을 통해 역사의 과정에 참여한다면, 이것이야말로 학문의 최고 경지라고 저는 생각합니다. 중범위 이론이 중요한 것은 바로 이런 목표를 지향하기 때문입니다.

학문의 실용성 문제에 관한 제 개인적인 견해는, 학문은 반드시 '비실용의 실용'이어야 한다는 것입니다. 바로 가져다 쓸 수 있는 학문도 물론 있습니다. 정부의 정책 결정과정에 개입하는 학문생산처럼 말이에요. 그러나 그러한 학문은 책략과 타협을 강구해야 하기 때문에 철저하기 어렵습니다. 저는 학문의 사명이란 사람들의 사유를 바꾸는 데 있지, 사람들의 생활 자체를 바꾸는 데 있다고는 생각하지 않습니다. 학문은 정신활동입니다. 그것과 외부 사물의 연관성은 현실과의 '단절된 연결'로 표현됩니다. 다시 말해 현실 사물 자체와 직접 연결되어 있지는 않지만 사람의 정신과 사유 활동에 연결됨으로써 간접적으로 현실과 연결되는 것이지요. 이론을 어떻게 일반화할 것인가 하는 문제에 대해서, 저는 지금 통용되고 있는 이론에 여전히 문제가 있다고 생각합니다.

사실 지금 가장 쉽게 보편적으로 응용되는 것은 이론이 아니라 이론의 결론입니다. 그런데 결론이라는 것은 이론활동의 결과물이지 이론활동 자체는 아닙니다. 결론만 사용한다고 해서 이론활동을 생산해낼 수 있는 것은 아닙니다. 어떤 의미에서 볼 때, 『상상의 공동체』나 『오리엔탈리즘』은 모두 경험이론의 범례로 간주할 수도 있습니다. 하지만 이 두 권의 저작은 동양에 소개되면서 결론만이 전해졌습니다. 논의를 진행하는 과정에서 어떻게 문제를 발견했는지, 어떤 부분에 특히 관심을 기울였는지에 관해서는 주의하는 사람이 거의 없습니다. 우리는 늘 결론만 보고 스스로 다 읽고 이해했다고 여기지만, 진정 읽어야 하는 것은 문제를 발견하면서부터 결론을 도출해내는 과정입니다. 만약 진정한 의미에서 이론의 일반화를 추구한다면, 먼저 우리의 '이론 경험' 수준부터 끌어올려야 할 것입니다. 다시 말해 이론의 통찰력에 한층 더 보편적으로 공유할 수 있는 가능성을 부여해야 합니다.

이와 같은 목표는 어쩌면 너무 높고 큰지도 모르겠습니다. 그러나 일단 목표를 정하면 이론을 공부하고 또 대학에서 강의하면서 방식을 조절해나갈 수 있을 것입니다. 비록 우리의 통찰력이 충분하진 않을 수 있지만, 그래도 명저가 지닌 통찰력을 읽을 정도는 됩니다. 명저의 관점만 읽는 것이 아니라 말이죠. 지금 우리는 대부분 저서의 관점과 결론만을 읽습니다. 지금 중국 대학의 강의는 미국식 교육의 영향을 받아 학생들에게 단시간 내에 몇백 쪽에 달하는 책을 빨리 읽을 것을 요구하는데, 그러면 학생들은 가장 중요한, 문제를 풀어가는 과정은 읽지 못하고 그서 관점과 결론만 읽은 후 자신의 논리로 엮어버리고 말 뿐입니다. 이것이 바로 이론의 보편화에 대한 오해를 빚어낸 원인이기도 하지요. 이 관점들만 알면 마치 서로 암호를 맞추는 것처럼 학술회의에서 서로 통할수 있으니 진정으로 이해했는지 여부는 중요하지 않다고 여깁니다. 키워드만 말할 줄 알고, 핵심 개념들을 자신의 논문 속에 집어넣을 줄만 알면 이론이 보편화되었다고 여깁니다.

따라서 이제 우리는 어떻게 하면 이론의 통찰력이 일정한 보편성을 지닐 수 있을까 하는 문제를 논의해야 합니다. 경험이론이 분석하는 것은 구체적인 상황입니다. 상황에 들어가지 않은 사람이라면 이러한 분석에 흥미를 느낄 수 없을뿐더러 판단을 내릴 수도 없습니다. 저는 이런 시도를 해본 적이 있습니다. 즉 일본사상사를 연구할 때 일부러 일본 담론의 틀 속에서 일본 자료를 사용하여 중국의 문제를 논의해보았습니다. 물론 이런 방법은 매우 위험합니다. 일어 자료를 남용할 가능성도 있고, 일어의 맥락을 존중하지 않을 수도 있습니다. 그러나 조심스럽게 문제를 인식론적 측면에 집중한다면 그런 위험에서 벗어날 수 있습니다. 이러한 경험 분석 혹은 개별사례 분석은 모종의 이론적 일반성을 지니고 있다고 생각합니다.

사실 제 주변에는 일어도 못하고 일본연구도 하지 않는 독자들이 많습니다. 그들은 저의 글을 읽으면서 저의 논의 속에서 자신의 문제와 관련되는 요소들을 찾아내 대화를 나눕니다. 흥미로운 것은, 같은 논문이 중국과 일본에서 완전히 다른 방식과 주제로 읽힌다는 사실입니다. 이것은 개인적인 시도, 또 한계가 있는 시도였지만, 저는 지금 의식적으로 이러한 연구를 진행하고 있습니다. 즉 일본의 자료나 문제를 연구할 때 일본의 문제만을 논의하는 데 그치는 것이 아니라 더 깊이 들어가 새로운 것을 발굴해내고, 어느정도 깊이있게 파고들어간 다음에는 그것을 중국 혹은 한국의 문제와 서로 연결하려 합니다. 이와 같은 방식은 대이론의 결론만을 이용해 보편성을 얻는 방식과 결코 같지 않습니다.

동아시아 사상자원의 탐색과 새로운 가능성

백영서 방금 어떻게 하면 이론의 통찰력을 공유할 수 있을까 하는 문제에 대해 말씀하셨는데, 제게 한가지 떠오르는 생각이 있습니다. 학문이 정점에 달한, 마치 거인 같은 석학이라면 자신의 노력으로 통찰력의 보편화를 이룰 수 있겠으나, 학문적 전통과 단절된 현재 동아시아에서는 쉽지 않습니다. 이 지역에서는 공통적으로 인정되는 거인이 없기 때문입니다. 또한 방금 하신 말씀과 연관된 것이지만, 동아시아 지식인들에게는 공통된 폐단이 있습니다. 즉 동아시아의 통찰력을 깊이 생각하지 않고서, 동아시아의 통찰력은 아직 이론 단계에 이르지 않았다고 여겨 인용하기를 좋아하지 않는 것입니다. 그러다보니 늘 서양의 거대이론에 의지해 자신들의 현실을 해석하곤 하지요. 하지만 이는 자기 스스로 설명했다고 여기는 것일 뿐이지 실제 현실을 제대로 설명한 것은 아닙니다.

만약 통찰력이 뛰어난 많은 학자들을 모을 수만 있다면 함께 논의하는 협력방식을 통해 공동으로 통찰력을 이론화할 수도 있지 않을까요? 다만 아직까지는 협력의 방향으로 나아가고자 하는 사람이 많지 않습니다. 함께 국제학술회의에 참가하고 함께 책을 냈을지라도 끝나고 나면 후속 논의가 이루어지지 않아요. 그러니 일단 몇명의 통찰력 있는 학자를 모아 하나의 프로젝트를 꾸릴 수도 있지 않을까 생각합니다. 팀협력 방식으로 장기간 진행하여 점차 성과를 쌓아가자는 것이지요. 그러지 않고 한 개인의 힘으로는 이루기 어려울 것입니다.

쑨 거 전적으로 동의합니다. 특히 다음 세대를 위해서요. 하나의 학술전통이 세워지려면 몇대를 거쳐 릴레이하듯 전승해나아가야만 합니다. 지금 우리는 다음 세대를 위해 설계해야 할 나이가 되었습니다. 따라서 집단행동을 통해 목표를 명확히 설정하고 프로젝트 방식으로 단체행동을 추진해가는 것은 다음 세대에게 학술환경을 조성해주는 중요한 방식이 될 겁니다. 저도 선생님 생각에 동의합니다. 한두명의 학술거장이 나와 이 상황을 지탱해주기를 기대하기도 어렵지만, 사실 거인

이 나오던 시대도 진즉에 지났지요.

다만 우리에게는 직면한 어려움이 있습니다. 즉 서양 지식인들에게 는, 설사 저항의 전통이라 하더라도 자신만의 전통이 있고, 명확한 계승 의 맥락이 있습니다. 지금 서양 학자들은 거인의 어깨 위에 서서 일하고 있는 셈이지요. 그러나 동아시아의 학자는 사정이 그렇게 여의치 않습 니다. 물론 우리도 서양 거인들의 어깨 위에 설 수 있고, 또 서양의 전통 에 의문을 제기하는 방식으로 자신의 전통을 형성할 수도 있습니다. 비 록 이것이 남의 어깨 위에 서서 자신의 전통을 만들어내는 방식이긴 하 지만 저는 그래도 제법 효과적인 방식이라고 생각합니다. 이것이 유일 한, 또 주요한 방식이어서는 안 되겠지만 말입니다. 또 하나는, 우리가 서양의 전통을 의식하지 않을 수 있는가 하는 점을 따져봐야 합니다. 여 기서 말한 서양의 전통을 의식하지 않는다는 것은 다음 두가지 태도를 배제한 것입니다. 하나는 서양에 대항하는 것이고, 다른 하나는 무조건 서양을 인정하는 것입니다. 이 두가지 태도 모두 역사적 역할을 하고 있 습니다. 그러나 우리는 이미 서양에 그리 신경쓰지 않아도 되는 단계에 진입했습니다.

백영서 저도 동의합니다. 그래서 어제 강연의 마지막 문제제기 때 저 의 동료가 동아시아 지역의 공공성 논의에 도움이 될 자원 문제를 꺼냈 던 것입니다. 어제 그는 서양 철학이론의 개념을 이용해 질문을 던졌는 데, 통역하기가 쉽지 않아 잘 전달되지 않았지만 기본적으로 우리의 연 구 프로젝트와 관련된 질문입니다. 우리는 동아시아 공통의 사상자원 혹은 통찰력 있는 인물의 사상조류를 찾아내려 하기 때문입니다. 이것 이 어제 그가 질문했던 바지요.

쑨 거 제가 말한 서양을 그다지 의식하지 않는 동아시아의 사상자원이라는 것은 기성품이 아닙니다. 그러나 그런 질문을 하는 사람들은 제가 어떤 기성의 물건을 내주기를 바랍니다. 이것이 바로 우리가 당면한 곤경입니다. 지금 비교적 기성품이라 이를 만한 것을 꺼낸다면, 아마도 유학(儒學)일 것입니다. 유학은 서양의 학문이 아니기 때문에 유학을 연구하는 사람들은 서양을 신경쓰지 않을 수 있지요. 이것은 실행할 만한 방향 중의 하나라고 생각합니다. 다만 문제는 어떻게 하느냐에 달려 있습니다. 왜냐하면 추진해가는 과정에서 어쩌면 지나치게 서양의 참조성(參照性)을 의식하여 비교할 수도 있기 때문입니다. 비교는 할 수 있습니다. 다만 일단 비교하기 시작하면 비교할 수 없는 대목을 놓치게 될 개연성이 있고, 유학의 자원이 서양과 다르다는 점을 강조하면 실상 서양과 매우 비슷한 부분을 소홀히 할 수가 있습니다.

이 두가지 태도 모두 우리가 유학의 전통을 정리하는 데 유학 자체의 논리를 소홀히 하게 만들기 쉽습니다. 더구나 서양의 유학연구는 이미 동아시아에 근본적인 영향을 끼치기 시작하지 않았습니까? 제 생각에, 지금 우리가 추진할 수 있는 방식이 있다면 바로 서양의 역사와 이론과 문화를 지역의 산물로 여기고, 최소한 정신세계에서만은 서양과 동아시아의 문화를 평등한 위치에 놓는 것입니다. 이 방면에서는 백낙청 선생의 '제3세계식 독해'에 관한 논의가 모범일 것입니다. 하지만 역사에서도 현실에서도 이와 같은 평등은 존재하지 않습니다. 게다가 가장 근본적인 어려움은, 서양의 문화가 일찌감치 전근대 시기에 선교사 및 각종 무역활동을 통해 동아시아 문화 깊숙이 침투해 있다는 사실입니다. 때문에 하나의 순수한 전통을 상상하는 것은 현실적이지 못합니다. 이러한 요소들을 모두 고려할 때, 오늘날 동양의 사상자원을 세우려 한다면 우선 인식론적 기반을 확립해야 한다고 생각합니다. 이 작업은 이제

막 시작되었기 때문입니다.

만약 우리가 외부에서 온 사물과 무관한, 완전히 우리의 본토에 속하는 자원을 기대하지 않는다면, 우리들 자신이 활용한 자원이 무엇인지 볼 수 있을 것이라 생각합니다. 물론 이 자원에도 수많은 서양의 요소들이 포함되어 있겠지만 말입니다. 사실상 이른바 서양 문화, 서양 사상에도 외래 요소들이 많이 포함되어 있습니다. 그런 요소가 서양 것이 될 수 있었던 까닭은 인식론과 의식구조가 서양의 것이었기 때문입니다. 그렇다면 우리에게는 우리의 인식론과 의식구조가 있을까요? 인식론과 의식구조는 진정 독립할 수 있을까요? 이렇게 '독립'을 말할 때는 서양에 대한 저항을 배제해야 한다는 전제조건이 붙습니다. 이러한 구상은 매우 어렵기는 합니다만, 갈수록 분명해지고 있습니다. 아마도 하나의 새로운 가능성이라 할 수 있을 겁니다.

백영서 선생님이 언급하신 문제는 상당히 중요합니다. 제가 한가지만 보충하지요. 선생님이 말씀하신 대로 서양의 사상자원이 동아시아로 전해질 때 역사적 상황의 영향을 받았습니다. 동아시아의 사상자원은 역사상황의 산물이기도 합니다. 그래서 동아시아의 사상자원을 새롭게 발굴하면서 정수와 찌꺼기를 구분해낸 다음 정수만을 현재에 가져오는 일은 불가능합니다. 20세기 초 중국의 국학(國學)에 대한 논의에서 이미 이러한 오류를 범한 바 있습니다. 전통문화를 다시금 강조하고 있는 당대 중국이나, 더 나아가 동아시아 사상자원을 중시하고 있는 우리는 이 방면의 위험성을 깊이 고려해야 합니다. 이 주제에 관해서는 다음 기회에 더욱 구체적인 예를 들어 좀더 진전된 논의를 진행할 수 있기를 바랍니다.

동아시아 학술평가제도의 문제점

백영서 자, 이제 화제를 좀 바꿔보았으면 하는데요. 현재 우리가 추진하고 있는 사회인문학의 가능성과 곤경이라는 문제를 이야기해보고 싶습니다. 우선 제도화 문제부터 시작하겠습니다. 제 글을 읽어보셨을 테니,[4] 우리가 사회인문학을 하나의 학과로 독립시키려는 것은 아니라는 사실을 잘 아실 겁니다. 하지만 학과제도가 주도하고 있는 지금의 학계에서 제도상의 문제를 극복하기란 쉽지 않습니다. 예컨대 젊은 연구자들은 지금 당장 학술평가라는 문제에 직면해 있습니다. 논문을 썼다면 학술지에 발표해야 하는데, 그 학술지란 게 모두 한개의 분과 혹은 학회에서 발간하는 것입니다. 때문에 학과를 넘나드는 학제 간 연구의 논문인 경우, 발표할 공간을 찾기가 쉽지 않습니다. 어제 선생님은 중국의 부패한 학술평가제도를 비판하시면서 저장(浙江)대학의 실험에 대해 언급하셨죠. 선생님이 먼저 저장대학의 실험을 간단히 설명해주시면, 제가 이어서 한국의 유사한 제도적 상황을 소개하겠습니다.

쑨 거 저장대학의 실험은 아직 정식으로 시작되진 않은 것 같습니다. 제가 한국에 오기 전에 들은 보도 내용이거든요. 그들의 뜻은 물론 매우 훌륭합니다. 저는 그들이 성공할 수 있기를 바라지요. 그들은 지금까지 인문학과의 평가제도는 자연과학화, 수량화되었으며 이는 불공평하다고 여깁니다. 그래서 인문학과의 특징에 근거해서 인문학과 교수

---

4 나중에 「開啓社會人文學的地平: 從其出發點 '公共性的歷史學'談起」, 『開放時代』 總第223期, 2011.1로 공간된 글의 초고이다. 이 글의 한글본이 본서 제1장이다.

들의 업적을 새롭게 평가하려는 것입니다. 하지만 아직 구체적인 방안을 제시하지는 못했습니다. 그 임무는 매우 어렵고 무겁습니다. 아직까지 좀더 합리적인 방안을 찾아내지 못했거든요. 수량화된 지표가 오늘날까지 폐지되지 않고 계속 사용되는 이유는 수량화 지표만이 유일하게 객관적인 것이기 때문입니다. 숫자는 변할 수 없으니까요. 하지만 질을 따지려 하면 사람들마다 한마디씩 하면서 서로 인정하지 않습니다. 최후에는 학술정치에 달려 있게 되겠죠. 즉 누가 평가위원의 자리에 앉아 있느냐, 결국 입김 센 사람의 말이 표준이 될 겁니다. 때문에 새로운 평가방안이 나오지 않는다면 이상적인 결과를 기대하기 어려운 상황입니다.

이 문제는 역사상 동서고금을 막론하고 한번도 해결된 적이 없습니다. 서양 학술사의 이른바 대가들은 사실 서양 학술체제 안에서 한번도 인정받아본 적이 없는 사람들입니다. 대부분이 사후에 인정받았지요. 때문에 살아 있는 동안 모든 힘을 학술 진리를 추구하는 데 쓰기 위해서는 학술체제의 평가에서 희생당하는 사태를 감수해야만 하는 것이 비교적 보편적인 현상이 되었습니다. 우리는 젊은 학자들이 이러한 곤경에 처하는 것을 원치 않기 때문에 일어나 호소하는 것입니다. 하지만 정말 쉽지 않은 문제입니다. 한국의 상황은 어떤지 좀 알고 싶은데요.

백영서 한국도 중국과 크게 다르지 않습니다. 어제 선생님은 중국에 CSSCI(Chinese Social Science Citation Index) 기간(期刊, 학술지)이 있다고 하셨는데, 한국의 학술지는 세 종류로 나뉩니다. 첫번째는 KCI(Korea Citation Index) 등재지이고, 두번째는 KCI 등재 후보지, 세번째는 기타 학술지입니다.[5] 『창작과비평』의 경우는 기타 학술지로 분류되지요. 등재지에 글을 발표하면 150점을 받고, 등재 후보지에 발표하면 100점을, 기타 학술지의 경우는 30점을 받는 식으로 저널에 등급이 매겨집니다. SSCI급의 국제학술지는 400점을 받습니다. 이런 식으로 저널 간에 큰 차이가 있기 때문에 일반적으로 학자들은 모두 등재지에 글을 발표하고 싶어합니다. 하지만 등재지의 심사는 매우 엄격합니다. (연구사 정리가 담긴) 서론·본론·결론의 형식을 갖추어야 하고 반드시 주석을 달아야 하는 등 저술방식에도 영향을 끼칩니다. 때문에 비교적 비판적 시각을 견지하는 젊은 연구자들도 글을 발표할 적에는 학술지의 선택 문제를 고려할 수밖에 없습니다.

1970, 80년대 한국에서는 사회운동 성격의 학술지가 줄줄이 등장했습니다. 이러한 학술지들은 민주화운동에 엄청난 공헌을 했지요. 그러나 민주화과정을 거친 후 모두 제도권 내부로 편입되어 등재지가 되었습니다. 학술적 성격의 일반 학술지와 아무런 차이도 없어졌고 형식 또한 매우 엄격하게 변했지요. 가령 지금 제가 학술지 형식을 제대로 따르지 않은 비판적 성격의 글을 썼다면 『창작과비평』 및 한두개의 교양지를 제외하고는 발표할 공간이 거의 없습니다. 이는 당연히 학계의 분위기에 영향을 미쳤지요. 게다가 이건 국가 정책 탓만도 아니었습니다. 70, 80년대에는 국가가 비교적 공개적으로 우리의 사상을 통제했습니다. 하지만 지금은 국가의 공개적 통제가 작용한다기보다 더 미묘한 문제가 존재합니다. 국가나 기업의 연구비 수주와 함께 우리의 학술자세를 통제하는 상당히 중요한 메커니즘이 있습니다. 심지어 우리 연구자들에게 일종의 내재적 검열 메커니즘이 되었다고까지 말할 수 있지요.

5 양적 연구업적중심주의를 조성한다고 비난받던 등재지제도가 3년간의 경과시간을 거쳐 2014년 말이면 폐지될 것이라고 2011년 12월 교육부가 공식 발표했다. 그런데 그후 학계의 반발이 심해 2014년 현재 당분간 등재지제도는 더 유지될 듯하다.

그래서 요즈음 인터넷상에는 학술제도의 제한을 받지 않고 비교적 자유롭게 활동하는 논객들이 등장하기도 했지만, 아직 기존 학술제도의 개혁을 끌어낼 만한 정도에는 미치지 못하고 있습니다.

쑨 거 중국식으로 말하면 학술정치죠. 사실은 국가가 아니라 전문가가 통제하고 있는 것입니다. 구획된 세력범위 안에서 지식인들이 일등급 혹은 이등급 간행물을 틀어쥐고서, 물질 혹은 명예상의 이익을 취하려는 것이죠. 바로 그렇기 때문에 상황을 뒤집기가 어려운 것입니다. 만약 국가 정책의 결과였다면 사회운동을 통해 바꿀 수도 있겠지요. 문제는 이것이 학계 내부 학술주체의 행위라는 것입니다. 학계 자체를 깨부수기 전에는 바꿀 방법이 없습니다. 중국에서도 핵심 저널을 없애려는 학술회의가 열린 적이 있지만 어떠한 성과도 없이 끝나버렸어요. 아무런 변화도 없었지요.

학술제도 안팎의 개혁과 가능성

백영서 2009년에 일본과 한국의 학술단체가 공동으로 주관한 회의에서 일본 문부성이 추진하는 학술평가방식 개선안에 관한 일본 학자의 발표를 흥미롭게 들은 적이 있어요. 회의 보고서 가운데 다양화된 평가방식을 적용해야 한다는 언급이 있었습니다. 첫번째 방식은 우리도 익히 알고 있는 학계 내부의 평가, 즉 학술지에 발표되는 논문에 대한 평가입니다. 두번째는 사회의 평가입니다. 예를 들어 서평, 신문기사, 혹은 출판계의 평가 같은 것이지요. 세번째는 역사상의 평가입니다. 즉 장기적인 시각에서 해당 연구성과가 과연 고전이 될 수 있는지 여부가 평가되는 것입니다. 두번째와 세번째 평가방식을 제도권 학계 내에서 실현하기란 쉬운 일이 아니겠지만, 저는 이것이야말로 우리가 고려해야 할 방향이라고 생각합니다. 특히 두번째 방식인 사회의 평가는 학계의 편협한 평가를 넘어설 길을 열어줄 수 있기 때문에 더욱더 필요합니다.

쑨 거 혹시 이 점에서는 한국의 상황이 좀 낫지 않습니까? 한국은 민주화운동의 전통이 축적되어 있으니까 말이에요. 저는 동아시아에서 한국 민주화운동의 질이 가장 높다고 평가합니다. 이러한 사회에서 지식인사회는 현실과 동떨어져 있게 마련입니다. 상대적으로 안정된 공간이다보니 변화시키기가 어렵지요. 특히 모종의 이익과 관련되어 있을 때는 변혁이 더더욱 어렵습니다. 하지만 어쨌든 한국의 대학교수 중에는 백 교수님처럼 학생운동의 경험이 있는 사람이 적지 않을 텐데, 이에 상응하는 제도상의 변화를 일으킬 가능성은 없을까요?

백영서 맞는 말씀입니다. 한국에는 민주화를 추구한 학생운동에 참가한 경험이 있는 교수들이 적지 않습니다. 하지만 솔직히 말해서, 안정된 환경에 정착한 이후로는 기존 학술제도에 대한 특별한 위기의식이 없습니다. 주로 젊은 학자들이 이런 문제에 봉착해 곤혹스러워하지, 저같이 쉰살이 넘은 사람들은 큰 압박감을 느끼지 않아요. 때문에 많은 사람들이 현행 평가방식에 문제가 있다고 느끼긴 하지만 새로운 방식을 찾기 위해 집단적으로 노력하지는 않습니다. 이것이 문제지요.

쑨 거 질문이 하나 있어요. 지금 한국의 민주화운동은 이미 시들해졌지만, 민주화운동이 한창일 당시 한국 대학의 평가 씨스템과 학과체제는 어땠나요? 예를 들면 1980년대 상황이랄까?

백영서 지금 같은 등재지 씨스템 평가방식은 1998년부터 시행됐어요. 그러니까 사실은 김대중 정부(1998~2003)에서 디자인되어 노무현 정부(2003~08) 때 계속되다가 오늘에 이르렀어요. 이런 평가제도는 이것이 나오기 전에는 학계의 학술활동이 활발하지 못했기 때문에 생겨난 것이지요. 일반 교수들은 논문을 발표하려 하지 않았고, 안정된 환경을 좋아했지요. 태도도 비교적 보수적이었고요. 연구업적을 중시하는 이런 평가방식에는 두가지 측면이 있습니다. 하나는 학계에 압력을 넣어 학자들에게 동기를 부여하고 그들이 열심히 논문을 발표할 수 있도록 고무하는 것입니다. 왜냐하면 그전에는 많은 노교수들이 논문은 쓰려 하지 않으면서 교수라는 자리는 계속 유지하고 싶어했거든요. 이런 점에서 양적 평가방식은 일정 부분 좋은 측면을 가지고 있다고도 할 수 있습니다.

두번째는 계량화의 문제입니다. 지금처럼 많을수록 좋다는 식의 연구업적주의적 평가방식은 인문학에 부적합합니다. 역설적이지만 이것은 민주정부가 신자유주의에 대응하기 위해 추진한 정책입니다. 한국의 모든 대학은 신자유주의의 영향을 받아 세계 100대 대학에 들어가기 위해 많은 노력을 기울입니다. 그래서 특별히 영어로 강의하고, 더 많은 논문을 발표하라고 장려합니다. 이는 구조적 문제입니다. 구조를 깨려고 한다면 먼저 구조의 틈새에서 평가방식의 대안을 찾아내는 것이 중요하다고 생각합니다. 하지만 아직까지 사람들은 그다지 열심히 실행하지 않는 것 같습니다. 지금 대만의 천 광싱이 아주 다른 종류의 평가제도를 열심히 논의하는 것으로 알고 있는데, 결국 자신도 『인터아시아 문화연구』(*Inter-Asia Cultural Studies*)를 SSCI급의 학술지로 바꿔놓았습니다. 이건 모순이죠. 하지만 재미있는 것은, 이 학술지가 아시아의 비판적 지식인들이 관심을 기울이는 문제들을 기획 주제로 삼고 그들에게 투고할 공간을 제공하고 있다는 사실입니다. 저는 이것이 과연 구조의 틈새 속에서 대체방안을 찾아내는 모범이 될 수 있는지 정말 보고 싶습니다.

쑨 거　천 광싱의 실험은 매우 상징성이 있습니다. 사실 지금의 체제에 반대하는 지식인들조차 체제와 모종의 공모관계를 맺을 수밖에 없습니다. 만약 체제와 완전히 무관하게 체제의 변두리, 심지어 체제 바깥에서 일하면서 하나의 개체로서 모든 정력을 연구에만 쏟아부을 수 있다면 그것도 괜찮을 겁니다. 하지만 거기에도 나쁜 점이 있습니다. 학생을 보호할 수 없어서 젊은이들이 합리적인 공간에서 생존할 길을 찾을 수 없다는 것이지요. 또다른 방식은 백 교수님이나 천 광싱처럼 프로젝트를 추진하는 겁니다. 그러면 적어도 일부 젊은이들을 이끌어줄 수 있고, 그들로 하여금 체제에 동화하지 않게 만들 수 있습니다. 이 또한 우리들의 책임이지요. 이때 생겨나는 문제는, 어쩔 수 없이 체제와 관련을 맺어야지, 그러지 않으면 부서져버리고 만다는 것입니다. 체제와 관계를 맺음과 동시에 체제에 대항하는 것은 아무 소용이 없게 됩니다. 그래서 천 광싱의 책략은 바로 체제를 이용하는 것이었습니다. 한편으로는 SSCI를 비판하고, 다른 한편으로는 자신의 학술지를 SSCI로 바꾸어놓았지요. 그래야만 젊은 학자들을 위해 더 많은 기회를 얻어다줄 수 있기 때문입니다.

저는 사회인문학도 앞으로 똑같은 문제에 직면할 것이라 생각합니다. 체제를 비판함과 동시에 체제를 이용할 수밖에 없을 거라는 말이죠. 앞서 말했던 이론의 문제로 다시 돌아가보면, 타께우찌 요시미는 애당초 「대동아전쟁과 우리들의 결의」를 쓸 때 선택의 자유가 없었습니다. 그는 동아시아가 서양의 억압에서 해방되는 이상을 표현하면서 일본

카미까제 특공대 같은 자살공격 식의 전쟁을 지지하기로 선택했습니다. 지금 우리도 이와 똑같은 일을 하고 있는 것은 아닐까요? 그것은 자유롭지 못한 상황에서 무언가를 '선택'할 수 있는 유일한 방법이었습니다. 물론 지금은 전쟁 시기가 아닙니다. 선택의 자유 또한 타께우찌 시대에 비해 많아졌습니다. 예를 들어, 저는 학술체제를 완전히 벗어나 저만의 방식으로 저의 책임을 다할 수 있습니다. 저는 젊은이들의 부탁으로 독서회를 하나 조직했는데, 체제 바깥에 있는 독서회입니다. 학생들은 저의 독서회에 와서 책을 읽을 뿐 다른 어떤 수확도 할 수 없습니다. 저는 그들에게 학위도 학점도 줄 수 없습니다. 취업의 기회는 더더욱 제공할 수 없습니다. 이 독서회는 문턱도 없습니다. 전공이 무엇이든 무슨 일을 하는 사람이든 훈련을 받아보았건 못 받아보았건 상관없이, 책 읽기를 좋아하는 사람이라면 누구나 올 수 있습니다. 어떤 젊은이들은 한번 와봤다가 꾸준히 참석하기도 합니다.

백영서 선생님의 이러한 방식은, 제가 글에서 쓴 바 있는 용어를 차용한다면 '운동으로서의 학문'이 되겠군요. '제도로서의 학문'과는 다른 것이지요.

쑨 거 맞아요. 하지만 저는 이 둘을 대립시키지는 않습니다. 제가 이렇게 하는 이유는, 선생님들처럼 체제 안에서 한편으로는 체제와 부딪치면서 한편으로는 체제를 이용해 체제 안에서 젊은이들을 양성하는 이상을 실현할 능력이 없기 때문입니다. 저는 그렇게 할 수가 없어요.

백영서 선생님의 말을 듣고 나니 저도 하고 싶은 말이 있습니다. 사실 저도 제가 선택한 길에 의구심을 느끼고 늘 불안해 합니다. 이게 정말 나의 이상을 실현하는 길일까? 아니면 체제에 의해 이용당하는 것일까? 10년이 지나도 아무 성취가 없다면, 저는 사회인문학 프로젝트에 동참하거나 이를 지지해준 여러 사람에게 매우 미안할 것입니다. 그래서 암암리에 아주 큰 스트레스를 받지요. 이것은 일종의 모험입니다.

쑨 거 이해합니다. 체제를 이용하는 것과 체제와 공모하는 것 사이에는 '종이 한장 차이'밖에 없어서 아무 때건 뚫릴 수 있습니다. 그래서 가장 기본적인 최저선을 잘 지켜야만 하는데, 쉬운 일이 아니지요. 선생님의 방식에는 저의 방식보다 훨씬 더 많은 어려움이 있습니다. 저는 체제와 공모하면서 자기 제자들을 위해 이익을 도모하는 수많은 교수들을 보았습니다. 하지만 그들은 학내의 현실을 받아들일 뿐 어떤 행동도 하지 않습니다. 그 결과는 아주 실망스러웠지요. 공모가 당파를 이루어 사사로움을 도모해버리면 체제화에 있어 가장 나쁜 결과를 낳습니다.

사실상 선생님과 천 광싱, 그리고 체제 안에서 새로운 가능성을 추진하기 위해 애쓰고 있는 지식인들의 목표의식은 매우 분명하다고 생각합니다. 즉 지금의 학술체제는 문제가 있기 때문에 반드시 바꾸어야만 하고, 이때 가장 좋은 방법은 참여와 개입이라고 생각하지요. 하지만 참여하고 개입한 후에는 수시로 장력(張力)관계를 유지하기 위해 굳건한 신념이 필요합니다. 학내 체제는 대량의 자원을 제공할 수 있습니다. 어떻게 하면 자신의 이익 도모가 아니라 공익에서 출발해 이러한 자원들을 이용할 수 있을까? 이것은 조금만 신념이 흔들렸다가는 분명 실패하고 말 문제입니다. 저는 아주 괜찮은 친구들이 결국 실패하고 마는 것을 보았습니다. 중국에서는 이 문제가 매우 심각합니다.

백영서 이것은 우리 사회인문학의 3대 원칙과 관계가 있습니다. 첫째는 소통입니다. 이 소통은 분과학문 사이의 소통 및 국내외 학술 수용자와의 소통을 포함합니다. 둘째는 성찰입니다. 즉 인문학이 사회적 산물임을 확인하는 학문의 역사에 대한 성찰과 사회에 대한 성찰이라는 이중의 성찰을 의미하는 것이지요. 셋째는 실천입니다. 즉 제도 안팎에서 소통의 거점을 확보하되, 문화상품화가 아닌 사회적 실천성을 중시하는 학문 실천을 말합니다. 방금 토론한 문제에서도 알 수 있듯이, 소통과 실천의 문제는 서로 연결되어 있습니다. 예를 들어, 우리는 대학 내부의 연구활동과 제도 바깥의 활동을 연결하기 위해 노력하고 있지만 대체 어떻게 실천해야 하는가는 문제입니다. 제가 활동하고 있는 제도 바깥의 영역은 『창작과비평』입니다만, 현재 한국에서는 선생님이 전에 참관하신 바 있는 '수유너머'라는 곳도 주목을 받고 있습니다. '수유너머'는 제도 바깥에 있는 비교적 독립된 공간입니다. 저는 그들이 부럽기도 한데요, 제도의 압력을 받지 않고 자유롭게 계획을 추진할 수 있기 때문입니다. 하지만 그들의 문제는 제도권 내의 안정된 자원이 없다는 것이지요. 자원이 정말 적어요. 그래서 저는 늘 어떻게 하면 제도권 안팎의 활동을 연결할 수 있을까 하는 문제를 고민해왔습니다.

전에 선생님이 한국의 청년 학자 윤여일(尹汝一)과 대담한 내용을 읽은 적이 있는데, 대담 중에 윤여일 씨가 "학술제도가 안정될수록 지식의 동력은 사라진다"고 하자 선생님은 "학과제도의 구조 문제는 쉽게 해결할 수 없다는 점에 동의한다"고 대답하셨더군요. 제도에 대한 선생님의 태도가 매우 비관적이라고 느꼈습니다. 선생님은 제도 개혁의 가능성을 매우 낮게 여기시는 것 같은데, 그렇습니까?

쑨 거 어느정도는 비관적입니다. 이것은 개인적 경험과 관계가 있습니다. 저는 소속된 학과가 없기 때문에 연구소에서 그저 제 연구만 할 뿐입니다. 젊은 학자들이 저더러 와서 강연을 해달라고 청하면 가끔씩 강좌를 진행할 뿐 연구소의 활동에는 거의 참여하지 않습니다. 그렇다고 해서 제가 중국 정치학이나 역사학 영역에 속한 것도 아닙니다. 그들에게는 그들의 영역이 있지요. 제가 그들과 교류할지라도 학술체제 안에서의 행위는 아닙니다. 학내 체제는 늘 제게, 너는 일개 '문학연구자'라는 사실을 일깨워줍니다. 이 범위를 벗어난 어떤 학술행위도 인정받을 수 없습니다. 이것이 아마 제가 학술체제를 비관하는 직접적 원인일 것입니다. 그렇지만 다른 면에서 보면, 간섭과 행정상의 잡무가 없는 덕에 충분한 연구시간을 획득할 수 있었습니다. 제가 처한 환경은 아마 학자에게 있어 가장 훌륭한 경우일 겁니다.

하지만 제가 비관적 태도를 보인 가장 중요한 이유는 학리(學理)상의 문제 때문입니다. 제도란 한번 만들어지고 나면 고도로 보수적인 것이 되고 마는데, 게다가 지금의 학술생산은 하나의 커다란 산업이 되었고, 전문가는 기술자가 되었으며, 대학은 많은 사람들을 먹여살려야 하는 처지입니다. 이렇다보니 학술제도는 이익 문제와 직접 연관될 수밖에 없지요. 스스로를 변화시키고 싶어하는 제도는 없습니다. 아주 강력한 힘이 있어야만 그것의 보수성을 깨뜨릴 수 있지요. 제도의 보수적 상태는 중요한 위치에 있으면서도 머리가 좋은 지도자가 깰 수 있을 것입니다. 지금 선생님이 국학연구원장을 맡아 연구원 내에서 무엇인가를 추진하시는 것처럼요. 선생님에게도 타협해야 하는 부분이 있겠지만, 그래도 연세대학교 내부에서 작은 범위의 변화를 추진할 능력과 권력을 가지고 있습니다. 이것이 아마도 유일한 가능성일 것입니다. 안타까운 것은, 그런 지위에 있으면서 개혁의지와 판단력을 지님과 동시에 진정한 학자이기도 한 사람이 너무 적다는 현실입니다. 만약 동아시아에 열명의 백영서가 있다면 상황이 달라질 텐데, 안타깝게도 한명의 백영서밖엔 없네요.(웃음)

백영서 영광입니다. 선생님 말씀을 듣고 나니, 앞으로 더 열심히 해

야지 실패해서는 안 될 것만 같습니다.(웃음)

쑨 거 제 생각엔 실패에 대한 준비가 있어야만 할 것 같은데요?(웃음) 저는 이 점에서는 확실히 비관주의자입니다. 하지만 절대 허무주의자는 아닙니다. 저는 두가지 통로를 통해 우리의 꿈을 추진할 수 있다고 생각합니다. 하나의 통로는 지금 선생님이 하시는 것처럼 체제가 허락하는 범위 내에서 변화를 추진하는 것입니다. 예를 들어 사회인문학을 한다고 하면, 기존 학과 구획의 안정성을 허문 다음, 그들에게 새로운 무언가를 제공하는 것입니다. 그 새로운 무언가를 다시금 앞으로 밀고나간다면 학술체제에 합법적인 변화를 가져올 가능성도 없지 않습니다.

또다른 통로는 제가 걷고 있는 길이지요. 저는 학술체제 바깥에서 머리 좋은 젊은이들을 훈련시키면서 그들로 하여금 학술에 대한 판단력을 지니게 하고, 참문제와 거짓문제를 구분하는 방법을 알게 합니다. 그들이 어떤 능력을 발휘할 수 있을지 저는 모릅니다. 그저 저의 능력을 다해 제가 영향을 미칠 수 있는 젊은이들에게 영향을 주려 할 뿐입니다. 그들은 앞으로 학과 건설에 영향을 미칠 수도 있고, 질 높은 작업을 수행할 수도 있습니다. 이들은 적어도 어느정도의 역할을 해낼 것입니다. 이 두가지가 비교적 현실적인 통로라고 생각합니다. 현재의 학술체제를 모조리 바꾸기는 불가능할뿐더러 불필요합니다.

사회인문학, 비평의 역할, 그리고 사회변혁

백영서 방금 아주 좋은 의견을 제시해주셨습니다. 실패를 준비하라는 말씀 말이에요. 저의 심리적 부담을 많이 덜어주셨습니다. 저는 매일

어떻게 하면 실패하지 않을 수 있을까를 고민하느라 부담이 정말 컸거든요.(웃음) 매일 실패를 준비해야 하더라도, 저는 늘 노력할 것입니다. 한가지 정확한 것은, 우리 둘의 추진방향은 일치하지만 실천현장은 다르다는 점입니다. 제게는 두개의 실천현장이 있습니다. 하나는 제도권 내의 연세대 국학연구원이고, 다른 하나는 제도권 밖의 창비입니다. 선생님은 요즘 제도권 밖의 독서회에 집중하시고 있는 것 같습니다. 이것이 우리 둘의 차이지요.

이어서 사회인문학과 비평 혹은 평론의 문제를 논하고자 합니다. 우리는 사회인문학을 추진하는 과정에서 핵심 저널의 형식에 반드시 맞추어야 하는 학술적 글쓰기가 아닌, 새로운 글쓰기 방식을 추구해야 한다고 생각합니다. 이러한 새로운 글쓰기 방식이 바로 비평인데요, 비교적 우리의 목적에 부합합니다. 지금 제가 말하는 비평이란 단순히 글쓰기 방식의 문제만은 아닙니다. 학술에 관한 새로운 태도의 문제지요. 앞에서 제가 언급한 용어로 말하자면, 제도로서의 학문과 운동으로서의 학문의 교차지점에서 새로운 글쓰기에 종사하는 것을 의미합니다. 역사학자로서 저는 이러한 관점을 역사학에 응용하여 '비평의 역사학'을 제창한 적이 있었습니다. 선생님은 어떤 글에선가 타께우찌 요시미 글의 비평적 역할을 강조하셨고, 타께우찌의 학문은 이미 비평이라고 말씀하셨습니다. 저는 타께우찌가 시대의 현실성을 제대로 파악하고 있었기 때문에 그럴 수 있었다고 생각합니다. 이 점은 매우 중요합니다. 그는 현실생활과 학술구조를 연결하여 번뇌하면서 자신의 생활 속에 구체적으로 표출된 현상들을 분석해 문장을 만들었습니다. 이것이 바로 비평입니다. 학술적 글은 고증과 분석만 진행하면 그만이지요. 바꿔 말하자면, 현실로 들어갈 필요가 없다는 것입니다. 이런 비평방식에 관한 이야기를 나눴으면 좋겠습니다.

쑨 거 비평은 아주 쓰기 어려운 문체의 글입니다. 오늘날 저의 시도 또한 타께우찌 요시미로부터 시사받은 것입니다. 그가 평생 남긴 수많은 문장들은 모두 비평이었습니다. 그는 기본적으로 학술논문을 쓰지 않았지요. 그의 학술논문은 사실 심도있는 비평입니다. 타께우찌는 재미있어요. 어제 강연에서도 언급했듯이, 그는 평생 질문만 했지 문제를 해결하지 않았어요. 사실 그가 제기했던 것들은 모두 답이 없는 문제들이었습니다. 해답이 없는 문제를 찾아낼 수 있는 사람이 바로 사상가입니다. 타께우찌의 모든 비평이 성공적인 것은 아니지만, 최후에 낸 세 권의 평론집에 수록된 비평들은 모두 성공적이었다고 생각합니다. 모두 사상 텍스트들이죠. 이러한 텍스트들에는 한가지 특징이 있어요. 그가 당면했던 문제들은 구체적인 문제이기도 하고 답이 없는 문제이기도 했다는 것이죠. 바꿔 말하면, 해결될 수 없는 문제였기 때문에 이 문제들은 영원히 인류의 역사 속에 살아남을 수 있었다는 겁니다.

이러한 부류의 문제들을 끄집어낼 능력이 있을 때 그는 사상가가 될 수 있습니다. 그와 비교해볼 때, 대다수의 사람들은 문제를 아주 명확하게 풀어내지만 그들이 잡아낸 문제는 전부 답이 있는 문제들입니다. 타께우찌의 비평이 우리들의 모범사례가 될 수 있을지 없을지는 잘 모르겠습니다. 상황성도 있으면서 보편성도 지닐 수 있는 문제란 무엇일까요? 한가지 문제상황을 잡아냈을 때 우리는 문제 자체를 분석해서 방향성을 제시하는 답을 내곤 합니다. 예를 들어 이 문제가 어떤 방향으로 발전할지, 그것의 진정한 본질적 요소는 무엇인지 등등. 그러나 이런 분석을 진행함과 동시에 해답이 없는 문제를 끄집어낼 수는 없는 걸까요?

해답이 없는 문제들은 대부분 인류의 본성과 관계되어 있습니다. 타께우찌는 종족 간의 멸시와 사람과 사람 사이의 멸시 문제를 줄곧 다루어왔습니다. 일본인들 사이의 관계, 선배 대 후배, 남성 대 여성, 언어를 통한 멸시, 일본이 국제사회에서 자신의 위치를 확립할 때 강대국과 약소국을 대하던 태도에 나타난 멸시 등이죠. 이것들을 같은 문제로 놓고 논의한 결과 당시 일본 사회에서 통용되던 멸시 및 사회정의에 대한 표면화된 해석이 뒤집혔습니다. 그는 골수에 박힌 문제는 해결하기 어려우니 반드시 꼭 쥐고 놓지 말아야 한다고 말했으며, 골수에 박힌 문제는 모든 중대 사건을 해결하는 핵심 문제라고 말했습니다. 이는 그가 비평의 방식을 통해 제기한 것들이지요.

생각해보십시오. 가령 그가 당면했던 1950, 60년대의 상황은 모두 변화했지만, 그가 제기했던 사람의 본성 속에 잠재한 멸시의 구조 문제는 오늘날에도 여전히 남아 있으니 여전히 현실 문제 아닐까요? 한명의 사상가로서 반세기 이전에 제기한 문제가 오늘날까지도 여전히 유효하다면, 그 비평은 성공했다고 저는 생각합니다. 만약 당면한 상황만을 논했다면 그 텍스트는 오늘날까지 전해지지 않았을 겁니다. 같은 대상을 다루더라도 처리방식과 깊이, 그리고 통찰력의 차이로 인해 어떤 텍스트는 전해지고 어떤 것은 소멸합니다. 비평적 글쓰기를 통해 상황 속에 들어 있는 근본 문제 혹은 해답이 없는 문제를 잡아낼 수 있을까요? 저의 지금 능력으론 어려울 것 같습니다.

저는 다른 시도를 하고 있습니다. 즉 매년 중국의 현실상황을 분석하는 비평을 몇편씩 써내는 것이지요. 어떤 때는 중국어로 쓰고, 어떤 때는 일본어로 씁니다. 이런 문장을 쓰는 이유는 현실에 대한 긴장감을 유지하기 위해서입니다. 아직 타께우찌처럼 안에 있는 가장 핵심적인 문제를 잡아낼 능력은 없지만, 현실사건을 분석함으로써 긴장감을 유지한다면, 다시 사상연구로 돌아갔을 때 학술생산 과정에서 내재적 긴장감을 잃지 않을 수 있을 것입니다. 이 정도는 현재 수준에서 해낼 수 있습니다. 따라서 비평은 대중과 사회에도 당연히 중요하지만, 나 자신에게도 유용하다고 생각합니다. 하지만 비평이 큰 폭으로 사회에 영향을 미칠 거라고는 별로 기대하지 않습니다. 문자를 가지고 작업하는 이들의 진정한 목표는 직접 사회를 변화시키는 것이 아니라, 사람의 사고방식을 바꿈으로써 간접적으로 사회에 영향을 미치는 것이기 때문입니다.

제가 사람의 사고방식을 큰 폭으로 바꿀 수 있을지 여부는 아주 많은 조건에 달려 있습니다. 제가 계산하고 통제할 수는 없지요. 그래서 저는 그다지 마음에 두지 않습니다. 그저 현실을 직시하고, 긴장감과 개방적인 태도를 유지하기 위해 노력하고, 일시성(一時性)과 지역성을 초월할 수 있는 이론적 문제를 가능한 한 찾아내려 애쓰며, 글쓰기를 통해 나만의 통찰력을 만들어나갈 뿐입니다. 하지만 나란 결국 하나의 개체일 뿐이라서, 만일 사회인문학에서 비평적 글쓰기를 하나의 프로젝트로 삼고자 한다면 이와는 또다른 설계가 있어야 한다고 생각합니다.

비평과 시사평론의 차이

백영서 선생님은 사람의 사고방식을 바꿈으로써 간접적으로 사회에 영향을 미친다고 하셨는데, 이는 제 식으로 말하면 '이론적 실천'을 뜻합니다. 그 힘을 1980년에 실감한 적이 있습니다. 저는 1974년 대학에서 제적당했고 그런 신분으로 1978년부터 창비에서 일했습니다. 그러다가 1979년 10월 박정희 대통령이 저격당하고 1980년 '서울의 봄'이라고 불리는 민주화 시기에 대학 3학년으로 서울대에 복학을 했어요. 그때 서울대에서 학생들이 붙인 대자보를 자주 봤는데,『창작과비평』이 주장한 이론과 용어들이 그대로 반영되어 있었어요. 거기서 저는 이론의 힘을 절감했고, 동시에 보람과 두려움도 느꼈습니다.

제가 비평적 글쓰기 방식을 고려하게 된 것은 창비에서 일한 경험과 깊은 관계가 있습니다.『창작과비평』의 글은 대부분 일반적인 학술적 글이 아니라 문학비평이나 사회비평입니다. 그렇다면 비평과 학술논문은 어떻게 다를까요? 일반적으로 말해서 학술적 글은 대부분이 지나간 일을 분석한 글입니다. 다시 말해 분석의 대상과 일정한 거리를 유지하고 있지요. 하지만 비평은 유동하는, 생동하는 현실 문제에 관한 일종의 판단입니다. 하나는 분석이고 다른 하나는 판단입니다. 이것이 바로 가장 큰 차이점이겠지요. 따라서 비평이 파악하는 것은 현실의 맥락입니다. 현실은 광범위합니다. 한국의 현실이건 동아시아의 현실이건, 우리가 어떻게 현실을 판단하느냐 하는 것은 매우 중요한 문제입니다. 하지만 이 또한 시사 문제에 관한 분석으로 변질되기 쉽지요.

이런 문제를 어떻게 극복해야만 할까요? 선생님에게 이는 어쩌면 시사 문제를 통해 사상적 과제를 찾아내는 문제이겠으나, 제 용어를 사용해 말해보자면 이것은 단기적 문제나 중기적 문제를 어떻게 장기적 맥락과 연결하느냐 하는 문제입니다. 단기적 문제란 예컨대, 한국 민주주의의 퇴조 문제 혹은 천안함 문제를 들 수 있겠네요. 천안함 문제는 표면적으로 볼 때는 단기적 문제입니다. 하지만 장기적 맥락으로 볼 때 한국의 분단체제나 통일 문제와 연관되기 때문에 그렇게 단순하지만은 않습니다. 동시에 미국과 중국의 외교정책까지 고려해야 하지요. 이와 같이 동아시아, 더 나아가 세계정세는 모두 서로 연결되어 움직입니다.

따라서 중기적 혹은 장기적 시각에서 단기적 문제를 분석해야만 합니다. 이러한 비평이라야 통찰력이 있고, 또 살아남을 수 있지요. 그러지 못하면 간단한 시사평론이 되어버릴 가능성이 있기 때문에 학술적 글과 경쟁할 방법이 없습니다. 어떻게 하면 비평이 학술논문의 제한에서 벗어나 하나의 새로운 영역으로 자리매김할 수 있을까, 저는 여기에 관심을 갖고 있습니다.

쑨 거 굉장히 중요한 문제라고 생각합니다. 비평과 시사평론의 다른 점은, 비평이 관심을 기울이는 것은 일시적이고 하나의 지역에 국한된 사건이 아니라는 것입니다. 비평은 길고 먼 가능성에까지 관심을 기울입니다. 현실이란 무엇입니까? 현실이란 무수한 가능성 가운데 한가지 가능성이 스스로를 실현한 한순간을 말합니다. 하지만 다음 순간에는 또 무수한 가능성이 존재합니다. 스스로를 실현했다고 해서 반드시 다음 순간에도 존재한다는 법은 없습니다. 도태될 가능성도 있는 거예요. 때문에 현실은 유동적이지요. 지금 우리가 학내에서 생산해내고 있는 지식은 대다수가 긴장감 없는 정태적인 것들이기 때문에 매 순간 스스로를 실현해낸 지점과 지점들을 고정화하고, 그 지점들이 바로 현실이라고 말하고 있습니다. 하지만 이 현실은 다음 순간에 뒤집힐 수 있습니다. 그렇다면 비평에서 해야 할 작업은, 다음 시점과 그다음 시점에서 지금의 현실성을 뒤집을 수 있는 가장 훌륭한 가능성을 추진하는 일입니다. 이미 실현된 현실성을 확인한 다음 어떤 가능성이 가장 쉽게 실현될 것인가를 예측하는 게 아니란 말이지요.

후자는 시사평론입니다. 그래서 시사평론에서는 늘 다음에 어떻게 될 것인지를 예측하지요. 하지만 비평은 예측을 하지도 않고 또 하려고 해서도 안 됩니다. 바로 지금 이 순간, 우리는 각종 가능성을 보고 있으며, 이 가능성들은 각기 다른 방향을 지니고 있습니다. 비평이 해야 할 일은 사회가 어떤 방향으로 발전할 것인가를 우리에게 미리 보여주는 것입니다. 우리의 이념에 가장 부합하는 방향의 가능성을 실현하기 위해 우리에게 어떠한 사회적 조건이 필요한가? 이러한 분석을 진행하는 것은 사태를 예측하는 것이 아니라, 이에 대한 구체적인 평론식 분석을 통해 사람들이 가장 좋은 가능성을 사고하고 여기에 가까이 갈 수 있도록 해주는 것입니다. 이런 노력은 인류의 미래에 대해 뭔가를 시사할 테고, 후세에도 계속 전해질 것입니다. 따라서 애초에 비평의 관심사는 시사평론과 다릅니다. 많은 사상가들은 모두 이러한 작업을 하고 있습니다.

백영서 선생님의 말씀에 전적으로 공감하면서, 저의 동아시아론도 같은 방향을 향해 나아가고 있다고 말하고 싶습니다. 동아시아론은 정세론과 문명론이나 사상과제를 아우르려고 합니다. 이는 시대상황에 밀착하여 그날그날의 현실에 충실하되 언제나 긴 안목의 관점을 견지하려는 입장이기도 합니다. 그리고 저의 동아시아론은 기존의 동아시아론이 인문학과 사회과학이라는 분과학문의 틀 속에서 심각하게 분화되어 있는 한계를 넘어 탈분과학문적 연구와 글쓰기를 현장의 실천경험과 결합하려는 노력의 소산이기도 합니다. 이러한 시도는 오늘의 주제인 '사회인문학'의 길과 서로 통합니다.

대안적 보편성을 추구하는 사회인문학

백영서 자, 이제 시간 관계상 오늘의 마지막 주제를 논하고 싶은데요, 바로 사회인문학이라는 용어 자체에 관한 문제입니다. 사회인문학 하면 사회과학과 인문학의 결합으로 오인되기 일쑤인데, 결코 그렇지 않습니다. 사회인문학의 중점은 인문학에 있습니다. 그렇다면 인문학이란 무엇인가? 전통시대의 인문학은 동서양을 막론하고 단일한 총체적 학문이었습니다. 그러나 근대에 오면서 인문학은 세분화되기 시작해 이미 전통시대의 모습을 회복할 수 없게 되었습니다. 따라서 창조적 사고로 전통시대의 단일 학문으로서 인문학을 새롭게 사색하는 것은 매우 중요한 문제입니다. 예를 들어 근대 인문학의 제도 속에서 자연과학과 사회과학의 '과학성'은 이미 배제되었습니다. 그렇다면 인문학이 전통 인문학의 모종의 특징을 아직 간직하고 있는가? 우리는 인문학 텍스트를 연구할 때 감흥 혹은 감정의 문제를 꼭 고려해야 하는가? 인문학과 자연과학 및 사회과학은 대체 어떤 차이가 있는가? 어떻게 하면 전통시대의 초분과적이고 총체적이며 단일화된 학문과 연결할 수 있는가? 이는 제가 늘 생각해오는 문제지만 아직 답을 찾지 못했습니다. 아까 말한 비평처럼, 한편의 훌륭한 비평이라면 사람들로 하여금 지식 습득에 대한 쾌감을 느끼게 할 수 있어야 하지 않을까요?

쑨 거 맞습니다. 이건 분명 아주 중요한 문제예요. 동시에 아주 어려운 문제이기도 하고요. 인문학에 근대 학과제가 도입되어 벌써 100년 이상의 세월이 흘렀습니다. 게다가 분과가 갈수록 세밀해지고 견고해진 이래로, 지금의 인문학은 더이상 과거의 인문학이 아니지요. 이전의 상태를 회복하는 것은 고사하고, 이전 인문학의 이상(理想)으로 거슬러 올라갈 한두개 학과를 찾아내는 일조차 쉽지 않습니다. 이전의 인문학에는 사회과학과 철학이 포함되었는데, 지금은 어떤 학과도 그렇지 못합니다. 다시 합친다 해도 소용없습니다. 우리는 이미 이 같은 전통을 상실했어요. 이런 상황에서 지식이 단절되어 있는 현상을 받아들일 수 없다면 대체 어떤 출구가 있을 수 있는가? 이것이 문제입니다.

저는 인류의 감정과정을 포함한 정신활동이 가장 고전적 의미에 가까운 인문학 혹은 인문정신이라는 선생님의 말씀에 전적으로 동의합니다. 왜냐하면 인문학과를 포함한 지금의 학문과 학술은 사람에게 가장 중요한 심리와 감정활동을 모두 말살하고 있기 때문입니다. 이러한 것들은 수량화될 수 없고 논리의 방식으로 연역할 수도 없기 때문에 완전히 제거되고 말았지요. 사람의 본성에 가장 근접한 것이 아마도 문학연구의 영역일 테지만, 문학평론마저도 진정한 의미에서 사람의 감정구조를 제대로 파악해낼 능력이 없습니다. 아직 감정의 요소가 담겨 있긴 하지만, 전체적인 사람의 감정 문제를 다룰 능력은 갈수록 약해지고 있습니다. 기본적인 상황이 그래요. 하지만 아까도 말했듯이, 지금 우리에게는 학술체계를 완전히 깨뜨릴 능력이 없습니다. 다만 대학이라는 제도 내부에서 그것을 이용해 학술체계를 바꿔나갈 수 있을 뿐이지요. 우리들의 토론 같은 정신활동 방식도 체제와 우리가 맺는 관계와 유사합니다. 말하자면 오늘날 우리의 정신구조, 지식구조 및 사유구조를 바꾸려 할 경우 고전 인문학으로는 불가능합니다. 그렇다면 각 학과에 아직 남아 있는 인문학의 흔적을 한데 모을 가능성은 없는 것일까요?

백영서 예전에 선생님이 아즈마 시로오(東史郎) 재판을 통해 감정기억 문제에 대해 논의했던 일이 떠오릅니다. 일반적으로 일본의 좌파 역사학자들은 대부분 실증적 방식을 통해 난징대학살 당시 몇명의 희생자가 나왔는지를 연구하곤 합니다. 하지만 숫자는 중요하지 않습니다. 중요한 것은 희생자들의 감정 문제를 어떻게 느낄 수 있는가 하는 점입니다. 그래서 선생님은 감정기억을 강조하셨지요. 하지만 이른바 과학적 역사학에서는 감정 문제를 중시하지 않습니다. 이미 그 분야 학문영역을 넘어서는 것이거든요.

저는 역사학자로서 과학적 역사학의 문제점을 비교적 이해하는 편입니다. 그래서 역사학이 어디까지가 사실에 부합하는 진실(truth)인가를 논의하기보다 과거에 대한 사려 깊은 태도, 즉 진지함(truthfulness)을 견지해야 한다고 생각합니다. 다시 말해 '과학적 역사학', 즉 과거 사실의 원인과 결과에 대한 지식만을 추구하는 '분석으로서의 역사'와 비교하여, '동일시로서의 역사'를 더욱 중시해야 한다는 것입니다. 양자 모두 우리가 일찍이 접해본 바 있는 방식입니다. '동일시로서의 역사'란 상상력 혹은 공동의 경험을 통해 과거와 관계 맺는 것입니다. 특히 과거에 살았던 사람과 공감관계를 맺는 일체화 과정을 통해 현재를 살고 있는 우리의 정체성을 돌아볼 수 있고, 이것을 현재 생활을 비춰주는 거울로 삼아 과거와 대화를 나눌 수 있을 것입니다. 이는 역사학의 새로운 길이기도 한데, 저는 이를 '공공성의 역사학'이라고 부릅니다. 이 길은 현대과학에 근본적인 문제를 제기하는 일종의 과정이기도 합니다.

쑨 거 제가 경험이론을 강조하는 이유는 대이론 이외에 경험이론에 대해 자각해야 한다고 여기기 때문입니다. 즉 경험이론은 인류 정신활동의 궤적을 보존할 수 있기 때문이지요. 만약 대이론의 방식만을 사용한다면, 감정기억 같은 정신활동들은 모두 배제될 가능성이 있습니다. 대이론은 논리로 연역할 수 없는 감정의 문제들을 처리할 수 없으니까요. 그래서 사람들은 부분적으로 이성의 동물이 되었지만, 현실사회에서는 이성을 제외하고도 본능이나 충동 등의 요소가 무수한 가능성을 열어놓고 있습니다. 정치학에서 이 골치 아픈 문제를 처리하기 위한 시도를 계속하고 있으나, 진정으로 효과적인 방안은 아직 찾아내지 못하고 있습니다. 이 부분은 예측할 수 없기 때문이지요. 지금 프로이트의 이론 등으로 그것을 진공상태로 만들려는 사람도 있는데, 그렇게 되면 경험의 풍부성은 속이 텅 빈 실체로 변해버려 도달하기 어려운 목표가 됩니다. 따라서 자신을 경험이 유동하는 상태 속에 놓아두어야만 이론의 통찰력으로 문제를 정리할 수 있습니다. 이 경험대상의 일부는 영원히 이론실험 바깥에 있겠지만, 이론적 경험 연구를 통해 상당 부분 체현되고 전승될 수 있으리라 생각합니다.

여기 또 한가지 문제가 있습니다. 저 개인적으로는 비평과 학문을 결합하는 방식으로 경험이론 차원의 문제들을 다루고 싶은데, 저는 이 둘을 완전히 나누지 않을 수 있다고 생각합니다. 바로 이것이 제가 사상사 연구를 선택한 이유입니다. 사상사는 경험 및 일시적이고 지역적인 사상적 행동을 다루어야 하기 때문입니다. 저는 사상사의 시야 속에 인류의 정신과 감정활동이 가장 많이 보존돼 있고, 본능과 충동을 포함한 각종 구조가 가장 많이 포괄돼 있다고 생각합니다. 게다가 이것들이 한데 어우러져 하나의 유기체를 이루고 있지요. 비평 또한 자신의 방식으로 자신의 대상을 다룰 수 있습니다. 때문에 사회인문학은 바꿔 말하면 바로 인문학의 공공성 혹은 인문학의 역사성이라고 생각합니다. 저는 선생님이 쓰신 논문의 후반부에서 공공성의 역사학에 대해 논의한 부분을 아주 감명 깊게 읽었는데, 아주 재미있다고 생각해요. 역사는 그래서 중요하지요.

어제 잠깐 카를 만하임(Karl Mannheim) 이야기를 했는데, 만하임에게는 아주 흥미로운 관점이 있어요. '형이상학적인 방식으로 인류 문제를 사고할 때는 하나의 완벽한 최종목표를 설정할 수 있다, 하지만 논의에 기원의 문제가 포함될 경우 기원을 논하면서 완벽한 결론을 얻을 수는 없다, 기원은 곧 역사 문제이기 때문에 그 누구도 어떤 결론이 나올지 알지 못한다'는 것이죠. 그래서 만하임은 사회과학에 역사를 끌어들이려 했고, 또 역사를 불완전한 상태의 인류 정신활동의 흔적으로 간주했습니다. 그는 일단 사람의 흔적이 있기만 하면, 논리와 서술은 완벽해질 수 없다고 했습니다. 한 사람의 인문학자로서 가장 중요한 것은 우리에게 완벽하지 않은 서술이 있을 수도 있다는 것뿐만이 아닙니다. 더 중요한 것은, 이런 상황에서 논리로 정합할 수 없는 인류의 궤적을 자신만의 방식으로 원리가 되게 만들어야 한다는 것입니다.

이러한 의미에서 이것은 우리가 당면한 공동의 난제이기도 합니다. 지금 세상에는 한가지 사유성향만이 있기 때문이죠. 즉 마지막에 추상적 보편의 이론서사가 있어야 완성되었다고 보고, 그게 없으면 보편성이 없다고 여기는 태도 말입니다. 따라서 우리가 도전해야 할 사유는 또 다른 보편성의 가능성입니다. 이런 보편성만이 진정 가치가 있습니다. 이런 보편성은 상황 속에 있기 때문에 직접 가져다 쓸 수는 없습니다. 하지만 상황 속에 들어가보면 상황이 완전히 다른 사람도 접할 수 있는 문제를 찾아낼 수 있고, 그 속에서 매개를 찾아 자신의 상황 속에서 또 다른 방식으로 같은 문제에 대답하게 될 것입니다. 이러한 방식은 지금 전세계 지식계에서 그다지 인정하지 않는 것 같습니다. 이는 서구 중심의 학술패권과 직접 관련되어 있기 때문에 우리도 대안적 보편성을 조금씩 쌓아가야 할 것입니다.

백영서 진정 가치있는 보편성은 정말 핵심 과제이지요. 저는 '소통적 보편성'(communicative universality)이라는 개념을 제기해본 바 있습니다. 개체 안에 소통을 가능케 하는 보편적 요소가 있고, 그로 인해 개체 간의 소통과정에서 생기는 공감과 상상력의 탄력에 힘입어 보편성을 확보할 수 있다고 생각합니다. 각각의 문맥에 있는 개별성과 상호 이해의 가능성을 부여하는 보편성이 '소통적 보편성'의 핵심입니다. 이 것은 진리라기보다 널리 인정되고 합의된 보편성이기 때문에, 합의를 얻기 위한 다수의 인정과 승인이 필수적이고, 인식주체 간의 소통이 그 전제가 됩니다. 우리가 추구하는 사회인문학은 바로 이 소통적 보편성 을 추구하는 사업입니다. 이것은 지금 진행하고 있는 사업을 포함해 각 지에서 일어나고 있는 새로운 학술적 실험에 부여한 새로운 명칭입니다. 이 새로운 학술적 실험이 실패하지 않도록 하기 위해, 지속적으로 더 많은 사람들과 우리의 경험을 토론할 수 있기를 바랍니다. 오늘 사회 인문학을 이처럼 잘 이해하시는 쑨 거 교수님을 모시고 함께 논의할 수 있어서 매우 기뻤습니다. 정말로 영광입니다. 오늘 대담은 여기서 마치 겠습니다.

1부 사회인문학과 한국학의 재구성

1장 사회인문학의 지평을 열며: 그 출발점인 '공공성의 역사학'

같은 제목으로 연세대 국학연구원 『동방학지』 149, 2010에 발표하고 백영서 외 지음 『사회인문학이란 무엇인가: 비판적 인문정신의 회복을 위하여』, 한길사 2011에 수록했다. 이 책에 실으면서 일부 내용을 수정 보완했다. 중문판은 白永瑞 「開啓社會人文學的地平: 從其出發點 '公共性的歷史學' 談起」, 『開放時代』, 總第223期, 2011로 실렸다. 일문판은 白永瑞 「社會人文學の地坪を開く——その出發點としての「公共性の歷史學」」, 西山雄二 編 『人文學と制度』, 未來社 2013로 실렸다.

2장 공감과 비평의 역사학: 동아시아의 역사화해를 위한 제언

연세대 국학연구원 인문한국사업단·토오꾜오대 '공생을 위한 국제철학교류센터'(UTCP) 제4차 공동워크숍(2010.9.6. 토오꾜오) '비평과 역사: 동아시아 전통에 대한 탐색과 성찰'(Critique and History: Quests and Reflections of East Asian Traditions)의 기조강연문과, 그것을 수정해 2013년 9월 22~23일 항저우(杭州)에서 열린 哈佛燕京學社·浙江大學歷史系 主辦 '什麼是最好的歷史學' 西湖論壇에서 발표한 내용을 이번에 이 책에 맞게 다시 증보한 것이다.

3장 지구지역학으로서의 한국학의 (불)가능성: 보편담론을 향하여

'Korea and Korean Studies from Asian Vision'을 주제로 2008년 11월 24~26일 하노이에서 열린 The 9th Pacific Asia Conference on Korean Studies에서 "Im/possibility of Korean Studies as Glocalogy"란 제목으로 발표한 기조강연문과, 이어서 연세대 국학연구원 주관 국제회의 '21세기 한국학: 세계보편담론을 향하여'(2008.12.18~19. 서울)에서 기조발표한 내용을 수정 증보한 것이다. 한글 원고는 『동방학지』 147, 2009에 실렸다.

4장 사회인문학의 관점에서 본 '동아시아한국학'의 길

인하대 동아시아한국학 교육·연구 및 네트워크 사업단 주최 제3차 국제학술대회 '근대 전환기의 동아시아와 한국'(2007.6.28~29. 인천)에서 '인문한국학이 나아가야 할 길: 이념과 제도'란 제목으로 발표하고 인하대학교 한국학연구소 『한국학연구』 17, 2007에 실었다. 이 책에 실으면서 수정 증보했다.

2부 비판적·역사적 동아시아학의 모색

5장 '동양사학'의 탄생과 쇠퇴: 동아시아에서 학술제도의 전파와 변형

『창작과비평』 126, 2004와 『한국사학사학보』 11, 2005에 실은 글을 수정 보완했다. 중문판은 白永瑞 「"東洋史學"的誕生與衰退: 東亞學術制度的傳播與變形」, 『臺灣社會研究』 59期, 2005로 실렸다.

6장 상호 소원과 소통의 동아시아: 고병익의 역사인식 재구성

한림과학원 엮음 『고병익·이기백의 학문과 역사연구』, 한림대학교 출판부 2007에 수록한 글을 수정 보완했다. 중문판은 白永瑞 「在殖民與去殖民之際: 高柄翊與二戰後韓國 '東洋史學'的重構」, 金東吉 主編 『張海鵬先生七秩初度紀念文集』, 北京: 社會科學文獻出版社 2008에 실렸다.

7장 자국사와 지역사의 소통: 동아시아인의 역사서술의 성찰

제50회 전국역사학대회(2007.6.1~2. 서울) '동북아의 평화와 역사서술: 자국사와 지역사'와 한국학중앙연구원 주최 제3회 국제포럼 '동아시아에서의 진실과 화해: 동아시아 공동체의 역사적 전망'(2007.6.9.~21 서울)에서 발표하고 『역사학보』 196, 2007에 실렸다. 이 책에 실으면서 수정 보완했다. 일문판은 白永瑞 「自國史と地域史の疏通: 東アジア人の歷史敍述についての省察」, 『現代思想』 35-10, 2007로 실렸다. 중문판은 「本國史與區域史的溝通: 對東亞人歷史敍述的反思」, 『思想』(臺北) 9, 2008로 실렸다.

8장 한국 중국학의 궤적과 비판적 중국연구

성균관대 대동문화연구원 『대동문화연구』 80, 2012에 실렸고, 이 책에 실으면서 수정 증보했다. 일문판은 白永瑞 「中國學の軌跡と批判的中國研究: 韓國の事例」, 『中國──社會と文化』 29號, 2014에 실릴 예정이다.

3부 대담: 신자유주의시대 학문의 소명과 사회인문학

「사회인문학의 대화 (3): 신자유주의시대 학문의 소명과 사회인문학──쑨꺼와의 대담」으로 『동방학지』 159, 2012에 실렸다.

308